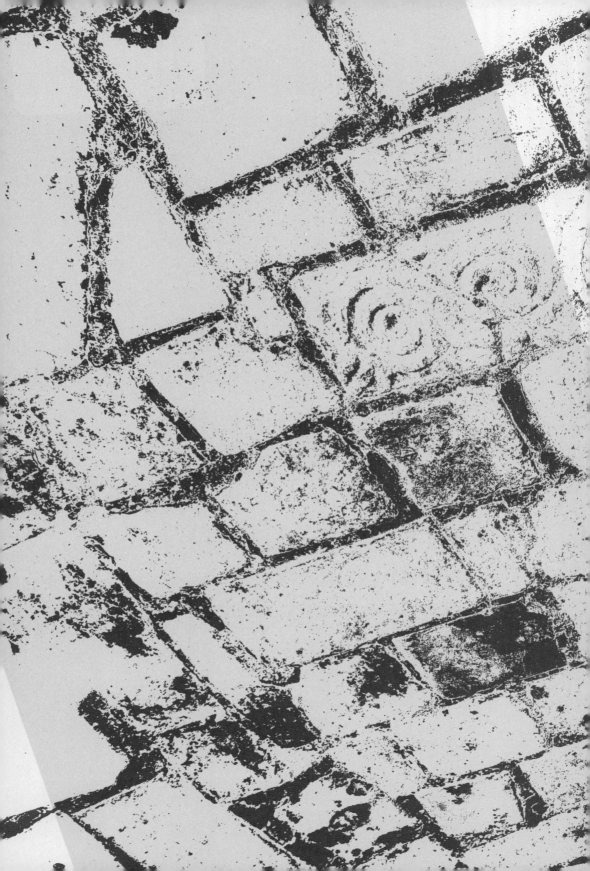

大国边城

Border City of the Great State

Functions, Status and Prospects of
the Urbanization in
Southwest China

西南地区城镇化的
功能、现状与展望

谭立力 —————— 著

社会科学文献出版社
SOCIAL SCIENCES ACADEMIC PRESS (CHINA)

前　言

　　截至 2018 年底，中国城镇化率已达 59.58%。城镇化逐渐成为经济增长的核心动力，城镇生产方式逐渐成为社会生产的主要形式，城镇生活方式逐渐成为大多数国民的主流生活体验，提升城镇治理水平也逐渐成为公共治理现代化的关键命题。与发达地区相比，中国西南边疆地区城镇化发展相对滞后，比如云南边境县域平均城镇化率仅有 36.6%。然而值得注意的是：一方面，因戍守驻屯贸易交通等需要形成的边境城镇及其体系，在边疆区域发展与治理历史中一直发挥着特别重要的作用；另一方面，刚刚超过 35% 的城镇化率水平，意味着中国西南边疆城镇化正进入加速阶段。因此，城镇化已经成为中国西南边疆发展的核心动力之一，城镇及城镇化治理也逐渐成为中国西南边疆治理的关键命题之一。

　　"大国边城"是讨论西南边疆城镇化议题的基本语境和价值取向。从空间结构上看，当代西南边疆置于国土空间中而被定位，西南边疆城镇亦置于全国城镇体系中而被定位。从功能结构上看，作为边疆治理的一个关键命题，西南边疆城镇化的发展与调控，也必须放到国家治理的整体框架中进行考察。兴边富民、沿边开发开放、稳边戍边等重要工程都蕴含着明确的国家立场。本书希望从国家立场出发，梳理西南边疆城镇化的功能指向，对其发展现状与发展趋势做分析和探讨。

　　国家视阈下西南边疆城镇化应发挥经济发展、对外开放、边疆安全等三个方面的核心功能。经济发展方面，西南边疆城镇化建设应当成为我国西南边疆区域经济发展的核心动力。边疆地区中心城市、中小城市和小城镇将逐渐成为边疆区域最活跃的经济中心，其发展壮大也应当成为拉动边疆区域发展的主要动力。对外开放方面，西南边疆城镇化建设应当为我国向西开放构建重要支点。在推动向西开放的过程中，边疆城镇应当成为不同层级区域的对外辐射中心。边疆安全方面，西南边疆城镇化建设应当成为提升我国西南地区边疆治理能力、保障边疆安全的核心政策工具。边疆城镇化建设应发挥节点优势，推动边疆治理由被动防御的屯垦戍边模式向主动辐射的筑城稳边、筑城富边模式转型。整体上看，西南边疆城镇化功能实现的关键又在于协同，在于针对边疆中心城市、边境地级城市、边境县级城镇等各个城镇层级，有效促进发展、开放、安全三大功能的相互支撑和协同实现。

本书第一章绪论，介绍研究思路、研究对象和研究视角。第二章梳理西南地区城镇化的各个功能指向及其相互关系。第三、四、五、六章从中心城市、边境地级城镇、边境县级城镇和特色城镇等多个层次对西南地区城镇化进行考察。第七章梳理西南各省份城镇化规划愿景并做展望。本书的撰写和出版得到国家自然科学基金项目"我国西南边境地区新型城镇化的发展机理、调控机制及其功能实现研究"（项目号71963033）以及国家自然科学基金项目"承接产业转移条件下滇中城市群发展机理与调控机制研究"（项目号71563062）的资助。在书稿撰写过程中，笔者指导的研究生王琨琦、李淑思、张鹭梅做了大量工作。研究生夏强强、刘健、贾智丞也参与了部分内容的撰写工作。出版社的编辑、校对、排版同志为本书付出了辛勤的劳动。在此表示衷心的感谢。当然，作者文责自负。

由于作者水平有限，书中难免错漏之处，敬请读者批评指正。

谭立力

2019 年夏于新加坡

目　录

第一章　绪论

西南边疆城镇是国家城市体系的重要组成部分，西南边疆城镇化对国家新型城镇化发展具有重要意义。在国家视阈下，西南边疆城镇化应承担经济发展、对外开放、边疆安全等三大功能。有效促进三大功能的相互支撑和协同实现是推动西南边疆城镇化的核心目标。对西南边疆城镇化进行考察，应以国家视阈下的功能指向为出发点和着眼点，并充分运用现代城市研究的主流理论和先进方法。

第一节　国家视阈下的西南地区城镇化

"大国边城"是讨论西南边疆城镇化议题的基本语境和价值取向。《全国主体功能区规划》《全国城镇体系规划（2006～2020年）》等重要规划文件都对西南边疆中心城市、边境中心城镇、边境口岸城镇在国家空间和城镇体系中的功能定位做了专门表述。西南边疆城镇化发展、开放、安全三大核心功能在国家视阈下都有其特定内涵，在促进三大核心功能协同实现的过程中仍存在许多需要研究和解决的理论和实践问题。

一　西南边疆城镇化对国家城镇化发展的意义

西南许多重要的边疆边境城镇都源自历史上因国家防御需要而形成

的边塞据点或驻屯地点，以及依托国家腹地商品产区而形成的商道驿站和贸易节点。比如瑞丽市，其位于云南西部边陲，古称勐卯。元代设置麓川平缅军民慰司，明清两代均设置勐卯安抚司，历代均为重要的边疆防御节点。又如凭祥市，其位于广西壮族自治区西南部，宋代设置凭祥峒，明代设置凭祥县，后升置为州，清代改置为土州。凭祥境内有"二关一卡十九隘"，其中较有名的就有友谊关、金鸡关、白云洞，特殊的战略位置使其素有"南大门"之称，在国家边疆防御中具有重要的作用。同时，瑞丽、凭祥两地也都是重要的贸易节点和口岸城市，在当代和平发展主导的大环境下，其介导贸易的开放功能更为突出。又如位于云南德宏傣族景颇族自治州南部的畹町，古时即为"南方丝绸之路"的重要通道，一直是中国面向东南亚、西亚传统通道上的重要节点。再如位于西藏自治区西南部的聂拉木县，聂拉木藏语有"颈道"之意，知名的樟木口岸即位于县域南部，为中尼边贸最主要的口岸通道。[1]

　　西南边疆城镇系统以及西南边疆城镇化发展也是当前国家主体功能区安排和全国城镇体系安排的重要组成部分。《全国主体功能区规划》[2]用较完整篇幅表述了滇中、藏中南等西南边疆中心城市区域的特征和发展思路，在北部湾区域表述中也提到了广西相关中心城市的发展思路。滇中地区位于全国"两横三纵"城市化战略格局中包昆通道纵轴的南端，包括云南省中部以昆明为中心的部分地区。其区域功能定位是我国连接东南亚、南亚国家的陆路交通枢纽，面向东南亚、南亚对外开放的重要门户，全国重要的烟草、旅游、文化、能源和商贸物流基地，以化工、冶金、生物为重点的区域性资源精深加工基地，主要强调了其经济发展和对外开放功能。藏中南地区包括西藏自治区中南部以拉萨为中心的部分地区。其区域功能定位是全国重要的农林畜产品生产加工、藏药

---

① 白光润等编著《中国边境城市》，商务印书馆，2000，第262~308页。
② 国务院：《全国主体功能区规划》，2010年12月。

产业、旅游、文化和矿产资源基地，水电后备基地，主要强调了其经济发展功能。北部湾地区包括广西壮族自治区北部湾经济区，主要强调了其经济发展功能和面向东盟国家的对外开放功能。《全国主体功能区规划》同时也述及强化边境区域对外开放功能和加强口岸城镇建设，如"加快沿边地区对外开放，加强国际通道和口岸建设，形成我国对外开放新的窗口和战略空间"。

《全国城镇体系规划（2006～2020年）》[①] 将滇中城镇群和北部湾城镇群列入十三个重要城镇群。其中滇中城镇群为面向南亚、东南亚的开放门户，北部湾城镇群为面向东盟各国的开放门户。并且滇中城镇群与北部湾城镇群均位于全国城镇体系"一带六轴"结构中的"京－呼－包－银－兰（西）－成－昆－北部湾"发展轴。《全国城镇体系规划（2006～2020年）》所述重要类型城市中专列了门户城市，昆明（西南）与哈尔滨（东北）、乌鲁木齐（西北）为三大门户城市。该规划同时专门表述了内陆口岸（边境口岸）城市相关规划，其中涉及西南边疆地区的有云南河口、天宝、金水河、磨憨、瑞丽，广西凭祥、东兴、水口，认为西南地区与东南亚边境口岸具有重要的战略地位，贸易量增长的潜力巨大。另外，《全国城镇体系规划（2006～2020年）》也述及边疆边境城镇的安全功能，认为重要陆路口岸城市和其所依托的中心城市对于开发边疆地区和维护国家稳定的战略意义巨大。

《国家新型城镇化规划（2014～2020年）》[②] 中"加快发展中小城市"部分也专门述及培育壮大陆路边境口岸城镇，完善边境贸易、金融服务、交通枢纽等功能，建设国家贸易物流节点和加工基地。其中重点建设陆路边境口岸城镇，面向东南亚的有东兴、凭祥、宁明、龙州、大新、靖西、那坡、瑞丽、磨憨、畹町、河口，面向南亚的有樟木、吉

---

① 住房和城乡建设部城乡规划司、中国城市规划设计研究院：《全国城镇体系规划（2006～2020年）》，2010年12月。

② 中共中央、国务院：《国家新型城镇化规划（2014～2020年）》，2014年3月。

隆、亚东、普兰、日屋。可以看到，一系列国土空间和城镇化规划对西南边疆城镇化的地位和发展思路在国家层面都做了明确表述。

二 国家视阈下西南边疆城镇化的功能指向

"大国边城"是讨论西南边疆城镇化议题的基本语境和价值取向。国家视阈下西南边疆城镇化应发挥经济发展、对外开放、边疆安全等三个方面的核心功能。其功能实现的关键又在于协同，在于针对边疆中心城市、边境地级城镇、边境县级城镇等各个城镇层级，有效促进发展、开放、安全三大功能的相互支撑和协同实现。

经济发展方面，西南边疆城镇化建设应当成为我国西南边疆区域经济发展的核心动力。截至 2018 年底，中国城镇化率已达 59.58%，整体上看中国已进入"城市化时代"，城镇化已经成为经济发展的核心动力。如上所述，《全国主体功能区规划》《全国城镇体系规划（2006 ~ 2020 年)》《国家新型城镇化规划（2014 ~ 2020 年)》等重要规划文件都对西南边疆中心城市、边境中心城镇、边境口岸城镇的经济发展功能和辐射带动功能做了专门表述。可以说边疆中心城市、边境地区的中小城市和小城镇将逐渐成为边疆边境区域最活跃的经济中心，其发展壮大也应当成为拉动边疆边境区域发展的主要动力。

对外开放方面，西南边疆城镇化建设应当为我国向西开放构建重要支点。以 20 世纪 90 年代初期的延边开放战略为起点，向西开放已成为我国对内促进区域均衡发展、对外实践"一带一路"倡议的重要战略抓手。在推动向西开放的过程中，边疆中心城市、边境城镇必将成为互联互通的重要支点和不同层级区域的辐射中心。我国西南地区边疆中心城市、边境口岸发展具有较长的历史和一定的基础。云南、广西、西藏三省区已形成昆明等国家层面门户城市，滇中城镇群、北部湾城镇群、藏中南城镇群等重要边疆中心城镇群，以及瑞丽、磨憨、东兴、凭祥、樟木、吉隆等十几个国家重点建设的口岸城镇。

边疆安全方面，西南边疆城镇化建设应当成为提升我国西南地区边疆治理能力、保障边疆安全的核心政策工具。与内地城镇化不同，对于边疆边境地区城镇化建设，除一般意义的经济发展与对外开放功能，其边疆安全功能也不容忽视。我国西南地区与越南、老挝、缅甸、印度、不丹等国家相邻，邻国经济、社会、宗教、民族结构复杂。我国西南边疆边境地区自身也多是"老、少、穷"地区，且与毗邻国家存在较多族群、宗教、经济、文化联系，稳边安边兴边工作任务较重，提升边境治理水平难度较大。边疆边境新型城镇化建设则能够发挥节点优势，推动边疆治理体系和治理能力现代化水平不断完善和提升。

西南边疆城镇化发展过程中三方面核心功能的发挥及协同实现仍很不充分，仍有许多相关理论和实践问题需要深入考察和分析。经济发展方面，由于历史、区位等因素，我国西南边疆边境地区各级城市城镇成长不足，城镇体系结构无序，城镇化发展水平严重滞后，在很大程度上制约了西南边疆边境区域的经济增长和社会发展。可以说，城镇化的经济发展功能并未有效凸显。对外开放方面，总体而言西南边境口岸贸易模式单一，在全国贸易量中占比极低，边疆城镇间未形成有效联动和协同，无法满足当前我国强化向西开放战略的新要求。可以说，城镇化的对外开放功能并未充分实现。边疆安全方面，当前西南边疆城镇建设实践特别是边疆中心城市建设实践对其安全意义重视尚不充分，尚不能很好地服务新时期提升边境治理能力的迫切需要。可以说，城镇化的边疆安全功能并未充分体现。

第二节　西南地区城镇体系

西南边疆城镇作为国土主体功能区的一个有机组成部分，内嵌于全国城镇体系之中，承担着经济发展、对外开放、边疆安全三个方面的核心功能。同时，西南边疆城镇整体又形成一个跨越云南、广西、西藏三省区的较完整的城镇结构体系。从城镇层级的角度看,西南边疆城镇大致可以分为中心城市群、沿边地级城镇链、沿边县级城镇链。在西南边疆城镇化过程中,也涌现出不少在经济产业发展、口岸通道建设、维护边境安全等方面卓有特色的边境城市和城镇。

一 西南边疆中心城市群

城市群建设是现代城镇化发展的一个大趋势,是一个国家实现区域协同发展的重要路径。城市群首先是一个大的区域经济增长极,经济增长速度快,并能带动周边地区的发展。城市群内各种生产要素的关联度高,能够快速实现各种生产要素的配置,进一步将效率优势转变为城市发展竞争力。城市群的内部组织协作效率高,对外交流也十分密切,能够随着外部环境的变化而不断成长进步。因此,西南边疆中心城市群在西南边疆城镇体系中处于中心位置,发挥着特别重要的功能,是西南边疆城镇化发展的增长极,是西南边疆经济社会发展的主引擎。西南边疆中心城市群主要包括位于云南的滇中城市群、位于广西壮族自治区的北部湾城市群和位于西藏自治区的藏中南城市群。

滇中城市群是云南省最重要、最具发展活力的区域,也是我国面向南亚、东南亚增长最快,竞争力、影响力较强的地区之一。滇中城市群包括昆明市、玉溪市、曲靖市、楚雄彝族自治州等滇中核心城市,辖区人口接近云南全省半数,GDP 更是占到全省大半。滇中城市群在西南边疆城镇体系中扮演着非常重要的角色,是区域经济发展的增长极、对外贸易合作的中心节点,也是实现边疆治理的枢纽和中心。滇中城市群呈现"一核三极两环两轴"的空间结构特征。其中,"一核"指昆明城区及其周边紧密发展的昆明都市区,是滇中发展的核心区域。"三极"指以曲靖、玉溪和楚雄为中心城市及其周边紧密发展的三个城市都市区范围,作为滇中次级中心重点发展。"两环"指连接滇中主要城市的内、外环高速路。配合滇中核心圈层放射的空间结构,构建以昆明城市为核心，联系昆明半小时经济圈和一小时经济圈的双环交通。内环加强安宁、嵩明、宜良、澄江、晋宁等昆明都市区范围内主要城市相互间的联系，外环加强区域内昆－曲、昆－玉、昆－楚及其他城市间联系。"两轴"中一轴为"中国—东南亚"发展轴，是东连我国中部、东部经济发达地区，南接东南亚各国的发展主轴；另一轴为"亚欧"发展轴，是滇中出滇入海的重要轴线，向东直通我国东南沿海港口，向西接南亚并接通欧洲。

北部湾城市群是以南宁为核心，以北海、防城港和钦州等城市为辅助的既沿边又临海的特色城市群。北部湾城市群规划范围主要包括广西壮族自治区南宁市、北海市、钦州市、防城港市、玉林市、崇左市，沿海部分也涉及广东省湛江市、茂名市、阳江市及海南省部分区域。本书在西南边疆城镇化议题下述及北部湾城市群，主要考虑其位于广西壮族自治区内的核心部分，并主要分析其对广西陆上沿边区域城镇化的意义和作用。北部湾城市群辖区人口超过 1200 万人，其区域 GDP 占广西很大比例。北部湾城市群着力打造"一湾双轴、一核两极"的城市群框架："一湾"指以北海、湛江、海口等城市为支撑的环北部湾沿海地区，并延伸至近海海域；"双轴"指南北钦防、湛茂阳城镇发展轴；"一核"指南宁核心城市；"两极"指以海口和湛江为中心的两个增长极。

藏中南地区包括西藏自治区中南部以拉萨为中心的部分地区。其功能定位为全国重要的农林畜产品生产加工、藏药产业、旅游、文化和矿产资源基地，水电后备基地。该区域将成为全区特色优势产业发展的战略高地，西部地区有重要影响力的经济中心，有国际影响力的旅游目的地、中转地和促进国家区域协调发展的重要支撑点，全区最大的综合交通枢纽、商贸物流中心和金融中心，现代工业发展基地和文化产业培育基地。具体应构建以拉萨为中心，以青藏铁路沿线、"一江两河"流域（雅鲁藏布江中游、拉萨河和年楚河下游）以及尼洋河中下游等地区城镇为支撑的空间开发格局。提升拉萨中心城市功能，提高基础设施和公共服务设施水平，建设旅游、文化基地和区域性交通、航空物流枢纽。完善日喀则、那曲、泽当、巴宜（林芝）等城镇的功能，发展农林畜产品加工、旅游、藏药产业，有序开发利用矿产资源。推进农业科技进步，建设标准化优质粮油和牧草基地，抓好林下资源开发，推进农业产业化经营。加强草原保护，增强草地生态系统功能，提高草原畜牧业生产水平。维护生态系统多样性，加强流域保护，推进雅鲁藏布江综合治理，构建以雅鲁藏布江、拉萨河、年楚河、尼洋河为骨架，以自然保护区为主体的生态格局。

二　沿边地县级城镇链

西南沿边地县级区域及域内城镇链结构是西南边疆城镇体系特别重要的组成部分。从经济发展功能看，沿边地县级区域内中心城镇往往是该区域的经济增长核心，具有较强的微观集聚和辐射能力。从对外开放功能看，沿边地县级区域内中心城镇往往成为对外对内贸易通道的节点，有效介导了区域内货物、人员、资金等要素的流动。从边疆安全功能看，沿边地县级区域内中心城镇往往集中出现走私、贩毒、非法越境等重要边疆边境安全问题、同时也成为处置化解这些边疆安全问题、提升边疆治理水平的空间政策场域。云南省、广西壮族自治区、西藏自治区所辖沿边地县级行政区如表 1 - 1 所示。

表 1 - 1　西南沿边地级县级行政区简况

云南省			
县级行政区	所属地级行政区	县级行政区	所属地级行政区
泸水市	怒江傈僳族自治州	孟连县	普洱市
福贡县	怒江傈僳族自治州	澜沧县	普洱市
贡山县	怒江傈僳族自治州	西盟县	普洱市
腾冲市	保山市	景洪市	西双版纳傣族自治州
龙陵县	保山市	勐海县	西双版纳傣族自治州
芒市	德宏傣族景颇族自治州	勐腊县	西双版纳傣族自治州

续表

云南省			
县级行政区	所属地级行政区	县级行政区	所属地级行政区
瑞丽市	德宏傣族景颇族自治州	金平县	红河哈尼族彝族自治州
盈江县	德宏傣族景颇族自治州	绿春县	红河哈尼族彝族自治州
陇川县	德宏傣族景颇族自治州	河口县	红河哈尼族彝族自治州
镇康县	临沧市	马关县	文山壮族苗族自治州
耿马县	临沧市	麻栗坡县	文山壮族苗族自治州
沧源县	临沧市	富宁县	文山壮族苗族自治州
江城县	普洱市		

广西壮族自治区			
县级行政区	所属地级行政区	县级行政区	所属地级行政区
那坡县	百色市	凭祥市	崇左市
靖西市	百色市	宁明县	崇左市
大新县	崇左市	防城区	防城港市
龙州县	崇左市	东兴市	防城港市

西藏自治区			
县级行政区	所属地级行政区	县级行政区	所属地级行政区
札达县	阿里地区	洛扎县	山南市
普兰县	阿里地区	错那县	山南市
吉隆县	日喀则市	墨脱县	林芝市
亚东县	日喀则市	察隅县	林芝市

　　云南省地县级行政区域主要包括怒江傈僳族自治州、保山市、德宏傣族景颇族自治州、临沧市、普洱市、西双版纳傣族自治州、红河哈尼族彝族自治州、文山壮族苗族自治州等 8 个沿边州市，及其下辖的 25 个县级沿边县市。这些沿边地级和县级区域分别与缅甸、老挝和越南三国毗邻，区域内城镇链成为当地经济产业的集聚中心和对南亚、东南亚缅老越等国开放的微观节点。广西壮族自治区沿边地县级行政区域主要包括百色市、崇左市、防城港市等 3 个沿边地级市，及其下辖的 8 个沿边县（市、区）。这些沿边地级和县级区域与越南毗邻，区域内城镇链成为当地经济贸易增长的微观中心，成为中国面向东盟开放的陆上前

沿。西藏自治区沿边地县级行政区域主要包括阿里地区、日喀则市、山南市、林芝市等 4 个地市，及其辖下的 8 个沿边县。这些沿边地级和县级区域分别与印度、尼泊尔、不丹等国毗邻，区域内城镇链成为当地经济中心及陆路跨境通道的重要节点。

三 沿边特色城镇

西南边疆边境城镇体系中逐渐涌现出一系列特色鲜明的沿边城市和城镇。这些特色城镇或者在区域经济发展中独树一帜，形成鲜明的特色产业和经济增长点，成为当地经济发展的标杆和引擎；或者在对外开放过程中成绩突出，在传统贸易节点基础上建成了知名的陆路口岸，成为对外开放的重要支点；又或者在维护边疆安全过程中发挥了重要作用，获得了国家的肯定和支持，成为边疆治理、戍边固边的关键着力点。

改革开放政策实施后经济发展成为全国各级各地方的中心工作，西南边疆也涌现出一些经济发展业绩突出的特色城镇。比如腾冲市，其位于云南省西部，辖区面积 5845 平方公里，国境线长 148.075 公里，下辖 11 个镇 7 个乡，常住人口 68.27 万人（2017 年）。腾冲物产资源丰富，境内森林覆盖率达 70.7%，纵贯全境的高黎贡山物种丰富，种类繁多，被誉为"物种基因库"。其矿产资源和水资源均较为丰富，旅游资源更是得天独厚，是"中国优秀旅游名县"，也是云南省六个精品旅游区之一。依托丰富的资源和独特的地理位置，腾冲紧紧抓住"一带一路"建设和孟中印缅经济走廊等重大机遇，主动服务和融入国家、省、市发展战略，加快调整产业结构，持续深化关键领域改革创新，取得了突出的经济和产业发展成就，在国内以至国际形成了较高的知名度，成为当前西南地区经济发展最活跃的边境城市之一。又如东兴市，其位于广西壮族自治区南部，下辖 3 个镇，有陆路边境线 39 公里，同时拥有海岸线 50 公里，是少有的既沿边又沿海且沿江的城市。依托独特的区位优势，东兴市取得了经济发展的优异成绩，经济表现持续处于广西壮族自治区县域前列，跻身全国县级市全面小康指数百强，成为广西唯一上榜的县级市，获得"2018 中国西部百强县市"等荣誉称号。

陆路贸易和边境口岸本来就是边疆边境城镇产生和发展的主要驱动之一，新时代西南边疆陆路贸易的持续繁荣和不断转型，也促使一些边境口岸城市进一步实现产业结构和贸易模式的升级，形成了一些有代表性的新型口岸城市。比如瑞丽市，其位于云南德宏傣族景颇族自治州西南部，古代即为"南方丝绸之路"的必经之地，具有良好的贸易传统，2012 年国务院又批准同意瑞丽试验区建设成为中缅边境经济贸易中心、西南开放重要国际陆港、国际文化交流窗口、沿边统筹城乡发展示范区和睦邻安邻富邻示范区。瑞丽成为西南地区向缅甸开放的最重要口岸城市。又如凭祥市，其位于广西壮族自治区南部，素有"祖国南大门"之称。境区内有友谊关口岸（公路）和凭祥口岸（铁路）2 个国家一类口岸、1 个二类口岸、5 个边民互市点，是广西口岸数量最多、种类最全、规模最大的边境口岸城市，是中国通往越南最便捷的陆路通道。

西南边疆边境安全问题中非传统安全问题逐渐成为主流，其与一些传统安全问题交织在一起，使当前西南边疆边境区域所面临的安全问题更为复杂多样。在应对这些边疆边境安全问题的过程中，也涌现出一些典型性的案例和典型性的沿边城镇。比如孟连县，其位于云南省西南部，境内生物资源丰富，橡胶种植广泛。2008 年孟连某橡胶公司和胶农发生利益纠纷和冲突，冲突造成了财产损失和人员伤亡，成了涉及民族团结和边疆稳定的安全事件。随后普洱市迅速应对，以理顺当地橡胶产业产权利益关系为主线，多措并举较好地处理了此次事件，孟连事件也成为边疆社会稳定事件及其应对的一个典型案例。又如玉麦乡，其位于西藏自治区隆子县，毗邻中印边界，具有特别重要的战略意义。玉麦乡自然条件较艰苦，生活条件较差，然而老乡长桑结曲巴一家解放后一直坚守生活在玉麦。后又有几户人家自愿搬入玉麦，特别是 2017 年习近平总书记给卓嘎、央宗两姐妹回信后，玉麦得到全国范围内更多的关注和支持，成为新时代少数民族边民稳边固边的典范。

第三节　西南地区城镇化研究视角

西南边疆城镇体系已经逐渐成为西南边疆地区经济生产、人民生活的主要载体，也逐渐成为边疆治理的核心场域，西南边疆地区已经逐渐由"乡土边疆"转向"城乡边疆"。因此，西南边疆城镇应当作为一个有机整体而成为研究与分析的对象。另外，西南边疆城镇总体上仍然遵循城镇化的一般规律，研究考察西南边疆城镇化问题时，应当运用城镇化领域的主流理论和分析方法。

一　着眼作为整体的西南边疆城镇体系

我们应当从国家视阈出发考察西南边疆城镇化，应当把西南边疆城镇放到国家城镇体系中去观察和分析。如上所述，《全国主体功能区规划》《全国城镇体系规划（2006~2020年）》《国家新型城镇化规划（2014~2020年）》等一系列国家级规划也都专门述及一些类型的西南边疆城市和城镇，明确其定位和发展战略。然而，当前不管是政策文件，还是学术文献，大多专注于某些特定层级或特定类型的边疆城镇。比如滇中城市群、北部湾城市群等中心城市群。又比如腾冲市、景洪市、东兴市、凭祥市等边境口岸城市与城镇。然而，西南边疆地区各层级各类型城市与城镇已经逐渐构成了一个相互联系的城镇体系。西南边疆城镇应当作为一个有机整体而成为研究与分析的对象。

西南边疆地区已经逐渐由"乡土边疆"转向"城乡边疆"，边疆区域的生产方式、边疆人民的生活方式，以及边疆社会的治理模式都在不断转型。西南边疆地区各层级各类型城镇的发展已经不是国土空间上散落和孤立的现象。中心城市群、沿边地级中心城市、县级中心城镇、沿边口岸特色城镇之间通过交通网络、产业关联、行政隶属等多重机制形成了具有复杂网络特征的整体性结构。这一整体性结构沿我国西南国界展开，就形成了一个较完整的边疆城镇链体系。边疆城镇链进一步又向内与国内腹地城镇体系相连接，向外与毗邻国城镇相沟通。随着新时代经济社会发展水平越来越高，边疆城镇已不再是散落在边疆乡村中的孤岛，而相互连接不断隆起，逐渐成为边疆区域经济的主干。西南边疆城镇链体系已逐渐成为边疆产业生产方式的主要载体，成为边疆居民生活方式的主要发生地，也将逐渐成为边疆治理的主要着力点和边疆研究的主要着眼点。

二　运用城镇化主流理论和先进方法

研究考察西南边疆城镇化问题时，应当运用城镇化领域的主流理论和分析方法。城镇及其演化在人类社会发展中具有漫长的历史，大规模全球性的城镇化也已超过百年。近现代以来针对城镇化议题已经形成了较完备的理论体系，也积累了非常丰富和多样的分析方法。从图能的圈层模型开始，古典和新古典理论从区位资源禀赋的角度分析城市形成、城乡关系和城市体系分布，认为这些"第一自然"因素是城市产生和演化的关键。第二次世界大战之后，随着大规模工业制造业和国际贸易的发展，集聚经济和规模效益递增的机制日益凸显，新贸易理论和新经济地理理论随之产生，进一步强化了"第二自然"在城市及城市体系发展中的关键作用。当前创新、网络等现象对经济增长和城市成长的影响越来越深入，相应的异质性企业、异质性劳动者、创新集聚、虚拟集聚等理论模型也不断涌现。城镇化理论模型非常丰富，城镇化领域的实证分析工具更是层出不穷、日新月异。一方面，传统统计数据不断完善，从宏观统计到微观调查数据，可靠性都在不断增强，相应的计量方法也得到不断改进。另一方面，微观调查数据项目近年也出现突破性增长，城市中很多指标已可聚焦到非常小的人居聚落甚至是某个具体

的楼宇。更进一步，移动互联网、卫星遥感等新技术不断提供新型的
大规模高分辨率数据，相应的数据挖掘技术也不断完善。从理论和实
证两个层面看，城镇化领域都已具备非常丰富的研究方法和分析工具
可供我们使用。

西南边疆城镇化较一般城镇化有其特殊性，但总体上仍然遵循城
镇化的一般规律。因此，城镇化领域主流的理论和方法在考察西南边
疆城镇化问题时仍然适用。本书在论述过程中希望尽可能运用主流方
法与工具对西南边疆城镇化发展的各个方面进行分析和考察。对于滇
中、北部湾、藏中南等中心城市群，本书主要借鉴运用发达地区城市
群研究中开发和采用的理论和工具。对于沿边地级县级中心城镇，本
书按五个发展维度运用主成分分析等方法构建了指数型评价体系。对
于沿边特色城镇，本书主要运用案例分析方法进行考察。对于城镇体
系发展展望，本书尝试运用文本分析工具对各省区政策文本进行挖掘
和考察。

第二章 西南地区城镇化的功能指向

"大国边城"是讨论西南边疆城镇化议题的基本语境和价值取向。国家视阈下西南边疆城镇化应发挥经济发展、对外开放、边疆安全三个方面的核心功能。三大功能指向既源自国家治理的需要，也基于西南边疆地区的自然、经济、社会状况。同时应当注意，三大功能指向是相辅相成、相互促进的，其顺利实现的核心在于相互协同。

第一节 西南地区城镇化发展环境的特殊性

西南边疆城镇化的特殊性主要表现在如下方面：①特殊的自然地理环境，西南边疆独特的自然地理环境对其城镇化发展产生了深远影响；②特殊的地缘政治环境，西南边疆地区毗邻多国，地缘政治意义非同一般；③特殊的人文社会环境，西南边疆地区少数民族众多，宗教信仰有别，文化差异大，其特殊的人文社会环境是我们研究西南边疆城镇化所不能忽视的；④边疆地区特殊的安全需求，稳疆固疆是边疆城镇化发展所必须考虑的，也是区别于其他区域的一个价值追求。

一 特殊的自然地理环境

西南边疆地区总面积为185.51万平方公里。地形以高原、山地、丘陵为主，如青藏高原和喜马拉雅山。地势由广西向西藏延伸，逐渐升高。云南、广西两省区气候主要为热带季风气候、亚热带季风气候，而西藏以高原山地气候为主。西南边疆地区背靠四川、贵州、重庆等地区；东接广东省等沿海地区；南与中南半岛的东南亚国家接壤，如越南、老挝等；西藏自治区更是面积广阔，与南亚国家接壤，如印度等，是推进我国"一带一路"倡议实施的关键通道。综上所述，我国西南边疆地区有着十分特殊且重要的地理位置。

云南省又称"滇"，位于中国的西南方位，东西最大横距818.2公里，南北最大纵距979.6公里，总面积39.41万平方公里。云南东邻贵州、广西，北连四川，西北紧靠西藏，西、南边分别与缅甸、老挝、越南相接壤。云南为中国边境线较长的省区之一，边境线长4060公里。边境线处共有25个边境县分别与东南亚多国交界，其中中缅边界1997公里、中越边界1353公里、中老边界710公里。

广西壮族自治区又称"桂"，位于中国的南部，东西最大横距863.84公里，全南北最大纵距634.52公里，总面积23.76万平方公里。广西东连广东，南临北部湾与海南隔海相望，东北接湖南省，西北靠贵州省，西部紧靠云南，西南部接壤越南。广西是西南边疆中同时拥有海岸线和陆地边境线的省域，区内陆地边境线长1020公里，所涉行政区域共有8个边境县（市）。海岸类型多样且海岸线曲折，总长约1595公里。另沿海有岛屿651个，总面积66.9平方公里。

西藏自治区又称"藏"，位于中国及青藏高原的西南部，东西最大横距2316.56公里，南北最大纵距1116.53公里，总面积120.22万平方公里。常住总人口少，处于地广人稀的状态。西藏北靠新疆、青海，东部、东南部接壤四川、云南，南部、西部与南亚多国相邻。西藏自治区边境线长约3842公里，由东向西分别与缅甸、印度、不丹、尼泊尔等国以及克什米尔地区毗邻。西藏所在青藏高原是世界上隆起最晚、海拔最高的高原，因而被称为"世界屋脊"，更被称作南北极之外的"地球第三极"。

西南地区山高坡陡、气候多样等特殊的自然地理环境，一方面使西南地区城镇化发展面临许多的困难和阻碍，另一方面也为西南地区形成多层次特色化的城镇体系结构创造了可能。

二　特殊的地缘政治环境

我国西南边疆地区包括云南、西藏、广西三个省区，毗邻周边7个国家，边境线长达8700多公里，是中国联系东南亚、南亚诸国的重要门户。其中云南是通往东南亚的走廊，它也是中国唯一可以直接从陆地与印度洋沿岸国家联系的省份；广西西南部也与越南接壤，并管辖着面积约4万平方公里的北部湾海域；西藏不仅是直接面向南亚国家开放交往的边疆地区，由于其特殊的区位因素，还是中国边境地区安全稳定的重要地区。我国当前正在进一步深化改革开放，西南边疆地区作为推进"一带一路"倡议实施的重点节点，其地缘政治的重要性不言而喻。

从经济建设的角度来看，西南边疆东部与海相连，北经四川进入中原，南下越南、老挝到达泰国、柬埔寨，西连接缅甸、印度和孟加拉国。"一带一路"与丝绸之路等倡议旨在共建共享，共同促进南亚和东南亚的经济发展，这践行了中国睦邻友好和真诚的周边外交宗旨。

丝绸之路、茶马古道和马援故道三条道路，彰显了西南区域对外经济和贸易往来源远流长。新时代，习近平总书记提出的《推动共建丝绸之路经济带和21世纪海上丝绸之路的愿景与行动》，是与南亚、东南亚各国共同推动贸易和经济发展的重大举措。云南是"一带一路"建设的重要枢纽，广西成为面向东盟的国际大通道，西藏更是"一带一路"向南亚开放的重要通道，西南边疆具有得天独厚的区位优势和开放条件。

云南充分发挥区位优势，积极参加中国—东盟自由贸易区升级、孟中印缅经济走廊和中国—中南半岛经济走廊、长江经济带等建设，打造云南与周边国家之间的国际大通道、大平台，实现面向南亚和东南亚的辐射中心的定位。稳步推进中缅油气管道和中老铁路建设，建设项目为大湄公河次区域经济合作开辟新的高地。

广西在西南地区发展中发挥了承上启下的作用，并逐渐成为中国西部地区的前沿开发区。广西背靠西南腹地，邻近国内发达区域，南面北部湾与海南隔海相望，海岸线长约 1595 公里，拥有西南最便利的外出海上通道。广西是经济走廊的过渡带，其定位是构建面向东盟的国际大通道，为西南地区中部和南部的开放和发展构筑新的战略支点，成为 21 世纪海上丝绸之路和丝绸之路经济带有机衔接的重要门户，其地缘政治环境在促进对外经济交往中起着不可替代的作用。

我国是一个背陆面海的国家，西藏是面向南亚的关键区域，是中国与南亚各国进行交往的直接地带，其地缘政治环境对我国的发展有较大影响。党中央明确将西藏划入"一带一路"建设范围，其定位是我国面向南亚开放的重要通道，是中国"一带一路"倡议中不可或缺的组成部分。西藏属于西南国际合作圈，环喜马拉雅经济带处于中央位置，西藏地区的建设和经济发展战略关系到中尼印的合作和共同发展。[①]

东南亚和南亚拥有丰富的自然资源和巨大的潜在市场，是世界上发展势头最强、与中国联系最紧密的地区之一。对外，西南边疆地区的发展是中国打破西方战略遏制和包围的最佳战略突破，其地缘政治环境的建设对我国经济政治发展具有重要的战略意义。[②] 对内，西南边疆主要是少数民族地区，民族团结和民族关系的发展，直接关系到地区乃至整个国家的安全、稳定与和谐发展。西南边陲极易受到周边国家不稳定、不和谐因素的干扰，少数国家试图通过向东南亚国家传播"中国威胁

---

① 牛治富、刘星君：《西藏在南亚大通道建设中需要认识和处理好的若干关系》，《西藏民族大学学报》（哲学社会科学版）2018 年第 39（2）期。

② 刘稚：《云南在中国周边安全与区域合作中的定位与发展》，《东南亚地区研究学术研讨会论文集》，2011，第 13 页。

论"，对边疆地区进行宗教、民族分裂主义的渗透，实现对中国经济、政治进行打击的目的。针对上述因素，西南边疆城镇的发展及其政治地理位置极为特殊和重要。

西南地区毗邻和接近东南亚、南亚多国的特殊的地缘政治环境，一方面使西南地区城镇化发展向外面向一个较为复杂的国际环境，另一方面也为西南地区以辐射南亚东南亚地区为引擎驱动城镇化加速发展提供了条件。

三　特殊的人文社会环境

城镇化的推进牵涉政治、经济、文化等社会各方面，相应的，这些因素也会反作用于城镇化。城镇化不但会受到原有城市布局等物质基础的影响，也会受到该区域独特的人文社会环境的影响。

"一方水土养一方人"，我国西南边疆地区具有特殊的自然地理环境，在这里形成了有别于我国其他地区的特殊人文社会环境。西南边疆地区特殊的人文社会环境主要体现在如下方面：第一，少数民族众多，民族构成复杂，文化传统和社会习俗多元，云南是我国少数民族种类分布最多的地区；第二，宗教信仰构成复杂，该地区主要宗教信仰有汉传佛教、南传上座部佛教、藏传佛教、伊斯兰教、基督教、天主教、道教等。

（一）民族结构复杂

云南省不仅拥有中国 56 个民族中的 52 个，更是民族团结进步创建示范区之一。据《2017 年中国民族统计年鉴》，云南省少数民族人口共计 1313.43 万人，约占全省人口总数的 27.52%，是少数民族人口超过千万人的 4 个省区之一。云南省内的行政区域划分中有 8 个为自治州，共 29 个自治县，省内少数民族交错分布，共有 15 个少数民族跨国境而居。跨境民族之间的交往是云南对外开放、民间交往的重要内容。

广西壮族自治区以壮族为主体，2016 年末全区总人口中少数民族人口数达 2185.32 万人，是少数民族人口总数最多的省区，并且全国瑶族人口绝大部分分布在广西。广西是我国 5 个民族自治区之一，区内行政划分设有 12 个自治县，其中世居少数民族 12 个。

西藏是我国面积最大的民族自治区。据《2017 年中国民族统计年鉴》，2016 年末西藏自治区总人口中少数民族人口为 297.99 万人，达到其人口总数的 90.15%。

（二）民族文化和社会习俗

几千年的历史发展、不同的生活需求、不同的生活条件和生活环境，创造了内容丰富、形式多样的社会活动和民族文化。例如，云南有纳西族的东巴文化、傣族的贝叶文化、彝族的太阳历文化、哈尼族的梯田文化等，这些特有的少数民族文化对于今天西南边疆社会、经济的发展仍具有重要的现实意义。生命科学方面，考古学家发现的一系列古猿化石证明，云南是人类重要的起源地之一；在人文社会方面，历史上有著名的"南方丝绸之路"、南诏国等，其他少数民族节日更是不胜枚举。

广西古称百越大地，人类生活踪迹可追溯到旧石器时期，最早的打击乐器的使用可追溯到春秋时期；江崖壁画群更是我国古代的民间艺术瑰宝。广西民间歌舞剧《刘三姐》在新中国成立之后唱遍全国，广西素有"歌海"之称，农历三月初三是壮族传统歌节，这一天广西会举行盛大的"歌圩"活动，除了纪念祖先和招待亲友外，这一活动也是男女青年进行社交的一种特殊形式。

藏族在与其他民族长期的交流中，形成了神秘、神圣而又独树一帜的文化。据有关资料，对其影响最为深远的是古象雄文明，它以雍仲本教的传播为主线，并且存在时间久，传播范围广。例如，转神山、悬挂五彩经幡、放置玛尼堆、使用转经筒等祈福方式，其他社会活动和传统都是遵循雍仲本教的习俗。唐卡、藏医藏药、藏传佛教等成为藏族人民独一无二的精神财富和文化遗产。西南边疆地区这些宝贵的物质文化遗产创造了深厚的文化底蕴及多种多样的民族文化，既丰富了中华文化的宝库，也为西南边疆城镇发展提供了更加强大的内在动力。

（三）宗教信仰

西南边疆地区宗教信仰较为普及，各省区宗教信仰派别大体相同。例如云南和广西的宗教派别主要都是佛教、道教、伊斯兰教、天主教、基督教（新教）、原始宗教及民间宗教等，各教派都有其较久的历史传承和固定的信仰民众，彼此之间的影响相对平衡。从古至今，虽然是多宗教并存，但从未发生宗教之间的冲突事件，各宗教之间和谐平稳有序，秉持和谐、友好关系，宗教信仰生态环境良好。

2013 年，广西已有宗教信徒 68 万人，其中天主教 7 万多人，基督教 12 万多人，伊斯兰教 3.5 万人，佛教 45 万多人，道教 5000 多人。已有正式登记的宗教活动场所 692 处，其中天主教教堂及固定活动场所 105 处，基督教教堂及固定活动场所 336 处，伊斯兰教清真寺 20 处，佛教寺庙、庵堂 223 处，道教宫观 8 处。少数民族人民之间信奉的宗教有所不同，侗族信仰道教；壮族、苗族两族信奉多神即灵魂、自然和祖先崇拜；回族信仰伊斯兰教，每年有三大宗教节日，即开斋节、古尔邦节、圣纪节等。

西藏略有不同，区内以藏传佛教为主，但派别分类较多，主要是五大派系，各自起源和内容不同。从公元 11 世纪距今依次分别是宁玛派（红教）、噶当派、萨迦派（花教）、噶举派（白教）、格鲁派（黄教），其中格鲁派拥有六大寺院。自西藏解放以来，藏传佛教信徒拥有充分的尊重和宗教信仰自由的权利并发扬优秀积极向上的西藏传统文化，这符合西藏人民对于新生活的美好向往和社会发展需求。

西南地区多民族多宗教的特殊的人文社会环境，一方面给推动西南地区城镇发展、提升西南地区城镇社会治理水平增加了困难，另一方面也为西南地区城镇形成特殊的城镇风貌、构建特色化的产业支撑提供了丰富的文化资源。

四　特殊的安全意义

云南、广西、西藏作为我国面向南亚、东南亚的三座大门，其战略重要性不言而喻。维护边疆安全与稳定是西南边疆城镇化最具特色的功能，西南边疆自然环境复杂，地缘政治环境特殊，人文环境复杂，如此多的特殊性交织在一起，形成了西南边疆城镇化的特殊安全意义。在当前情况下，西南边疆地区所面临的安全挑战，以非传统安全问题为主，同时传统安全问题也没有完全消除。

传统安全问题主要是指国家面临的军事、政治、外交威胁。非传统安全问题主要是指除军事、政治和外交冲突之外的其他对国家及人类整体生存与发展构成威胁的因素。

（一）非传统安全问题

安全问题一直是边疆发展的核心议题之一，非传统安全是与传统安全领域相对的一个概念，当前西南边疆安全问题已呈现以非传统安全问题为主的面貌。冷战结束，以大规模军事行动为主的冲突大幅度减少，随着全球发展，非传统安全问题日益突出。非传统安全概念并不是凭空产生的，只是在过去的人类社会中很少遇到或者基本没出现过的安全问题，它们可能来自国内外，破坏的范围较广。

西南边疆地区，走私毒品、艾滋病传播、"三非"人员跨境流动甚至恐怖主义活动等非传统安全威胁日益增加，其治理途径也更为复杂，主要是要通过提高边疆城镇治理能力、建立安全体制及机制、加强国际合作和国际组织的协调来共同应对。在输入性较强的非传统安全问题之外，一些内源性非传统安全问题也较突出，并与输入性非传统安全问题相交织。比如，城镇化进程带来社会生活方式改变，社会结构由二元结构向一元结构转变，在这一时期，新的社会现象将不断出现，新的社会矛盾会相互碰撞引发冲突。又如，城镇建设在某种程度上对自然生态产生了一定的破坏，加剧了生态恶化状况，导致空气质量下降、土壤退化、水资源匮乏、大气污染加重等问题不断出现，边疆生态安全受到威胁。

（二）传统安全问题

传统安全问题主要指国家面临的军事、政治、外交威胁。中国西南边境地区毗邻中南半岛，政治形势复杂，经常有大国势力介入周边国家事务中伺机制造混乱，干扰中国的发展。西南区域的边界亦不十分安宁。国防部国际军事合作办公室安全合作中心主任周波大校在2018年香格里拉对话会上指出："中印间最大的矛盾是边界问题，由于中国已经通过和平谈判解决了和14个邻国国家中12国家边界问题，中印边界问题显得尤其突出。"近年来也不时出现一些不和谐的情况。

西南地区由于其所处的特殊的自然和政治地理环境以及特殊的人文社会环境，其在维护国家边疆安全中具有特殊的意义，发挥着重要的安全功能。因此，推进西南地区城镇化发展应当充分重视其边疆安全意义，促进实现其边疆安全功能。

第二节　新时代西南地区城镇化的功能指向

西南边疆城镇化是我国城镇化的重要组成部分，其发展好坏直接影响我国总体城镇化的进程。习近平总书记提出表示推进国家治理体系和治理能力现代化的要求，为边疆治理指出了方向。建设西南边疆城镇，在促进边疆少数民族地区的社会经济发展和边境治理方面发挥着重要作用。西南边疆城镇化的功能不同于其他发达地区的城镇化，其注重公共产品属性，体现公共服务精神，目标是实现社会稳定和边疆人民过上幸福快乐生活的愿景。

一 新时代中央对西南边疆城镇化的功能定位

西南边疆城镇化既要发挥自身的主观能动性，又要结合区域特点，从宏观角度将其融入国家发展的整体格局中。党和国家领导人高度重视西南边疆地区的发展，城镇建设是实现边疆区域脱贫致富、社会经济发展的有效途径。

（一）中国城镇化发展阶段及相关会议

在新中国成立之后至改革开放之前的阶段，城镇化发展尚未成为国家政策，该阶段呈现城乡割据、二元结构的特征，城镇化率仅增加7.28个百分点。

随着改革开放的推进，工业化成为社会经济发展的重要动力，城镇化进程明显加快。1979～1994年，中国城镇化进程进入一个重要阶段，城镇化率在这15年内，提高了9.55个百分点。但城镇化率提高最快的还是1995～2013年，18年内城镇化率提高了24.66个百分点。

2014年，中央政府颁布了《国家新型城镇化规划（2014～2020年）》，提出了一条不同于工业城镇化、土地城镇化，而是以人为核心的新型城镇化道路。新的城镇化道路不同于以往的城镇发展模式，发展的目的是解决过去城镇发展中的历史遗留问题。

新型城镇化政策出台后，中国城镇化率从2014年的54.77%提高到2016年的57.35%，年均增长1.3个百分点。1960年至改革开放前，我国先后共召开了三次全国性城市工作会议。会议主题及工作安排主要集中在加强对城市集中管理、解决城市经济生活中突出的矛盾、科学制定城市规划和进行旧城改造等方面。

李克强总理在第十二届全国人大二次会议上做的政府工作报告中指出："加大对革命老区、民族地区、边疆地区、贫困地区支持力度。加大对中西部地区新型城镇化的支持。提高产业发展和集聚人口能力，促进农业转移人口就近从业。加快推进交通、水利、能源、市政等基础设施建设，增强中西部地区城市群和城镇发展后劲。"① 时隔 37 年，2015 年 12 月，我国在北京召开了中央城市工作会议。会议指出，要协调好空间、规模、产业三大方面，全面提高工作水平。在国家有关规划的基础上，结合"一带一路"倡议，培育和发展中西部地区一批城市群和区域性中心城市，促进边疆中心城市和口岸城市的联动发展。

（二）习近平总书记的重要指示及政府工作报告、政府规划

2017 年 10 月 28 日，习近平总书记给西藏自治区隆子县玉麦乡卓嘎、央宗两姐妹的回信，反映了党中央对边疆人民的高度关注和对边疆区域发展的高度重视。

以云南为例，2008 年 11 月 20 日，习近平在云南调研即将结束之际，不顾日夜兼程的劳顿主持召开了云南领导干部座谈会。结合调研了解到的情况，习近平提出了六点要求：一是要切实抓好深入学习实践科学发展观活动，务求取得实实在在的成效；二是深入贯彻党的十七届三中全会精神，推动云南社会主义新农村建设迈上新台阶；三是紧紧抓住国家宏观调控政策重大调整和西部大开发的历史机遇，推动云南经济又好又快发展；四是切实加强生态文明建设，努力使"七彩云南"放射出更加耀眼的光芒；五是切实加强社会建设和社会管理，推动和谐云南建设；六是以改革创新精神全面推进党的建设，为云南经济社会发展提供坚强保证，努力谱写云南改革发展的新篇章。在 2015 年 1 月再次考察云南时习近平指出："希望云南坚持运用'四个全面'战略布局引领各项工作，主动服务和融入国家发展战略，闯出一条跨越式发展道路来，努力实现民族团结进步示范区、生态文明建设排头兵、面向南亚东南亚辐射中心三个定位目标。"2020 年 1 月 19～21 日，习近平总书记再次来到云南腾冲、昆明等地考察调研，习近平总书记指出，"云南的优势

---

① 李克强：《十二届全国人大二次会议　政府工作报告》，《湖北日报》2014 年 3 月 15 日，第 1 版。

在区位，出路在开放，希望云南发挥沿边开放区位优势，主动服务和融入国家发展战略，努力建设成为我国面向南亚、东南亚辐射中心"。

党和国家对于边疆发展的重视和关注也体现在国家规划方面，2010年国务院出台的《全国主体功能区规划》明确将北部湾地区、滇中地区及藏中南地区划入重点开发区域。① 2014 年，国家出台了《国家新型城镇化规划（2014～2020 年）》，该规划树立了中国新型城镇化发展的总体理念，阐述了新型城镇化的内涵，明确了推进新型城镇化的目标和任务，并将西南若干陆路边境口岸指定为面向南亚和东南亚重点建设的边境城镇。

2016 年 2 月，国务院发布了《关于深入推进新型城镇化建设的若干意见》指导城镇化建设工作，并对城镇化建设工作的具体内容指出方向。中国共产党第十九次全国代表大会报告中的区域协调发展战略部分提出："加大力度支持革命老区、民族地区、边疆地区、贫困地区加快发展，强化举措推进西部大开发形成新格局。加快边疆发展，确保边疆巩固、边境安全。坚持陆海统筹，加快建设海洋强国。"②

二 新时代西南边疆城镇化政策体系

由于我国国情特殊，我国的城镇化模式是政府主导下的城镇化，其主要方式是通过政策来引导和控制。这就是说，中国农村城镇化问题不仅是一个经济问题或空间布局问题，更是一个重大的公共政策问题。城镇化发展方向和模式的变革需要相应的公共政策改革的行政支持，而实现城镇化的公共政策创新需要构建有利于城镇化健康发展的公共政策支撑体系。要使我国城镇化走上更加良性的发展道路，必须提供必要的公共政策支持，如户籍管理政策、土地流转政策、社会保障政策以及完善

---

① 国务院：《全国主体功能区规划》，2011。
② 《习近平：决胜全面建成小康社会　夺取新时代中国特色社会主义伟大胜利》，《人民日报》2017 年 10 月 28 日，第 1 版。

的城乡就业政策等，需要进一步完善。

（一）新时代云南城镇化政策体系

云南省政府出台了一系列促进云南城镇建设和发展的政策及规划，如《中国共产党云南省第九次代表大会报告》《中共云南省委关于贯彻落实〈中共中央关于全面深化改革若干重大问题的决定〉的意见》《云南省国民经济和社会发展第十二个五年规划纲要》《云南省主体功能区规划》《云南省城镇体系规划（2012～2030年）》《云南省新型城镇化规划（2014～2020年）》《云南省沿边城镇布局规划（2017～2030年）》《云南省沿边地区开发开放规划（2016～2020年）》等规划文件。

在确保相关政策稳定性和连续性的基础上，云南将继续加强相关制度的创新和深化。通过制定应对人口城镇化的具体政策，全面实施现行农业转移人口城镇落户政策，深化研究创新相关的配套政策。

例如，在人口落户方面，将按照自愿、分类和有序原则，深化户籍制度改革。以保障公民权利、维护人民利益为评价标准，根据不同的地域情况制定城市的人口落户规划。加快户籍管理体制改革，降低农业转移人口城镇化门槛，在尊重农民意愿的基础上，综合考虑经济发展水平和实际需要，促进人口城镇化。农民进城为中小城市和小城镇提供了大量的非农劳动力，促进了土地流转和规模经营，促进了城市建设，加快了农村土地盘活。

在城镇建设方面，因地制宜推动城镇化，在具有一定发展条件、资源条件和发展优势的地区推进就地就近城镇化建设，不断完善城镇综合功能，加大产业支撑力度，加大对产业发展和人居环境建设的扶持力度，特别是基础设施和公共服务的建设，增强就业吸纳能力，充分发挥其守城固边的作用。

在创业就业方面，促进创业、推动就业。加大创业力度，深化国家和省级创业城镇建设，实行税收优惠、小额担保贷款等扶持政策，将符合条件的农业转移人口一并纳入创业政策扶持范围，按规定给予扶持，推动全民创业。云南省财政增强创业服务能力，建立和完善创业项目资源库，实施创业项目奖励制度，增强项目成果转化能力；加强技能培训，完善技能培训体系；加快建设以省级公共培训基地为引导，以国家和市级高技能人才培养示范基地建设为核心，以各类职业培训机构为培训主体，以企业培训基地为补充的职业培训体系，实施高技能人才培养方案。

在社会保障方面，将"农转非"人口完全纳入城镇住房保障体系，增添保障性住房、限价商品房、棚户区改造、租赁补贴等多种住房保障形式。医疗保险坚持"全覆盖、基本保障、多层次、可持续"方针，不断扩大参保范围，整合城乡居民基本养老保险制度和基本医疗制度，改善社会保险关系转移工作流程等。

在教育方面，受让人的子女必须上学，费用和管理必须与城镇居民的子女一样对待。建立健全云南省中小学生信息管理系统，将移民子女义务教育纳入各级义务教育发展规划和财政保障。"农转非"群体子女在上学收费及管理政策上和城镇居民子女享受同等权利，实现"同城同教"。建立健全云南省中小学生学籍信息管理系统，将农民工随迁子女义务教育纳入各级政府义务教育发展规划和财政保障范畴。实施以输入地政府管理提供全日制公办中小学就读为主的政策，保障转户进城居民随迁子女免费接受义务教育的权利，拓宽其接受免费义务教育的渠道。

（二）新时代广西城镇化政策体系

广西已进入实现"两个建成"目标的决定性阶段，处于城镇化快速发展的关键时期。为了确保广西城镇化发展在合理有序、科学持续的正确轨道上，广西壮族自治区政府发布了如《广西壮族自治区城镇化发展"十二五"规划》《广西壮族自治区新型城镇化规划（2014～2020年)》等政策文件。其中关于重点建设边境地区、促进边境地区城镇开发开放建设的有《广西壮族自治区空间规划试点工作方案》《广西沿边新型城镇示范带建设实施方案》《广西壮族自治区人民政府关于支持沿边重点地区开发开放的实施意见》等若干规划及意见。

人口落户方面，广西同云南一致，同样实施差别化落户政策并将进城落户的农业转移人口完全纳入城镇住房保障体系，但不同的是落户群体更侧重农民工群体，同时兼顾高校和职业技术院校毕业生等群体。住房保障有国家城镇保障性住房、自购住房及企业建设员工宿舍等多种方式，政府针对不同形式给予相应的资金支持或财政补贴。

就业方面，要加强就业公共服务，建立和完善公共创业指导服务中心，加强创业示范基地建设，创设创业培训、创业实习、创业孵化基地，提供政策咨询、项目开发、商业指导等服务，提高创业成功率。增强创业培训师资力量，根据不同层次的需求开展多种形式的创业培训，制定公共创业服务机构职能标准，建立专业、规范的创业服务体系，努力提高创业服务质量和水平。加强就业技能培训，鼓励企业建立员工职业培训体系，建立以大中型企业、行业研究开发中心、技术职业院校和高技能人才培养示范基地为基础的高技能人才培养平台。

社会医疗卫生保障方面，鼓励农民工积极参加城镇职工基本医疗保险或城镇居民基本医疗保险，并将符合条件的农业转移人口纳入医疗救助。加快建立统一的城乡居民基本养老保险制度，将农村医疗和养老保险纳入城市社会保障体系，强化企业责任，完善商业保险与社会保险的合作机制，对农民工聚集地的疾病、疫情和突发事件进行重点监测，加强公共卫生事件应急处理能力建设。

教育方面，推进全区学生学籍信息管理系统建设，并将农村转移人口随迁子女的义务教育纳入各级政府教育发展规划和财政保障范畴。流入地政府主动牵头管理，安排全日制公办中小学作为接收主体，就近安排适龄儿童入学，确保农村转移人口随迁子女平等地接受义务教育。

（三）新时代西藏城镇化政策体系

党和政府均认为"治国必治边、治边先稳藏"，西藏城镇化建设是稳定和治理西藏边疆的有效手段。对此，西藏自治区人民政府发布了《中共西藏自治区委员会关于贯彻落实〈中共中央关于全面深化改革若干重大问题的决定〉的实施意见》《西藏自治区"十二五"时期国民经济和社会发展规划纲要》《西藏自治区主体功能区规划》等一系列意见和规划。《西藏自治区新型城镇化规划（2014～2020 年）》是指导今后一个时期内城镇化健康发展的一项科学性、全面性、战略性和基础性的规划，它明确了西藏未来城镇化的发展方向、主要目标和战略任务。

西藏城镇化必须强调以人为本、因地制宜、统筹规划、改革创新，注重城镇化发展的基础，提升城镇发展质量，明确政策导向。应促进优势地区先行发展，实施主体功能区战略和区域总体发展战略，把"一圈两翼"城镇和区域中心城镇放在区域总体发展战略的优先位置，充分发挥比较优势，促进生产要素的集聚和合理流动，增强人口吸纳能力和区域辐射能力。

着手推进新农村建设。根据当地资源环境承载力和人口规模，因地制宜，坚持城镇化和新农村建设，形成符合区域条件、促进城乡协调的发展模式。城镇化的水平和质量不能单靠城镇化的速度来衡量。在旅游、文化、能源、矿产等特殊资源开发重点地区推进城镇建设。大力发展劳动密集型、资源节约型、环境友好型产业，加强能源矿产资源等优势资源开发对城市发展的支持作用。加快资源型城镇建设，吸收更多农牧业人口转移就业。

就业创业方面，整合培训资源，完善培训体系，强化培训责任主体，扩大政府免费职业技能培训服务，提高培训实用性和就业率。增加建筑业、民族手工业、机械维修等行业的职业培训内容，提高农牧民就业水平，完善针对农牧民在城市创业、创业企业的扶持政策。

社会保障方面，在住房保障中，租赁补贴继续用于补贴在市场租赁住房的低收入住房保障对象，并增加其他保障方式改善农牧民人口居住条件，如建立自治区财政投入保障机制，有效扩大城镇保障性住房的供给规模，实现到 2020 年，保障性住房常住人口覆盖率达到 23% 以上。

加快城镇（街道）社区服务中心建设，基本形成以综合服务设施为主、各类专项服务设施为辅的社区服务设施网络。逐渐降低社会保险费率，为失地农牧民提供社会保障。完善基本医疗保险管理体制，推动异地结算。进一步强化县、乡和社区卫生服务机构标准化建设，不断提升卫生服务能力和水平。促进基本公共服务均等化。以人的城镇化为核心，提高城市基本公共服务供给能力，逐步实现农民工和牧民的均等权益。

教育方面，实现转移人口随迁子女在居住地就近上学，城镇各种类型的公立学校对转移人口随迁子女实施无差别化的教育政策，优化城镇教育资源配置，提高公办学校接收转移人口随迁子女的能力。

优化教育资源布局，整合教育资源，积极引导社会力量投入非义务教育领域，扩大地市城镇全日制寄宿制中学集中办学规模，引导更多农牧民子女到地市城镇就学，共享优质教育资源，增强教育对农牧民子女的代际转移作用。扩大中等职业教育办学规模，推进未升入高中和大学的学生群体的继续职业技能教育，提升农牧民子女在城镇就业的技能水平。

三　西南边疆城镇化发展态势

我国城镇化虽然取得了巨大的成就，但同时也产生了许多问题。城镇化不仅会引起工业结构和经济结构的变化，对社会结构也会产生影响。西南边疆地区有着迥然于我国其他地区的特殊的地理环境和社会环境，这也塑造了其独特的城镇化发展道路。为了更好地促进西南边疆城镇化的发展，有必要对其城镇化发展的现状进行梳理。

（一）云南省城镇化发展态势

风险与机遇并存，必须准确认识全省城镇化推进的基础条件，深入挖掘云南省实际发展基础和存在的问题。如何在云南省独特的地理条件和文化背景基础上，促进全省城镇化建设健康、高质量地不断发展下去，是现阶段的关键问题。

"十二五"期间，云南省常住人口城镇化率大幅提高，稳步推进农民进城工作，放宽城镇户籍管理，推进城乡公共资源同等水平共享。2016年底，全省常住人口城镇化率提升到45.03%，户籍人口城镇化率为21.6%。从上述数据来看，城镇人口数量增多，人户分离现象增加。

城镇群的主体形态作用初步显现，城镇综合承载力不断增强。滇中城市群既是核心城市群也是全省城镇化率最高的区域，城镇规模较大，经济发展水平较高，其他城镇群仍处于发展和培育阶段。截至2016年底，全省城镇建成区面积已达1819.35平方公里，公共卫生处理能力的提高和公共服务设施的增加，为人们的生产和生活提供了物质保障。

目前，云南省城镇化水平稳步上升，但总体水平与全国相比仍然较低。城镇化的质量和速度还有待进一步提高，特别是云南省城镇化仍存在大中型城市带动发展能力较弱、小城镇发展程度较低、城乡公共服务差距大等问题。

加快城镇化进程的同时应重视城镇化质量，目前云南城镇规模结构不合理，城镇规划建设管理水平有待提高。云南省城镇体系结构长期存在大中城市数量少、规模小的问题。全省有1个特大城市、1个大城市、7个中等城市、11个小城市、105个县城、1175个小城镇。城镇总体发展水平不高，聚集能力和辐射带动能力不足。

云南省城镇化普遍存在重城市建设、轻管理服务等问题，主要表现为交通拥堵问题日趋突出，环境污染问题加剧，城市管理运行效率不高。同时，在城镇特色建设方面引导不够，良好生态环境、多民族、沿边的特色未能完全体现。

（二）广西壮族自治区城镇化发展态势

在广西实施一系列城镇化建设战略的背景下，城镇化进程明显加快。在良好的发展形势下，更好地促进广西城镇保质保量发展，准确把握和理解广西城市发展的客观现状是十分必要的。

广西城镇发展迅速，但总体城镇化水平仍然偏低。2017 年末，广西城镇常住总人口为 2404 万人，城镇化率提高到 49.21%。尤其是城镇化率在 2004 年突破 30% 以后发展速度明显加快，年均增长 1.5%，但城镇化滞后的状况并没有根本上改变，与同期全国水平相比，低了 9.04 个百分点。[①]

土地城镇化现象是突出的，2000～2017 年，城镇人口增长了 79.81%，人户分离现象严重，农民工市民化进程缓慢。到 2017 年，建成区建设面积达到 1257.87 公顷，2018 年，城镇常住人口和户籍人口的城镇化率分别为 50.22% 和 31.72%。城市体系逐步完善，但中心城市的优势尚未发挥作用，各类城镇发展缺乏协同性。2018 年《广西统计年鉴》显示，在 14 个地级市中，常住人口数量排在前列的是南宁市 433.49 万人、柳州市 224.55 万人，有一半地级市中心城市人口不到 100 万人；全省还没有中心城市人口数量超过 500 万人的特大城市，中小城市和小城镇发展滞后，就近就地城镇化水平偏低。

在城市规模不断扩张的同时，城镇规划未能及时调整和改变，导致城镇整体建设不科学，城市管理水平较低。中心城市开始出现"城市病"问题，中小城镇功能不完善，集聚能力欠缺，城镇发展以经济为重，忽略生态保护。

城镇化与工业化之间的互动已经增强，但产业支撑仍然薄弱。中心城市的产业和城市布局还不够协调，产城一体化还未实现，"四化"的

---

① 广西壮族自治区发展和改革委员会：《广西壮族自治区新型城镇化规划（2014～2020 年）》，《广西日报》2014 年 8 月 11 日，第 1 版。

协调发展尚未形成。城乡发展差距大、不平衡、不协调，制约了城乡一体化体制改革，城镇内部出现了新的矛盾。农民工市民化进程滞后，大量农业转移人口难以融入城市社会，被排斥于城市基本公共服务体系之外，处于"半公民化"状态。

（三）西藏自治区城镇化发展态势

西藏自治区城镇化水平稳步提高，发展理念逐步转变，城镇规模不断扩大，综合承载能力不断提升，各族人民共享城镇化带来的发展成果，但也不可忽视城镇发展中存在的问题。

西藏城镇化水平稳步提高，主要城镇规模不断扩大。根据2018年《西藏统计年鉴》数据，2017年，西藏城镇常住人口从1995年的239.84万人增加到337.15万人，累计增加97.31万人；城镇化率从16.7%提升到30.89%。2018年西藏城镇化率继续增长，为31.14%。西藏自治区下辖6个地级市、1个地区和72个县（区），初步形成以拉萨为中心、六地市行署（政府）所在地城镇为支撑、其他县城为重要组成部分的城镇体系。

城镇综合承载力不断提高，城镇产业支撑能力得到提升，居民人均住房面积达到36.14平方米，交通、能源、通信等基础设施日益完善。教育、医疗、文化和社会保障等公共服务供给状况明显改善，城镇化观念发生了重大变化。

在提高城镇基本公共服务水平和城镇综合承载力的同时，加强城镇环境保护和生态建设已成为共识。在城镇化进程中，民族文化的特征得到进一步体现，城镇化的发展更注重质量的提高。

西藏城镇化水平较低，城市发展动力不足。2018年，城镇化率仅为31.14%，比全国平均水平59.58%低了28.44个百分点。西藏城镇发展的生态环境脆弱，城镇发育能力弱。西藏的内生经济能力较弱，城镇发展动力不足，城镇经济欠发达，城镇集聚能力弱，城乡二元结构突出。城镇基础设施建设滞后，城镇就业吸纳水平低，农牧民劳动技能水平较低，转移就业难度大。城镇空间布局相对分散，规模和结构不合理。城镇产业支撑能力弱，需要国家特殊政策支持，并提供充足的财政支持，增加地区教育资源投入，提高劳动力就业技能水平。[①]

第三节 西南地区城镇化的经济社会发展功能

西南边疆城镇化发展基础、发展历程皆不同于其他地区，其城镇化的经济社会发展功能尤为重要，为戍边守边、与邻国经贸往来提供了必要的物质基础和互动网络。边疆区域实现新型工业化、现代化的必要手段就是发展城镇。城镇化发展水平直接作用于工业化、现代化发展进程。推进城镇化无疑会促进边疆地区经济社会不断向前发展，西南边疆城镇化对经济社会发展的推动作用表现为发展经济，提高人民生活水平和质量；提高工业化水平，优化产业结构，提高就业水平；构建边疆增长极，促进区域及城乡协调发展等。

一 西南边疆城镇化经济社会发展功能历史沿革

西南边疆城镇化近年来的发展取得了令人瞩目的成就，其带来的积极影响也在慢慢显现，人口和经济活动的集聚也越发明显。为了促进西南边疆地区城镇化更好发展，有必要结合我国城镇化发展的历史沿革对改革开放以来我国西南边疆城镇化的经济社会发展功能进行梳理。对应城镇化发展的不同阶段，西南边疆城镇化的经济社会发展功能也发生变化。下面按照以小城镇为主的分散型城镇化阶段→以大城市、特大城市为中心带动的集中型城镇化阶段→大、中、小城市协调发展的多样型城镇化阶段→以城市群为主体形态的新型城镇化阶段四个阶段，对西南边

---

① 史云峰：《西藏新型城镇化：现状、特征与路径》，《西藏民族大学学报》（哲学社会科学版）2016 年第 4 期。

疆城镇化的经济社会功能历史沿革进行梳理。

（一）以小城镇为主的分散型城镇化阶段

以小城镇为主的分散型城镇化阶段开始于改革开放，延续到20世纪80年代中后期。这一阶段城镇发展的主要特征是积极发展小城镇，合理发展中等城市，控制大城市规模。中共十一届三中全会后，经济体制的改革解放了生产力，经济联合体、乡办企业的创立等推动了小城镇的生产要素和人口的聚集，城镇获得迅猛发展。1984年，经济体制改革的内容发生改变，经济体制改革的重点转向城市，小城镇的建设具有了必然性。改革开放在1992年进入一个新的阶段，社会经济发展达到新的高度，城镇化建设也在社会经济发展中持续推进。《国家新型城镇化规划（2014～2020年）》特别提出了要有重点地发展小城镇，促进大、中、小城市和小城镇协调发展。城镇规模不断扩张，城镇人口也在不断增长，小城镇建设在我国城镇化过程中发挥越来越重要的作用。在城镇化稳定发展的背后，首先应该关注的是城镇发展的本质是"人的城镇化"，由农村户籍人口转为城镇户籍人口仅仅是城镇化工作中最为基础的部分，更应该关注这部分人口转移到城市之后的生活方式、生活质量，是否能够拥有均享公共服务和卫生医疗保障资源的权利等方面。

农村常住人口原本从事农业，在建设城镇过程中，原本的农村劳动力也失去了赖以生存的土地成为剩余劳动力。由农村转向城市，从事行业也从第一产业转向了第二、第三产业。农村剩余劳动力的劳动技能和就业能力相对较低，从事行业或岗位受到限制，而特大城市、大城市随着发展水平的提高，普遍要求的劳动力技能水平越来越高，这对于农村转移劳动力来说成了就业挡门砖。城镇化过程中由非城镇人口转为城镇人口的人群较多，给原本人口拥挤的大城市造成了极大的管理压力，就业岗位的提供也是一大难题，而中小城市、小城镇不仅可以成为吸纳农村转移人口的重要载体，还可以提供更多的就业岗位，拥有更为宽阔的就业空间。例如，德国70%的人住在小城镇，而不是住在城市，但他们的身份是城市居民而不是农村居民。城镇建设倡导在有条件的地区就地城镇化，城镇化发展实现资源的优化配置，可以集聚更多的公共资源及服务，形成更为畅通、透明和灵活的市场环境。小城镇有利于文化传承，在文化保护、传承方面更有优势，因为小城镇的管理力度和范围更有操作性，外来文化冲击也小。

改革开放 40 多年来，中国城市发展较好的区域主要集中在沿海发达地带，中西部地区相对处于较为落后的状态。西南边疆区域在历史、区位和自然条件等因素综合作用下，经济社会发展较为落后，经济社会发展需求尤为迫切。边疆城镇的建设有利于四化同步，缩小城乡差距，带动农村发展；有利于带动边疆区域整体发展。从全国的城镇结构来讲，小城镇建设是科学布局，有利于促进我国城镇化建设的结构均衡、健康发展。

（二）以大城市、特大城市为中心带动的集中型城镇化阶段

以大城市、特大城市为中心带动的集中型城镇化阶段主要是 20 世纪 80 年代中后期至 90 年代中后期，这一阶段城镇发展的主要特征是依托大中城市，发挥城市中心的集聚与辐射作用，充分形成开放的、规模不同的网络型经济区。

从国外的经验和我国历史上城市发展的过程来看，充分发挥各个地区中心城市的重要作用不可忽视。截至 2016 年底，全国共有 92 个人口100 万人以上的大城市，其中包含 5 个超大城市、10 个特大城市。2007年中共十七大报告指出："走中国特色城镇化道路，按照统筹城乡、布局合理、节约土地、功能完善、以大带小的原则，促进大中城市和小城镇协调发展，并强调要以增强综合承受能力为重点，以特大城市为依托，形成辐射作用大的城市群，培育新的经济增长极"。[1]

城镇化是社会生产力发展的必然结果，也是实现现代化的重要过

---

① 胡锦涛：《高举中国特色社会主义伟大旗帜　为夺取全面建设小康社会新胜利而奋斗——在中国共产党第十七次全国代表大会上的报告（2007 年 10 月 15 日）》，人民出版社，外文出版社，2009。

程。充分发挥中心城市的作用不能一味地发展大城市或中心城市，抛弃发展中小城镇，它们彼此之间的关系不是互相替代的而是互为补充的，它们各自具备不同的职能及作用。中心城市是城镇发展的核心区域，应以此为中心组建经济网络，发挥辐射作用带动周围地区发展，建立多层次多类型的协作区或经济区，逐步形成城市群或城市带。城市群或城市带会使城市间的交往更加密切，有利于产生集聚效应，实现规模效益；有利于区域之间不同类型的城市共同进步，促进城市体系的成长，发挥正外部性，加速区域整体城镇化进程。经济发达地区深受此益，经济落后地区可以借鉴学习，这对西南边疆区域尤其重要。

据《2018 中国统计年鉴》，2017 年末我国总人口为 139008 万人，其中农村总人口有 57661 万人，比重达到 41.48%，这表明我国尚有四成多人口仍居住在农村区域，特别是山区、边远地区以及少数民族地区等。而在西南边疆，不少农村区域脱贫目标还未完成，中心城市建设更是遥不可及，但在西部经济落后地区，更应优先重点发展中心城市，集中力量强化若干功能齐全的综合性中心城市，作为该地区社会经济发展和城镇化发展的核心。充分发挥中心城市辐射作用，联动中小城市，从而推动区域整体城镇化发展。

（三）大中小城市协调发展的多样型城镇化阶段

大中小城市协调发展的多样型城镇化阶段为 20 世纪 90 年代中后期至 21 世纪初期，这一阶段的主要特征是走符合我国国情、大城市与中小城镇协调发展的多样型城镇化道路，逐步形成合理的城镇体系格局。

在中国的理论界，城市发展模式主要分为三个方向：认为大城市应该重点发展，主张大城市论；认为发展中等城市较为合理，主张中等城市论；认为小城镇才应该发展重点，主张小城镇论。上述主张都有自己的理由，那为何我国坚持要走大、中、小城市协调发展的道路呢？[①]

---

① 蒋永清：《中国城镇化的世纪回顾与展望》，《求索》2001 年第 1 期。

从现有的总人口规模和城市人口规模来看，中国远比世界上的发达国家、城镇化发展水平高的发展中国家都要大得多。这些城镇化发展水平高的国家的全国城镇化任务由几个或几十个大中城市便可担负，在中国远远不行。例如英国伦敦有680万人、日本东京有1200万人、韩国首尔有1100万人，这些城市人口就已经分别占到总人口的12%、10%和20%。而中国有14亿多人口，在未来的发展中就算增加建设10个类似于东京、首尔这样的特大城市，也才仅仅实现了1亿多人口的城镇化，并不能满足整体城镇化的要求，因此中国城镇化道路需要依托中小城镇来共同分流，就我国国情而言，走大、中、小城市协调发展的道路更切合实际。

积极推进小城镇的发展应是我们始终关注的重点，这是我国国情所决定的。这是深化农村改革、解决农村深层次矛盾的主要途径，也是我国农村实现城镇化的必然发展道路。小城镇的建设与发展，在起步阶段就应注重发展生态农业与生态工业，走集约化、专业化的道路，以免重蹈传统农村工业"家家点火、村村冒烟"的覆辙。

特大城市、大城市的发展也是不可放弃的，它可实现一定范围内规模经济的产生，实现产业升级和经济结构转型，支撑国家经济发展，形成经济竞争力，并且大城市的发展有利于发挥强大的中心城市辐射作用。不发展小城镇，不能承担起中国城镇化的重任，不发展大中城市，我国的工业化、社会经济也难以迅速发展，因此走大中小城市协调发展的道路，将成为我们的必然选择。

（四）以城市群为主体形态的新型城镇化阶段

以城市群为主体形态的新型城镇化阶段开始于21世纪初，这一阶段城镇发展的主要特征是遵循"十一五"以来的城镇化发展战略思想，以城乡区域协调发展为主旨，并正式提出把城市群作为推进城镇化的主体形态，形成合理的城镇化发展空间格局。

新型城镇化阶段更强调人，更加关注城市常住人口，淡化户籍区别，并尝试放开户籍限制。这一阶段城镇的发展不再单纯追求城市规模的扩张，而是改变以往粗放式的发展方式，减轻中心城市或城市中心区的压力，侧重众多城市之间规划是否合理、结构是否优化，提倡组团式空间布局。以城市群为主体形态的城镇化以实现产业协同发展为目标，在城市规划中明确各个城市的产业发展功能定位，实现差别化发展，改变以往城市之间产业同质化竞争、产业链条松垮、产业整体竞争力弱的状况。城市之间推进产业转移，形成产业梯度，促进产业结构协调。

城市群本身是区域经济用语，其对中国经济发展的意义在于可以促进城镇化建设，实现资源的优化配置。城市群是生产力极大提高、生产要素逐渐优化组合的产物，从全球视野来看，城市群之间彼此功能定位清晰，例如，日本东京城市群的大阪是世界综合性的大城市，东京是集经贸和政治于一体的中心城市，京都是主要的交通枢纽。城市群是一个整体，但从局部来看，彼此之间相互独立。城市群发展可以实现内部各城市自身的发展，增强城市群中的中心城市的辐射带动作用。依托综合交通体系、发达的通信等基础设施网络所形成的空间组织紧凑、产业合作与分工最终可实现高度同城化和高度一体化的城市群，对推进城镇化或城镇化的意义也十分重大。

城市群内部经济联系紧密，城市规划、基础设施建设、环境治理相互影响，发展城市群可在更大范围内统筹城市资源，提升城市治理水平。西南边疆地区的主要城市群有北部湾城市群、滇中城市群、藏中南城市群，这三个城市群在其所在省份充当着经济领头羊的角色，其GDP均占该省份相当大的一部分，经济活力强劲。

二 西南边疆城镇化经济社会发展功能的内涵体系

西南边疆城镇化与城镇化概念本身一样，是一个有着丰富内容的内涵体系。推进西南边疆城镇化，必将涉及社会的方方面面，同时也会促进社会经济的发展。西南边疆城镇化将农村人口转为城镇人口的比例作为城镇化发展的一方面，更将由农村人口转为城镇人口的这部分人群的生活状态、生活方式和融入城市的程度作为城镇发展的参考值。西南边疆城镇化的发展无疑会推进我国整体城镇经济社会不断向前发展，其经济社会发展功能的内涵体系包含以下方面。

（一）促进西南边疆地区经济发展，优化经济结构，提高工业化水平

城市自古就有，其发展已有两三千年历史；而城镇化则是近现代社会发展的必经过程，是工业化的结果。工业化是经济发展的主要动力，工业化带来的产业集聚会使社会改变以农业为主的生产状态，而工业化过程会促进经济结构调整和产业结构升级。从经济发展的历程来看，工业化与城镇化之间相互依存并在不断的互动中相互作用。

城镇化是工业化的空间落实，城镇化的发展会为工业化提供充足的劳动力、各类社会资源和生产要素，会建设更为完善的基础设施和提供更有潜力、更为开放的市场，从而加快工业化的发展。工业化是城镇化的经济内容，工业化发展使生产效率提高，大大加快了城镇化发展速度。工业化与城镇化的协调发展可实现西南边疆城镇经济、社会发展功能的内涵，两者的互动发展有利于形成新的需求和有效供给，使产业结构和城市结构更加趋于合理。

建设城镇和发展工业化的根本目的均在于发展经济、促进社会发展，实现边疆区域宜居、宜业、宜商的目标。城镇规模扩大会促使人口集中和生产要素聚集，这些聚集会产生新的以第三产业为主的新兴产业需求，这些产业需求覆盖金融、交通、信息、商店、餐饮、文化、娱乐等方面。第三产业的兴起和繁荣要求城镇为工业化的发展提供多元化的发展环境和空间，创造外部经济环境，降低工业运行成本，加速工业化进程。[①] 城镇化是一个系统工程，需要各个要素的协同发展。当前我国

---

① 杨振山、蔡建明、温婷等：《以城镇化促进工业化发展——基于顺德的城市工业化道路反思与探析》，《地理科学进展》2013 年第 32（12）期。

西南边疆地区城镇化水平与其他地区相比还不是很高，城镇化发展有着巨大的潜力。与此同时，西南边疆地区的工业化水平必将随之得到提升，工业化的持续发展也必然改变当前城镇落后的现状。

（二）增强边疆基层政府公共服务能力，提高保障和改善民生水平

截至2016年底，云南25个边疆县（市）城镇居民人均可支配收入为28611元，与同期全国城镇居民人均可支配收入36396元相比存在较大差距。即使是城镇居民人均可支配收入最高的瑞丽市也仅为31890元，比全国同期水平低了4506元，还未达到全国城镇居民人均可支配收入中位数33834元。其中城镇居民人均可支配收入最低的是福贡县22082元，为全国同期水平的60%。全年农村居民人均纯收入为9020元，与同期全国农村居民人均纯收入11422元相比存在差距。从上述数据来看，边疆区域城镇、农村之间生活水平存在较大差距，总体水平上边疆区域同国内发达区域及全国水平差距明显。

要给城镇居民创造一个舒心、文明、有质量的社会环境，一方面要加强公共基础设施建设，提高服务管理水平；另一方面要根据城镇居民需要进行科学规划，加强城镇保障性住房建设，加强教育、科技、医疗、卫生、公共物品等基础设施的建设和管理。尽快建立与城镇化相适应的服务管理体系，在管理观念、管理内容、管理手段等方面不断创新，为边疆城镇发展提供政治支持和理论基础。

单纯以政府投资为城镇建设主力是远远不够的，基层政府应该充分利用社会资源和市场机制发展公用事业，公私合营的方式可以推进公共事业发展，提高公共服务水平。合理的减免税政策、有条件的财政拨款等优惠政策可以增强地区投资基础设施建设项目的吸引力，可以发挥供给主体的积极性，以保证基层公共服务的多元化供给。应降低市场准入门槛，实现公共服务市场的自由竞争，鼓励和支持更多的企业、组织和个人等参与基层公共服务的供给领域，例如民办学校、私立医院、民办养老机构等，达到提高公共服务效率的目的。

（三）坚持生态保护，创新制度和机制，实现城乡统筹

生态保护是发展经济的底线，不能越过底线，要坚守底线走绿色城镇化发展道路。坚持保护生态和发展经济并重，在发展西南边疆城镇化的过程中依据边疆自然生态环境特性进行规划，从保护生态、尊重民族文化和习俗传统出发，实现城镇发展的可持续性和包容性理念。要在城镇规划和发展思路中注重公共服务意识，通过绿色低碳高效的城镇发展之路实现公共效益。在城镇化发展过程中基层政府要增强边疆人民的环境保护意识、畅通民众参与途径，致力于打造共建、共享的社会环境。

中国社会长久以来受到城乡二元结构影响，基本公共服务制度的主要受益群体是城镇户籍人口，农村转移劳动力普遍未被纳入城镇基本公共服务的范围，这一现象在边疆城镇地区仍然存在。边疆城镇化发展核心和战略重点之一就是实现城乡统筹，它具有两层含义：一是指通过相关的政策和措施来保障转入城镇的部分"农转非"人群融入城市生活，享受与城镇居民同等的公共服务资源；二是通过发展特色小城镇、促进就地城镇化、优化城镇产业结构和发展现代农业等措施缩小城乡差距，避免农村人口一味地涌入大城市，产生城市问题，增加城市压力。

改革开放以来，中国经济的高速发展在一定程度上是人口红利作用的结果，数以亿计的农村剩余转移劳动力推进了城镇建设的进程，但城镇发展的主要指标就是将进城农民转为城镇人口，而其中制约城镇化的主要因素之一就是维护人的基本权利以及政府提供的公共服务，如最低生活保障、社会救助、全民义务教育、基本卫生医疗、就业再就业、基本住房保障等。"农转非"人口能否成功市民化又在很大程度上取决于其自身人力资本和社会资本的积累，国家财政性教育投入结构不合理、农村劳动力职业教育投入不足，造成农村转移劳动力职业技能水平低，劳动力的结构性短缺日益突出，制约了中国的产业升级和发展后劲。社会弱势群体享受不到与经济社会发展相适应的公共服务。因此，应提供适度的住房保障，统筹城乡规划，提升农村剩余劳动力

的劳动技能，促进农业现代化、新型化发展，实现就地城镇化，缩小城乡差距。

（四）构建边疆增长极，促进西南边疆—内地区域协调发展

边疆地区的经济发展和城镇化，首先要经过"点化"或"极化"阶段，再向"线化""面化"阶段发展。越是经济落后、城市稀少的地区，越要发展中心城市。西南边疆中心城市在其区域内对周围的小城市、城镇发挥着强大的辐射带动作用，昆明、南宁、拉萨都是如此。中心城市都有非常优越的地理位置，很强的政治、经济、文化实力，可以产生比中小城市高出很多倍的效益。它们往往是物资集散地，凭借一定的凝聚力及辐射力，影响周围地区，发挥中心作用。

区域经济发展理论表明，非均衡性会在一定区域内的经济发展中出现，应该因时因地选择支配性的中心优势区域发展经济，发挥极化效应，使生产要素向增长极集中。西南边疆城镇区域作为农村经济、政治、文化的中心，是该区域资本、技术等各种生产要素的集中地和生活资料的集散地，具备成为小区域增长极的条件。因此，推进边疆城镇化可以发挥增长极的极化效应，使区域内资源得到有效的利用。而随着城镇化的进一步发展，又可以发挥其扩散效应，向农村扩散信息、技术和城镇文明，推动区域内农村经济的全面发展。增长极产生的聚集效应提高了资源利用效率，反之，扩散效应使生产要素从增长极向区域腹地辐射，起到对整个区域经济发展的带动作用。

第四节　西南地区城镇化的对外开放功能

古代的西南丝绸之路、昔日的边防重地，如今依旧是面向南亚、东南亚各国对外开放的前沿地带。[1] 边疆城镇的发展史永远不会缺少对外

---

[1]　白光润等编著《中国边境城市》，商务印书馆，2000，第 262~263 页。

开放的话题，而对外开放也永远不会淡出国家发展规划的视线，相反在全球化时代，对外开放已经成为世界各国发展的基本国策之一。

习近平总书记在十九大报告中指出："推动形成全面开放新格局。中国开放的大门不会关闭，只会越开越大。要以'一带一路'建设为重点，坚持'引进来'和'走出去'并重，遵循共商共建共享原则，加强创新能力，开放合作，形成陆海内外联动、东西双向互济的开放格局。"[①] 城镇化发展经历过不同的阶段，城镇化对外开放的促进作用及其侧重点也随之发生变化——从简单的货物贸易到多领域的互联互通，再到以"一带一路"倡议为契机向全方位合作发展。

一　西南边疆城镇化对外开放功能历史沿革

对外开放的状态随着国家的发展发生改变，新中国成立之前，近代中国的对外开放是一部被动开放史，记载着中国半殖民地半封建时期被剥削被侵略的历史。西南边疆区域作为国家的后大门，其近代发展过程都是一幕幕被动开放场面。历史给予我们奋斗的动力，我们不曾忘却过伤痛。回顾历史是为了更好地前进，西南边疆三个省份城镇化对外开放功能的历史沿革各不相同，因此分别对其进行阐述。

（一）云南省城镇化对外开放功能的历史沿革

1885 年的中法战争，中国不败而败，6 月 9 日李鸿章代表清政府被迫与法国公使巴特纳在天津签订不平等条约《越南条款》。借由此条约，法国的侵略势力堂而皇之地开始侵入云南、广西等地，而此举被认为正式打开了中国的"后大门"。继 1886 年 3 月签订的《中法越南边界通商章程》被法国政府以距其侵略要求甚远的缘由废除之后，1889年 6 月又在北京签订了《中法续议商务专条》。此后，法国在中国南

---

① 王晶：《交通银行福建省分行对公业务发展策略改进研究》，湖南大学硕士学位论文，2018，第 13 页。

境、西南境享有无条件的片面最惠国待遇，边界贸易的进出口税再度降低。同年 9 月，在已开放广西龙州这一通商口岸的基础上，增加开放云南蒙自作为通商口岸。

19 世纪 60 年代起，英国不满法国在云南的利益，不断探测从越南、缅甸进入云南的通路，以图瓜分中国，在侵略版图中"再添新地"，1875 年 1 月的"马嘉理事件"由此产生。英国政府借"马嘉理事件"，要求清政府赔款补偿，另签订《烟台条约》，获得入侵中国西南边境的权利。1897 年 1 月，《中英条约》签订，增加了广西腾越、云南思茅、福建漳州三处通商口岸。中国如果要在云南修建铁路，就必须允许它与缅甸铁路连接。西方列强以铁路为中心，扩大相关地区的影响范围，实施经济规则，铁路权利已成为争夺"势力范围"的标志之一。上述现代不平等条约的签订对云南产生了巨大的影响，税率定制受制于人，便利了外国货物的倾销，使云南失去了经济自主权。

不同于被迫开放的口岸，云南也有主动开放的历史。1910 年，云贵总督李经羲拟定《云南省城南关外商埠总章》，确定开放区域。以"东起重关，西抵三级桥，南起双龙桥，北抵东门外桃源口"作为商埠。[①] 昆明由此正式开埠。

1909 年，一条由个旧到蒙自、建水、石屏并与滇越铁路相连接的民营铁路由滇南绅商倡议集资以商办形式修建。1915 年，云南第一家股份制公司成立，个碧石铁路正式动工。1936 年，建水至石屏 48 公里段建成，个碧石铁路从开工修建到全线竣工，前后历时 22 年之久，足见在当时的条件下，民营资本建设铁路的艰辛。个碧石铁路是云南历史上第一条有自主经营权的铁路，铁路建设过程体现了云南人民开拓变革的精神。铁路运营改变了出口运输方式，增加了出口数量，极大地加快

---

① 龙云、卢汉修等：《新纂云南通志》（卷 143 商业考一），云南人民出版社，2007，第 93 页。

了物资运输速度，促进了当地经济的发展。而滇越铁路是帝国主义国家为了进一步加大侵略力度和扩大侵略范围而修建的，清政府对滇越铁路没有经营权和修筑权。

（二）广西壮族自治区城镇化对外开放功能的历史沿革

广西在中国对外开放的格局当中具有重要的地位，是中国沿边开放的代表性区域，广西拥有众多港口及岛屿，是我国西南极为便利的外向通海道路。通过梳理广西对外开放历程可以发现，广西边疆区域的发展与建设离不开各少数民族的共同努力，多民族的团结合作对广西边疆区域的开发发挥了不可替代的作用。

对外开放的历史不能缺少海上丝绸之路的篇章，而提到海上丝绸之路又不能不提广西的合浦港。合浦港地势平坦，位于北部湾的中心地区，具有极佳的区位优势。汉武帝时期，开辟了以合浦沿海港口为起点，航行到东南亚和印度半岛的海外交通航线，而这条航线也是官方记载最早的中国通往印度洋的路线。三国时期开辟了经东南亚，穿过印度洋，从波斯湾或红海抵大秦（古罗马）的海上航线。[①] 唐朝时期开辟了由长安经荆州、襄阳、长沙，溯湘江，过灵渠，沿桂江，入西江，再溯北流河，过桂门关，沿南流江抵廉州，再从合浦港乘船从海道抵安南的干线。

在历史积淀作用下，沿海一带海外贸易往来状况极其盛大，各国来华使节及进行贸易的商人等均汇聚此地，东南亚各国及西方国家的海上交通和贸易来往都得益于此。合浦港作为我国海上丝绸之路最早的始发港，在我国古代海上交通和对外贸易史上写下了光辉灿烂的一页，[②] 同样也见证了广西边疆地区对外开放的历程。

古代的合浦港就是如今的北海港区域，而北海港所处的北部湾是广

---

① 黄铮：《广西对外开放港口历史、现状、前景》，广西人民出版社，1989，第5~8页。
② 覃丽丹、覃彩銮：《广西边疆开发史》，社会科学文献出版社，2015，第134页。

西对外开放的重要门户，作为交通要道又颇为富庶的北部湾在近代受到西方列强的觊觎。北部湾拥有的北海港，是由犀角形的北海半岛屈曲回环而抱成的天然良港，航道通畅、港阔水深，自然条件优越，很早便成为我国对外贸易的重要港口。1876 年 9 月，中英签订《烟台条约》，将北海作为通商口岸开放，至此西方列强势力陆续侵入北海，在此设立各种领事馆及商行，使之成为大西南的货物集散地，以便各方掠夺中国财富。1897 年 2 月，中英再次签订《续议缅甸条约附款》，梧州作为通商口岸开放，继而南宁在 1907 年 1 月作为通商口岸开放，从此广西及其港口城市成了帝国主义肆意掠夺横行之地。

新中国成立后，港口重新回到中国人民的手中。1984 年 4 月，国务院将北海市列为全国 14 个沿海开放城市。北海口岸运输生产蓬勃发展，对外贸易往来密切。由于其优越的自然条件，北海港等港口成了广西对内外开放和发展的重要贸易港口，促进了广西经济、社会的协调发展。

（三）西藏自治区城镇化对外开放功能的历史沿革

西藏是中国沿边开放的重点区域，梳理西藏对外开放历程可以发现，其近代的对外开放同云南、广西大体相似，都是一段被迫开放的历史。

19 世纪六七十年代，西方各国通过派遣传教士、商人和学者等方式探测由西南后方进入中国的通道，试图打开经由印度进入西藏、云南等地的侵略之路。1876 年，英国强迫清政府与之签订《烟台条约》，非法取得入侵西藏地区的权利。近代以来，西藏在 6 年之中两度被英帝国主义侵略，同祖国内地一样沦为西方列强的半殖民地。

1894 年 5 月，英军大举出兵西藏，迫使亚东开放通商，使之成为西藏历史上第一个条约口岸。1904 年底，英军公然入侵拉萨城，胁迫西藏地方政府签署他们事先单方拟定的《拉萨条约》，强行规定将江孜、噶大克作为通商口岸开放。1906 年，再次签订不平等条约《中英续订藏印条约》（又称《北京条约》），并把非法的《拉萨条约》作为附约。[①] 1912 年，清王朝被推翻，民国政府将祖国统一作为基本准则，重视西藏的发展，审时度势对西藏口岸建设进行规范管理，并主动开放、开拓边境贸易市场。新中国成立以来，西藏开始了翻天覆地的变化。改革开放以后，西藏积极加大投入建设亚东口岸基础设施、发展交通并建造了通向印度、尼泊尔等的国际公路，使之成为西藏沿边交通最发达的县域之一。

亚东口岸位于西藏南部，在中国与南亚国家的双边贸易中具有重要的战略地位，1962 年前是中印官方贸易的主要通道。亚东的地理区位优势在于距不丹首都约 300 公里，距锡金首府甘托克约 100 公里，到印度加尔各答只有数百公里，距拉萨只有 460 公里。1957 年亚东口岸对外出口商品以农副产品为主，贸易额总计达到 9500 万余元。1978 年以来，伴随国内工业化的发展，对外出口开始以轻工业产品为主，加上取消了中不、中锡边民小额贸易的限制，1990 年贸易额总计达到 160 万元。1995 年中印两国经过友好洽谈和协商，一致认为发展亚东地方边境贸易，对两国经济发展都十分有益，开始恢复亚东的边境互市贸易。随着国家综合实力的提升，亚东作为与印度、尼泊尔等南亚国家发展对外贸易重要的战略地带，具有巨大的发展潜力和美好前景。[②]

二 西南边疆城镇化对外开放功能的内涵体系

对外开放是中国一项基本国策，是建设社会主义市场经济的伟大实践。西南边疆城镇化是我国总体城镇化的重要部分，西南边疆城镇化既发挥着一般城镇化的功能，又承担着一些独特的任务：对外开放功能是西南边疆城镇化功能体系里面重要的一环，必须要做好。推进西南边疆城镇化对外开放内涵丰富，有利于形成西南边疆地区对外开

---

① 次仁班觉：《亚东商埠史话》，《西藏研究》2007 年第 3 期。
② 白光润等编著《中国边境城市》，商务印书馆，2000，第 273 页。

放新格局。第一，西南边疆城镇化有利于扩大该地区面向南亚、东南亚的边境贸易，强化我国与南亚、东南亚地区的经济联系。第二，西南边疆城镇化有利于西南边疆地区成为推进"一带一路"倡议实施的关键支点。

（一）有利于扩大面向南亚、东南亚的边境贸易，强化我国与南亚、东南亚地区的经济联系

不断推进西南边疆城镇化，有利于加强我国与南亚、东南亚地区的经济联系以及扩大面向后者的边境贸易。下面以云南省为例来阐述推进西南边疆城镇化以来我国西南边疆与南亚、东南亚地区之间不断加强的贸易往来和经济联系。

数据显示，2016 年，中国与南亚各国进出口贸易总额达到 1100 多亿美元，与 2007 年 510.27 亿美元的贸易额相比，实现了翻番。近年来，中国与南亚国家在贸易、投资、基础设施、服务等各个领域合作取得了长足发展，经济发展速度较快的南亚国家，正吸引着越来越多中国企业的目光。2016 年，中国在共建"一带一路"国家的投资，南亚占大部分。有鉴于此，第 12 届中国—南亚商务论坛举办了"互联网＋"助力农业产业新发展、中印企业家对话、尼泊尔旅游投资贸易推介会等诸多活动，为中国和南亚各国政府、企业寻求合作创造机会。论坛上，众多中国的参会商人讨论着到南亚投资的可能性，部分中国企业现场与南盟工商会签署合作协议。中国企业到南亚开展包括传统领域和新兴领域的各种投资，一起分享南亚发展商机。中国国际贸易促进委员会副会长卢鹏起表示，中国企业到南亚投资兴趣很高。贸促会将积极组织企业到南亚投资，将中国经验、技术、资金带进南亚，助推南亚发展，并改善贸易不平衡问题。

相关数据显示，云南省与南亚、东南亚的贸易往来和经济联系持续加强，双边贸易额保持高速增长。推进西南边疆城镇化，不断提升对外开放的水平，完善对外开放格局，使我国对外开放迈上一个新台阶。

（二）有利于西南边疆地区成为推进"一带一路"倡议实施的关键支点

在"一带一路"建设布局中，西南边疆地区的定位是"构建面向东盟区域的国际通道，形成 21 世纪海上丝绸之路与丝绸之路经济带有机衔接的重要门户，打造大湄公河次区域经济合作新高地，建设成为面向南亚、东南亚的辐射中心"。① 2014 年政府工作报告将"一带一路"上升到国家战略层面，并明确指出："抓紧规划和建设丝绸之路经济带、21 世纪海上丝绸之路，推进孟中印缅、中巴经济走廊建设，推出一批重大支撑项目，加快基础设施互联互通，拓展国际经济技术合作新空间。"② 重点推进"一带一路"建设，特别是 21 世纪海上丝绸之路和"孟中印缅四国经济走廊"建设。同时，要把重点放在扩大和深化密切相关但不尽相同的包括边境口岸经济带和跨境产业合作的边境贸易上，这是西南边疆肩负的一项重大而深远的任务，它关系到国家的全面发展、稳定、安全和繁荣。

以云南为例，作为省会城市的昆明是亚洲五小时航空圈的中心，也是泛亚铁路和新欧亚大陆桥的重要运输枢纽。把云南建设成为西南开放的重要桥头堡，是中国睦邻友好、繁荣邻邦的重要举措，也是加快包括云南在内的西南地区发展的当务之急。云南应依靠桥头堡的建设，在"一带一路"建设中发挥重要作用。云南在桥头堡建设中通过良好的政策沟通，不断加强与周边国家在进出口贸易、道路互联、频繁流通等方面的合作与交流，促进云南对外开放的进一步发展。

第五节　西南地区城镇化的安全治理功能

西南边疆地区是实施"一带一路"倡议的关键节点，加强西南边

---

① 金立群、林毅夫：《"一带一路"引领中国》，中国文史出版社，2015，第 9 页。
② 李克强：政府工作报告，《人民日报》2014 年 3 月 15 日，第 2 版。

疆地区的安全治理，是巩固边疆、顺利推进"一带一路"建设、维护国家安全的内在要求。在"一带一路"建设的背景下，西南边疆的城镇建设既有机遇，也有挑战。"一带一路"建设可以促进西南边疆经济社会发展和安全治理方面的国际合作，创造良好的周边安全环境，同时也可能面临边疆环境紧张态势。

为了有效应对这些挑战，国际社会必须加强邻国之间的战略互信，加强安全治理方面的合作。西南边疆基层政府也要提高安全治理的能力，坚持以人为本的理念，营造有利于西南边疆安全的社会环境。①

一 西南边疆城镇化边疆安全功能历史沿革

西南边疆城镇化是一个复杂的社会经济转型过程，边疆地区安全对于边疆社会经济发展至关重要。西南边疆地区是我国面向西南方向的国门，其面临特殊的地缘政治，安全问题在任何时候都是我国的重点关注领域。

西南边疆城镇安全功能的历史沿革较为久远，鸦片战争时期，边疆区域经济、社会发展十分混乱，边疆人民生活在水深火热当中，外来侵略势力越发跋扈。清朝政府懦弱无为，各少数民族人民不得不团结奋起，自行抗击西方侵略势力，维护家园和领土。

19 世纪 70 年代，西方列强和日本法西斯大肆对中国西南边疆及其周边国家进行侵略和掠夺，签署了一系列不平等条约，非法获得了入侵中国边疆区域的权利。

1888 年和 1904 年，西藏军民团结一致，严惩英国侵略者，使英国分裂中国的阴谋失败。各少数民族人民坚持统一，反对分裂主义，同汉

---

① 丁忠毅：《"一带一路"建设中的西部边疆安全治理：机遇、挑战及应对》，《探索》2015年第 6 期。

族人民一道进行反侵略斗争，他们汇聚成一股巨大的革命洪流，对帝国主义进行了有力的反击。[①]

1897 年，英国以法国侵犯了其势力范围和背弃有关条约为借口，要求重新签订《续议缅甸条约》，英帝国的侵略活动激起了边疆各族人民的强烈义愤，各族人民为抗击英军、保卫祖国边疆掀起了反对英国侵略的武装斗争。[②]

二　西南边疆城镇化边疆安全功能的内涵体系

在经济全球化的背景下，西南边疆地区对于安全的特殊需求是不断变化的，传统安全已不是西南边疆安全的主要问题，非传统安全因素已经成为主要问题。许多边疆非传统安全问题凸显，如毒品走私、艾滋病传播、"三非"人员跨境流动等。客观认识边疆安全风险、构建西南边疆城镇化治理体系、实现边疆城镇安全功能，是我们加强边疆治理、维护边疆安全并推进西南边疆地区社会、经济发展的有效途径。

（一）非传统安全问题

随着全球化进程的加快，人类交往的日益增多和加深，文化差异、宗教和文明冲突日益凸显；随着人类工业化、信息化的推进，世界贫富差距不断拉大，边疆地区更易受到不安全因素的干扰。从国家安全视阈来看，各种因素的交互作用导致安全问题由传统领域逐渐转向新的领域，边疆城镇安全功能的治理内容增加，例如生态环境恶化、传染病蔓延、恐怖主义事件增加、能源危机加剧、金融危机加剧、跨国犯罪增多等。

非法跨境、跨境犯罪问题。西南边疆大部分地区属于相对欠发达地区，且与多国接壤，地理区位的便捷和出入境的便利推动了跨境流动。

[①] 《中国少数民族革命史》编写组编《中国少数民族革命史 1840~1949》，广西民族出版社，2000。

[②] 罗开云等著《中国少数民族革命史》，中国社会科学出版社，2003，第 153 页。

西南边疆地区地域广阔，某些地区"有边无防"，因此边民跨境婚姻、跨国务工的现象十分普遍。这其中既有正常的社会流动，又存在一些潜在的安全风险。在跨境婚姻方面，边民往往寻求传统的认可，不谋求法律的许可规定；在跨境务工方面，中缅、中越边境不少民众没有办理进出入境许可证，给边境管理带来很大的挑战。在不易监管的边疆地区滋生了毒品贩卖、武器走私、跨境赌博、拐卖妇女儿童等跨境犯罪问题。艾滋病、毒品、国际恐怖活动和环境污染是当代国际社会公认的人类四大公害。西南边疆地区靠近世界著名毒品源头"金三角"地区，与缅甸、越南相交的边境线上存在毒品走私活动，并且毒品犯罪一度呈现武装化、暴力化趋势，① 直接影响边疆人民生活、生产的安全与稳定。艾滋病伴随着毒品走私、"三非"人员流动蔓延，不仅威胁着我国边疆地区"人的安全"，而且导致边疆地区国家公共卫生资源的巨大消耗，对边境城镇社会的稳定和经济发展产生负面影响。

（二）传统安全问题仍存隐患

传统安全主要指的是国家安全，主要包括领土安全、人的生命安全以及政权的安全等。中国西南边境地区毗邻中南半岛，政治形势复杂，经常有大国势力介入周边国家事务中伺机制造混乱，干扰中国的发展。西南区域的边界亦不十分安宁。

边境地区管控问题。我国西南边疆地区相邻国家众多，东南亚多国与我国具有较高的关联性和相互依存性，我国边疆治理的好坏不仅关系到边疆人民的幸福生活，更会关系到邻国利益。就我国西南边疆而言，周边的东南亚各国总体上发展较为落后，其国家政权的稳定直接影响我国边疆安全。以缅甸为例，其地处中南半岛西北部，既是我国的近邻，又是我国西南门户的地缘政治支轴。2011 年 6 月，缅甸政府与克钦族

---

① 林泽华、梁春香：《西南边境地区跨境毒品犯罪问题及其对策》，《广西警察学院学报》2018 年第 1 期。

独立军长达 17 年的停战协议被撕毁，严重而持续的武装冲突，使得 10 万人流离失所。一时间近 2 万人涌入中国云南边境，中国边境地区出现了潜在的人道主义危机、外交困境等问题，对我国的边疆治理形成较大压力，也对边民人身安全和财产安全形成了威胁。

边界问题。中国已经通过和平谈判解决了和 14 个邻国国家中 12 个国家的边界问题，但近年来也不时出现一些不和谐的情况。我国西南边疆面临的非传统安全问题虽已不突出，但并未完全消除。

（三）安全问题与发展开放问题的互动关系

习近平总书记一再强调"治国必治边"，作为边疆地区，维护社会稳定、维护边疆安全，始终是我国边疆发展的首要价值追求。特殊的边疆社会经济以及地缘政治形势决定了西南边疆城镇化不同于其他地区的城镇化发展逻辑，西南边疆城镇化的对外开放与安全功能是相互作用的。

开放与风险相伴而生，扩大对外开放范围、提高对外开放水平，意味着要提高治理水平，建立安全机制，促进更加积极稳定的对外开放，实现西南城镇的发展。开放与安全的互动涉及许多方面，其中经济安全更为明显。国民经济安全是指国民经济在对外发展中，其经济利益、经营状况和主权不受胁迫、干涉和侵犯，国民经济呈现持续、快速、良好的对外合作态势。

在对外开放中，国家的经济安全涉及国家的整体利益和长远利益，关系到国家经济主权的独立和民族经济的发展。经济安全失去保证，对外开放也就失去了意义。[①] 注重对外开放的经济安全，可以提前避免风险、减少损失。

虽然开放带来风险，但长期来看闭关锁国带来的落后和贫穷是最

---

① 张雷声：《经济全球化条件下的对外开放与经济安全》，《首都师范大学学报》（社会科学版）2001 年第 4 期。

大的不安全。云南和东南亚国家有着悠久的对外经济合作、开放历史，随着东南亚的全面开放和边境贸易的迅速发展，云南已成为边疆民族地区经济发展的重要组成部分，也成为边疆民族地区对外开放的独特通道。

总的来说，东南亚国家是云南贸易、投资和经济技术合作的重要伙伴，由于云南与东南亚国家之间存在地理优势和经济技术互补性，相互之间的贸易、投资和经济技术合作在云南对外经济关系中占有很大的比重。"十一五"时期以来，云南累计完成外贸及出口总额460亿美元，对东盟国家的贸易额增长了2.6倍，对南亚国家的贸易额增长了4倍。在一般贸易稳步增长的同时，云南与缅甸、老挝和越南之间的边境贸易及边民互市正在蓬勃发展。以云南建设工程集团、云南电网公司、昆明钢铁集团、云天化为代表的一批大型企业集团逐步走上国际舞台，开拓了广阔的发展空间。

第三章 西南地区中心城市群

西南边疆中心城市群在西南边疆城镇体系中处于中心位置，发挥特别重要的功能，是西南边疆城镇化发展的增长极，是西南边疆经济社会发展的主引擎。西南边疆中心城市群主要包括滇中城市群、北部湾城市群和藏中南城市群。

第一节 城市群与边疆城市群的功能

城市群建设是现代城市发展的一个大趋势，是一个国家实现区域协同发展的重要举措。就功能而言，第一，城市群是一个大的区域经济增长极，经济增长速度快，并能带动周边地区的发展；第二，城市群内各种生产要素的关联度高，能够快速实现各种生产要素的配置，同时进一步将效率优势转变为城市发展竞争力；第三，城市群的内部组织协作效率高，对外交流也十分密切，能够随着外部环境的变化而不断成长进步。对于边疆城市群，特别是西南边疆城市群来说，由于其独特的区位地理因素，其功能实现的内涵和表现与其他地区有所不同，具体可以从经济发展、对外交往和边疆安全等三方面加以论述。

一 中国城市群概貌

城市群的形成是城市化的高级形态，是同社会、经济、文化以及其他因素交叉影响，在城市化发展自然规律的作用下出现的。城市群是城市化进程中出现的一种高级地域空间组织形式。城市群在整个发展周期过程中，对各个城市及其发展要素进行整合，从而形成有效竞争力。①国内外对城市群的研究表明，城市群不仅是人口和经济高度集聚发展的一种形态，也是区域发展不平衡的结果。

中国城市群的发展建立在对城市群发展规律客观、科学的认识基础之上，而中国城市群的空间布局又是结合中国的特殊国情在政府指导下进行的。其目的是优化开发国土空间，完善城市治理体系，提升公共产品供给水平和公共服务能力，落实区域发展战略以及促进区域经济和社会发展。

城市群是中国未来经济发展格局中最具活力和潜力的核心地区，它是中国主体功能区战略中的重点开发区和优化开发区，也是未来中国城市发展的重要方向。② 国家层面，陆续出台了多项文件、规划和指导意见，对我国不同区域、不同城市的城镇化进行了战略与制度安排。

1990 年以后，长江三角洲、珠江三角洲以及京津冀地区经济发展较快，占全国的经济比重也逐渐加大，开始成为中国经济发展的动力。1995 年编制的《珠江三角洲经济区城市群规划》，首先引入"大都市区"概念，并提出了新的城市群跨境空间协调规划的理念。③

2000 年以后，城市群经济发展成为我国区域发展主要形式，2006年发布的《国民经济和社会发展第十一个五年规划纲要》中首次明确进行城市群规划，这表明城市群发展已上升为国家城市化战略。《中国城市群规划规范》在 2009 年完成了编制，该文件为我国城市群规划提

---

① 童中贤：《城市群整合论——基于中部城市群整合机制的实证分析》，格致出版社，上海人民出版社，2011，第 7 页。
② 方创琳等：《2010 中国城市群发展报告》，科学出版社，2011。
③ 罗跃：《对接规划的城镇群空间自组织发展稳定性研究》，重庆大学硕士学位论文，2010。

供参考标准，并激励在实践工作中继续深化规范城市群规划的研究工作。

2010 年，国务院发布的《全国主体功能区规划》文件中，将国家主体功能区划分为优化开发、重点开发、限制开发、禁止开发四种类型区域，并提出全国"两横三纵"城市化战略格局，形成"3 + 18"的优化开发区域以及重点开发区域分布格局。西南边疆城市群中的北部湾地区、滇中地区和藏中南地区属于重点开发区域。①

2012 年，中国共产党第十八次全国代表大会报告以及《国民经济和社会发展第十二个五年规划纲要》均进一步明确了城市群在推进城镇化建设中的重要作用，提出要科学规划城市群的规模、形态、功能定位和产业布局等内容。

《全国城镇体系规划纲要（2005～2020）》的城镇空间规划部分，明确提出将建设 3 个大都市连绵区和 13 个城镇群，即京津冀大都市连绵区、长江三角洲大都市连绵区和珠江三角洲大都市连绵区，以及包括北部湾（南宁）城镇群、滇中（昆明）地区在内的城镇群。②

2014 年的地方"两会"中，城市群建设亦成为会议关注的焦点内容，同年出台的《国家新型城镇化规划（2014～2020 年）》也明确提出：城镇化过程须"以城市群为主体形态，推动大中小城市和小城镇协调发展"。

2016 年 3 月 16 日出台了《国民经济和社会发展第十三个五年规划纲要》，"十三五"规划基本上对城市群格局定量基调，共 19 个城市群进入全国规划。具体有长三角城市群、珠三角城市群、京津冀城市群、成渝城市群、长江中游城市群、中原城市群、哈长城市群、辽中南城市群、山东半岛城市群、海峡西岸城市群、北部湾城市群、呼包鄂榆城市

---

① 国务院：《全国主体功能区规划》，2010。
② 《全国城镇体系规划纲要（2005～2020）》，2012 年 1 月 3 日。

群、山西中部城市群、关中平原城市群、宁夏沿黄城市群、兰西城市群、天山北坡城市群、滇中城市群、黔中城市群。[①]

目前，中国城市群正在形成"5 + 9 + 6"的空间格局，即重点建设5个国家级城市群，广西北部湾城市群属于9个稳步建设的区域性城市群之一，滇中城市群属于6个引导培育的地区性城市群之一。

二 西南边疆城市群在中国城市群体系中的地位

西南边疆城市群的地位既体现在其相对于其他城市群所拥有的共性上，又体现在其多民族聚居、多宗教并存、多文化交会的特殊性上。对西南边疆而言，西南边疆城市群是我国城市群体系的重要组成部分，也是城市体系相对健全、城市经济相对发达、中心城市辐射强度相对明显的区域。

（一）西南边疆城市群在中国城市群体系中的空间分布

城市群的建设会突破行政区划的局限性，实现资源的整合与再分配。目前，我国正在积极制定城市群发展规划与开展城市群建设。根据《国民经济和社会发展第十三个五年规划纲要》，未来我国将重点建设19个城市群，分为国际性、国家性和区域性三种能级分层类型，西南边疆城市群中的滇中城市群及北部湾城市群属于区域性城市群。

西南边疆城市群是"两横三纵"城市化战略格局中的重要环节，在"两横三纵"的城市化布局下，中国将会形成一个完善的城市网络群。相较于我国东部地区京津冀、长三角、珠三角等城市群空间结构不断优化、区域经济不断加强的发展态势，中西部地区经济发展速度较慢，大城市数量少，资源配置不均衡，空间结构的极化特征仍然比较明显。因此，在东部沿海地区的发展基础上，加强西南边疆城市群建设，

---

① 《中华人民共和国国民经济和社会发展第十三个五年规划纲要》，新华社，2016年3月17日。

在国家层面上有利于缩小东西部地区发展差距、优化城市空间结构、促进西南边疆经济更好更快发展；在区域层面上有利于加快西南边疆经济发展方式的转型和经济结构深刻调整，继而充分激发西南边疆城市群潜在的庞大资源体系和内在市场动力。

城市群建设可以进一步解放生产力，提高基础设施水平，改善投资环境，增强自身发展能力；便于积极进行产业转移，建立现代产业体系，加快工业化和城市化进程；在坚守生态红线、保护生态环境的基础上，加快西南边疆城市群的发展，发挥辐射和集聚作用。

从全球化的角度看，世界经济发展模式正在转变，经济结构正在调整，全球区域经济一体化不断深化，生产要素在全球范围内加快流动和重新配置，城市群是参与国际分工、提升经济发展效应的重要载体。西南边疆城市群是中国的"南大门"和"后大门"，在中国面向南亚、东南亚对外交往中占据着重要地理区位。西南边疆城市群建设也是西南区域全面促进内陆开放和边疆发展的重要策略。

（二）国家城市群发展中的薄弱环节

经济全球化和城市化已成为不可阻挡的趋势，而城市群正在被国家作为加入全球市场竞争和国际分工体系的一个全新地理单元，直接影响着我国的国际竞争力和21世纪全球经济新格局的形成。我国城市群建设中的区域不平衡现象是客观存在的，城市群体系呈现"东密西疏、东强西弱"的区域分布格局，侧面可见西南边疆城市群是中国城市群发展板块中的薄弱环节。

目前西南城市群建设和城市化发展过程中存在许多困难和挑战，且问题较为突出。西南边疆城市化仍处于较低水平，区域发展差距相对较大，尤其是城乡区域之间的发展存在极大不平衡。西南边疆城市群是西部建设的战略重点区域，其发展状况不仅直接影响到是否能够缩小东西部经济社会发展差距以及区域内部城乡差距，更肩负着推进"一带一路"建设，推进西南边疆城镇化，维护民族团结、国家统一和边疆安全的重任。

由于区域位置、环境、历史发展和人口的制约，西南边疆地区在城市化发展过程中遇到了比东部和中部地区更多的困难，发展难度也更大。因此，为了支持西南边疆地区城市化的发展，政府的政策应该对西南边疆区域给予适当的倾斜和充分的重视。西南边疆城市群建设要善于利用社会力量，积极鼓励企业发展，促进城市群之间的联动发展，以及城市群内部城市之间的功能协作及优势互补，要在西南边疆城市化进程中留住本地人才，吸引更多外来人才共同建设城市。

城市群是推动我国新型城镇化的主要形式，建设西南边疆城市群不仅符合世界城市化发展趋势，还是我国在现有资源环境承载能力条件下实现区域均衡发展的有效途径。西南边疆城市群的发展是我国社会主义优越性的体现，这对西南边疆区域经济社会发展、人民生活水平的提高和边疆地区建设具有重要意义。

三 西南边疆城市群的功能

西南边疆城市群占据着中国西南边疆的绝大部分区域，作为西南对外开放的大门和西部大开发的前沿，其城市功能不仅在于经济发展和对外开放，更在于稳定边疆、维护边疆安全。

（一）西南边疆城市群的经济发展功能

将一定区域内的若干城市进行协同规划发展，形成城市群的发展模式已经成为世界城市化的趋势。国外已经形成了许多著名的城市群，包括美国的纽约都市圈、日本的东京城市群和法国的巴黎城市群等。它们不仅是各自国家的经济中心和增长极，对于各自国家甚至世界经济、贸易、文化都产生巨大的辐射作用和影响力。

城市群具有经济发展和空间联系的功能，通过实践发挥经济增长、空间溢出、辐射、涓滴等作用。城市群经济发展功能是通过城市群建设来促进城市经济增长和结构优化的，空间联动功能是通过城市群建设实现空间连通性和空间溢出效应的；可在城市群功能作用下提高大城市的竞争力，提高中小型城市的发展潜力。①

合理开发利用丰富的自然资源和生态文化资源，通过科技创新开发新的经济增长点，增强区域经济实力，提高城市化水平，增强区域竞争力和话语权。根据国家规划和发展方向，制定区域发展实施建议，努力在国家战略层面为西南边疆城市群争取必要的政策支持，为西南地区的经济发展和城市化提供相应的政策和资源。

规范西南边疆中心城市群规划，在中西部地区培育城市群，规划引导北部湾、滇中、藏中南等区域城市群发展，形成更多的增长极，支持西南边疆的发展。西南边疆城市群建设是党和国家促进城镇化和区域发展的重要战略决策，对我国经济社会发展具有重要和深远的影响。

（二）西南边疆城市群的对外开放功能

西南边疆城市群是西部地区具有鲜明特点和强大竞争力的门户城市群，是西部发展的战略核心地带，也是面向南亚、东南亚对外开放的辐射中心和节点。

几千年前的茶马古道、海上"丝绸之路"就见证了西南边疆对外开放的历史，藏中南、滇中地区是与南亚次大陆、中南半岛等地区进行经贸交流和政治交往的陆上通道；而北部湾地区的海上国际路线是西南边疆仅有的且直接通往东盟国家最便利的道路，它也是连接西南区域与粤港澳的重要通道，是对外开放的重要窗口。

按照"五位一体"总体布局和"四个全面"战略部署，西南边疆城市群的建设必须以"两个一百年"奋斗目标和西南城市群发展定位为基础，紧抓国家发展机遇，坚持创新、协调、绿色、开放、共享的发展理念，积极落实国家发展"引进来"和"走出去"战略，努力成为

---

① 原倩：《城市群重塑中国经济版图之路》，经济管理出版社，2018，第14页。

中国"一带一路"倡议的重要内陆战略支点。

以西南边疆城市群建设为载体，发展现代服务业，构建以出口为导向的现代产业体系，积极参与国际分工与合作，将其建设成为区域国际金融经济贸易中心、区域技术创新与人文交流中心、中国对外开放和国际合作的示范区。

城市群的现代交通系统建设对加强城市群中心城市与周边城镇的连接、促进城市群内部城市协同发展起到重要作用。加快西南边疆城市群建设现代化、便捷的交通网络，推进公路网、航空网、能源安全网、水网、互联网基础设施建设，构建布局合理、安全高效的现代基础设施网络体系，提高基础设施互联互通水平和现代服务水平。将西南边疆城市群建设成为协调高效的区域国际综合交通枢纽和区域国际信息中心，强化建设南亚、东南亚辐射中心的支撑能力，切实发挥西南边疆城市群对外开放的重要功能。

（三）西南边疆城市群的边疆安全功能

随着全球化进程的进一步加快，国家间的依存度越来越高。在新的国际环境下，中国西南边疆的安全威胁形势也在发生变化。军事和政治领域的传统安全威胁越来越小，非传统安全威胁加剧，非传统安全问题成为西南边疆民族地区安全稳定面临的重大挑战。

西南边疆城市群具有特殊的地理位置，与南亚、东南亚的众多国家接壤，是中国对外交往的重要桥梁。在对外开放的同时，风险也在上升。随着经济、人口以及信息等资源的流动，对边疆城市群安全治理水平的要求也不断提高。西南边疆城市群的边疆安全功能体现在稳边固边的大后方、对传统及非传统安全处置的管控中心、民族宗教和谐交流平台、生态安全的理念技术供给中心等方面。

西南边疆面积较大，且内部发展状况存在非一致性，面对的边疆安全问题的重点也不尽相同。西南边疆城市群发展为边疆安全提供人才、技术、卫生医疗等保障，同时城市群的中心城市也是边疆安全突发问题的指挥中心和资源调控中心，是在全局上管控边疆安全的核心区域。

以西南边疆城市群的中心城市为核心，建立网络教育资源共享机制，建立技术合作、经贸、信息共享和人文交流平台，为边疆治理提供人才培养和筹建人才储备资源库。通过实施人才培养及引进计划、建设网络信息体系，完善西南边疆城镇体系，将西南边疆城市群打造成为区域科技创新中心和人文交流中心，形成内部层次和分工明确的城镇群体系，保障和促进西南边疆城市群协调高效发展。

做好边疆安全的监测、预警和防范工作，不断加大深入研究边疆安全问题的力度，科学规划边疆城镇建设布局。西南边疆城市群将建立内外联动、相互支持、协调互动的新格局，为边疆的稳定与发展奠定物质基础，打造国内外合作交流的新平台。

第二节　滇中城市群

国家"十二五"规划纲要中提出，把云南建成重要的面向西南开放的桥头堡，不断提升沿边地区对外开放水平。把云南省的建设与发展列入未来国家发展战略中，足以彰显云南省在未来国家整体发展中占据的重要地位和在未来国家发展战略中起到的重要作用。滇中城市群不仅是云南省建设的核心地带，还处在实施"一带一路"倡议的前沿地区，并因其重要的门户作用迎来了巨大的发展机遇。

一　滇中城市群政策规划沿革

滇中城市群的发展不是一蹴而就的，如今滇中城市群的发展规划已经进入国家规划文本中，但针对滇中城市群的政策规划历程却经历了一段漫长的路途，梳理滇中城市群的规划沿革是为了客观认识现状、分析政策有效性、合理规划未来的政策方向。

（一）云南省内协调发展规划阶段

滇中城市群规划是云南发展战略中的重要一步，但这一步历经了滇中四市协调发展→滇中城市经济区→滇中城市经济圈→滇中城市群等阶段。2006年在昆明市举办了滇中城市群规划论坛，论坛中昆明市、曲靖市、玉溪市和楚雄彝族自治州①四个市州一致认为应该加强滇中城市合作、推进整体竞争力提升。同年，《云南省国民经济和社会发展第十一个五年规划纲要》发布，文件中提出了多极多轴空间布局规划，根据当时城市化发展状况，以及地质地貌、水资源、土地、环境承载力等情况，综合考虑经济社会发展阶段和以滇中城市群为核心的区域发展战略。

云南省发改委于2009年10月发布了《云南省滇中城市经济圈区域协调发展规划（2009~2020年）》。随后，云南省政府就滇中城市经济区发展总体规划问题在2011年6月召开了会议，同时还召开了滇中城市经济区四市州政协合作机制第一次会议；3个月之后，于10月13日又召开了滇中经济区四市州政协合作机制第二次会议。

滇中四市州在2011年3月共同签订了《推动一体化发展合作框架协议》，该协议直接推动了滇中经济区的一体化建设进程，协议提出在发展规划、教育、医疗保险、基础设施、环境保护等方面实现区域功能互补和一体化发展模式。

2011年8月云南省人民政府正式发布《滇中城市群规划（2009~2030年）》文件，其中明确了由昆明市、玉溪市、曲靖市和楚雄彝族自治州全境构成滇中城市群行政区域。随着经济社会的不断发展，在借鉴发达国家和地区经验的基础上，2016年发布的《滇中城市群规划（2016~2049年）》文件，将红河哈尼族彝族自治州北部的蒙自市、个

---

① 昆明为云南省的省会城市，地处云贵高原的中间位置；曲靖市是云南省北部方向下辖的地级市，西接昆明市；玉溪市是云南省中部下辖地级市，北靠昆明市；楚雄彝族自治州是云南省中部区位下辖的自治州之一，东靠昆明市。

旧市、建水县、开远市、弥勒市、泸西县、石屏县七个县市划入滇中城市群发展行政范围①。

城市群内部城市承担的发展功能及形成的发展模式应基于各城市不同的自然生态条件和不同的发展需求，合作大于竞争、做好优势互补、各司其职，增强滇中城市群的整体实力。将滇中城市群建设成为促进云南区域协同发展、共同繁荣进步的推动力。

（二）上升为国家发展规划阶段

滇中城市群是云南省主要的产业聚集区之一，该区域在2010年前后开始进入中期发展阶段，城市群雏形也初步形成。滇中城市群规划从区域发展的角度着手，以发展为目标、培育为核心、协调为重点，统筹安排滇中区域产业发展、基础设施建设、公共服务设施建设、生态环境保护等内容，打破行政区划限制，提升综合竞争力。

2011年5月27日，云南省政府批复同意《滇中城市群规划（2009～2030年）》，并于8月3日召开新闻发布会正式公布。《滇中城市群规划（2009～2030年）》的批准实施，② 将在未来几十年中，对滇中区域乃至云南省经济社会全面可持续发展起到明显的推动作用，产生重大的影响。

2011年6月8日《全国主体功能区规划》文件正式出台，将滇中地区作为国家重点开发区域，构建以昆明为中心，以曲靖、玉溪和楚雄等节点城市为支撑，以主要交通轴线为纽带，一体化的滇中城市经济圈空间开发格局。③ 滇中城市群被列为国家重点打造的城市群，这既是我国推动加快西部沿边地区城镇化建设的需求，也是促进区域协同发展的必要途径。④

---

① 王海虹：《民营经济对新型城镇化影响研究》，云南财经大学硕士学位论文，2018。
② 佚名：《2011滇中城市群发力》，《昆明日报》2012年1月11日。
③ 国务院：《全国主体功能区规划》，2010年12月。
④ 范建华、黄丹：《关于加快推进成昆贵渝西"钻石五城"——中国第四大城市群建设的若干思考》，《山东大学学报》（哲学社会科学版）2018年第1期。

国务院在 2011 年 5 月下发了《国务院关于支持云南省加快建设面向西南开放重要桥头堡的意见》，在 2012 年 10 月，正式批复《云南省加快建设面向西南开放重要桥头堡总体规划（2012～2020 年）》，规划文件中对滇中地区的发展做出了总体部署，要求大力推进滇中城市经济圈一体化建设，加快云南南部和西部的城市群发展，合理引导其他区域的城市布局。[①]

2012 年 2 月，国务院正式批复同意国家发展改革委组织编制的《西部大开发"十二五"规划》，该规划文件对滇中地区发展做出了重要定位，提出滇中地区是我国连接东南亚、南亚国家的陆路交通枢纽；是面向东南亚、南亚对外开放的重要门户；是全国重要的烟草、旅游、文化、能源、商贸物流基地和区域性资源精深加工基地。[②]

2012 年 4 月，云南省人民政府发布的《云南省国民经济和社会发展第十二个五年规划》也提出了促进云南区域协调发展，形成"一圈、一带、六群、七廊"战略格局，其中"一圈"即昆明市、曲靖市、玉溪市和楚雄彝族自治州四个市州组成的滇中城市经济圈。[③]

二 滇中城市群发展历程与现状

继成为国家重点开发建设的国家级城市群和稳步建设的区域性城市群之后，滇中城市群成为国家引导培育的新的地区性城市群，同时也是国家重点培育的 19 个城市群之一。

对滇中城市群的基本概况、发展历程进行了解，从区域发展的角度做出科学规划，有利于实现云南"面向南亚及东南亚辐射中心、生态文明建设排头兵、民族团结进步示范区"的定位，有利于将滇中城市群建设成为全国生态环境最好的城市群、国际知名的民族文化展示地、

---

① 《云南省加快建设面向西南开放重要桥头堡总体规划（2012～2020 年）》，2012 年 10 月。
② 国家发展和改革委员会：《西部大开发"十二五"规划》，2012 年 2 月。
③ 《推动滇中经济区跨越发展》，《云南日报》2012 年 9 月 7 日。

中国辐射南亚及东南亚的现代化城市群。

（一）滇中城市群发展概况及现状

目前滇中城市群已成为云南省政治、经济、文化的核心区域，现阶段的滇中城市群正处于快速发展阶段。在这一阶段，城市群的发展理念和发展模式开始从单一中心向多中心、组团和网格化、协调式转变。昆明作为滇中城镇群的中心城市，在促进城市群发展方面发挥着重要作用。然而，滇中四市州的协调发展也是推动滇中城镇群发展的重要力量。

据 2016 年《云南统计年鉴》数据，2015 年云南省国土面积约为39.41 万平方公里，滇中四个市州区域总面积约为 9.36 万平方公里，占云南省总面积的 23.75%；滇中四个市州常住总人口数为 1771.15 万人，占云南省总人口（4741.8 万人）的 37.35%；但 2015 年云南省GDP 为 13717.88 亿元，滇中四个市州的地区生产总值为 7608.88 亿元，占到云南省 GDP 的 55.47%。

滇中城市群的建设催生了城镇兴起、城市人口的大量增长，城市人口密度也在增加。城市群的出现使城市化进入一个新的阶段。城市产业已开始向现代制造业、服务业等先进产业转变，第二、第三产业增加值开始占主导地位，并开始显现经济的正向外部性效应。目前滇中四市州的主要问题是产业分工不明确，缺乏监督与指导，企业之间的相关性不强，产业联动不紧密，内部缺乏合作，整体竞争优势不明显等。滇中四市州应挖掘各自的特有资源，强化产业分工与协作，打造优势互补、功能对接，具有民族特点、产业特色的城市群。从产业协调发展的角度看，昆明市产业应以生物医药、电子信息、新能源等新兴产业为重点；曲靖市以重工业为主，大力发展能源、烟草、化工、汽车等产业；玉溪市发展矿业、冶炼、钢铁建材、电力、食品加工业、烟草及配套产业；楚雄州主要发展产业有天然医药、绿色食品加工业、冶金矿业以及特色旅游业等。

综上所述，昆明应在主导产业的基础上，进一步发挥第三产业的优势，建设成为滇中地区的服务中心；曲靖和玉溪要发挥第二产业优势，成为烟草、制造和能源中心；楚雄要发挥当地的自然资源优势，发展第一产业，成为滇中城市的原材料供应基地。①

（二）滇中城市群总体布局、发展定位及优势

滇中城市群的总体布局为"一核、两轴、三圈层、四极、三都市区"，"一核"指昆明市，将昆明市打造成面向东南亚、南亚的区域性国际性城市，起到对整个城市群的辐射带动作用；"两轴"指连接昆明、玉溪、曲靖的南北向城市群发展主轴和连接昆明、楚雄的东西向城市群发展主轴；"三圈层"为曲靖、玉溪和楚雄3个次级中心，曲靖辐射川、滇、黔、桂四省份；"四极"为东部曲靖、南部玉溪、西部楚雄、北部武定（禄劝）四大城市增长极；"三都市区"指曲靖都市区、玉溪都市区、楚雄都市区。②

滇中城市群坚持以党中央精神为引导，以国家和云南省人民政府发展规划为指导，积极推进实现成为面向南亚东南亚辐射中心的核心区、中国西南经济增长极、区域性国际综合枢纽和生态宜居的山水城市群的四大定位目标。③ 2016年12月3日，云南省政府主办的关于滇中城市群规划的国际论坛上，提出了建设国际性绿色城市群的总体目标——将滇中城市群建设成为绿色宜居、开放创新、协同高效、和睦人文的现代化国际性绿色城市群。

综上所述，滇中城市群区位优越，是云南省少有的土地平坦、自然资源丰富、气候适宜的地区。同时它也是古滇文化的发祥地，经济基础好、发展潜力大、文化认同强、民族凝聚力强，这些优越的外部

---

① 徐光远、朱旗主编《滇中城市群经济发展研究》，企业管理出版社，2017，第351页。
② 云南省发展和改革委员会：《云南省滇中城市经济圈区域协调发展规划（2009年~2020年）》，2009。
③ 云南省住房和城乡建设厅：《滇中城市群规划修改（2009~2030年）（公示稿）》，2011。

条件是保证城市可持续发展的必要条件。滇中城市群发展所产生的增长极效应，会为整个云南的发展提供人才和技术支持，并通过聚集各种资源及要素，带动经济增长，加快城市规模扩张，强化滇中地区的核心作用。

三　滇中城市群的功能实现

滇中城市群作为云南省区域发展的突出地带，对云南省经济社会发展有着举足轻重的作用，也是促进我国西南地区城镇化发展必不可缺的一环，要把滇中城市群建设成为西南地区重要的经济增长极。滇中城市群作为云南省正在全力打造与建设的核心地区，在经济发展、对外开放、边疆稳定与安全等方面都承担着重要功能，而其功能和地位在云南省乃至西南地区都是至关重要的。

（一）经济发展

20 世纪 80 年代，在改革开放的推动下，中国经济发展出现了新的经济增长极，即以城市群为载体的区域经济发展体开始出现，滇中城市群也在此时开始孕育。据 2019 年《云南统计年鉴》可得，滇中城市群 2018 年的人均 GDP 达到 53682.2 元，高出全省平均水平 16546.2 元，约是全省人均 GDP 的 1.4 倍；滇中城市群的财政收入总额为 966.71 亿元，占全省的 48.47%；商品零售额为 4194.92 亿元，占到全省的 61.46%。滇中城市群在云南经济、社会发展中具有影响全局的地位，因此滇中城市群的经济发展功能意义重大。

为了进一步提升城市群经济发展潜力，要加快转变经济发展模式，坚持绿色经济发展观，实施创新驱动发展战略，把滇中城市群建设成为具有国际水平的国家级现代产业集群、现代化的服务基地和高科技新型工业基地。

根据区域环境承载力、资源禀赋、产业基础等条件，制定严格的工业项目环境准入条件，制定负面清单，特别是对东部发达地区转移的产业进行环境友好型项目准入选择，发展环保、可持续产业，发展循环经济。

加快滇中国际物流和国际通信产业的发展，加快跨国公司的发展，利用国际资本，重视进出口发展，引导城市群经济贸易国际化。加快发展外资金融服务，促进金融业国际化，加强国际咨询、国际旅游、国际展览等产业的发展，加强国际管理、国际教育、国际会议、外语传媒业务的发展，实现现代服务业的国际化发展。

统筹滇中城市群产业空间布局，要根据工业发展的相对优势，进行优化组合，引导产业向优势地区集聚。要实现城市群的产业互补和产业链的延伸，要明晰各市州间的产业分工协同关系以及与国内其他地区的合作联动。

滇中城市群应积极参与国际分工与合作，主动承担国家战略格局下的产业功能，重点实施与国家战略相符的产业发展及绿色环境发展战略。依托国际大通道，积极发展特色外向型和出口导向型优势产业，并以战略性新兴产业作为滇中城市群的主导产业，实现特色产业和优势产业的集群化、产业链式发展，构建战略性新兴产业和区域性开放型经济高地。

（二）对外开放

地处中国西南的云南滇中城市群，是东南亚、南亚的交会处，并已成为我国对外开放交往的交通要地。滇中城市群是云南省的地理中心，也是云南省提升对外开放层次和广度的最佳地区。滇中城市群对外开放功能的实现对于云南省发展具有极大的推动作用，目前已形成了以昆明为核心，以曲靖、玉溪、楚雄为次中心的城市发展格局。

近年来，滇中城市群的交通条件不断改善，滇中城市群内部各市州之间的交通设施也在逐渐完善中，这进一步加强了各地之间的联系，也为对外开放提供了相应的基础设施。滇中城市群占云南省最大的城市人口比重，是云南城镇化水平最高的区域。近年来，滇中城市群城镇化平稳发展，为城市群发展创造了有利的环境。

目前，在"一带一路"倡议背景下，在国家深化改革和建设全面开放型经济指导下，云南正面临着重大发展机遇以及完成"内联外拓"的艰巨任务。回顾历史，从与南亚经贸往来的茶马古道到南下两洋的滇越铁路，云南的战略地位自古以来就在对外开放中发挥了重要作用。立足现状，在经济发展转型升级、城镇化水平快速提高条件下，积极主动落实国家战略，立足滇中城市群建设，将云南建成我国西南对外开放的重要门户，实现云南成为面向南亚、东南亚的辐射中心的定位，是云南当前发展的重大历史使命之一。

扩大滇中城市群对外贸易，优化进出口产品结构，降低初级产品出口比重，增加高端工业品在出口结构中的比重，提高附加值。建立多元化的进出口贸易市场，扩大南亚和东南亚现有的发达市场，积极开拓欧美市场，实现贸易伙伴多元化。

全面提升滇中城市群面向国际国内两个层面的交通、能源、物流、信息服务能力，构建航空、公路、铁路等交通设施网络体系，重点建设现代化立体客货运输枢纽系统和综合交通运输通道。打造滇中城市群高效、便捷、现代化的服务体系，衔接南亚、东南亚国家及国内地区，成为区域性国际综合枢纽与门户，发挥对内对外的桥梁和纽带作用。

突出滇中城市群在孟中印缅等国家、中国—中南半岛经济走廊、澜湄合作区域中的地位和作用。提升走向南亚、东南亚的能力水平，将滇中打造成为我国新的发展格局中的重要支点。[①] 滇中城市群独特的区位条件，使其具备了参与多边外向区域合作的地理优势，也在对外开放发展中强化了中国与周边国家睦邻友好关系。

---

① 云南省住房和城乡建设厅：《滇中城市群规划（2014～2049 年）公示稿》，2016。

（三）边疆安全

滇中城市群是云南实现经济发展、政治稳定的核心区域，是整个云南省发展的"心脏"。边境地区是云南省行政区域构成的板块，是不可忽视的部分，也是决定云南省整体经济社会发展的短板，更是影响云南乃至全国政治社会稳定的区域之一。滇中城市群安全功能的实现对于实现边境区域安全稳定非常重要。滇中城市群作为云南区域发展的核心区域，在实现边疆安全功能方面，发挥着管理、服务的职能。滇中城市群产生的集聚效应会推动信息技术的更新换代、教育科学水平的提高，会为边疆安全工作高端人才培养、信息技术支持和智能设备的研发提供优质的物质资源和科学信息。例如，中国西南对外开放与边疆安全研究中心、云南省公安边防总队、云南省公安厅、云南省疾病预防控制中心等管控边疆安全和服务边疆发展的机构总部均设在滇中城市群中心城市昆明市。

第三节　北部湾城市群

广西壮族自治区发展规划已经成为未来国家发展战略的重要组成部分，而北部湾城市群的建设与发展直接影响广西未来经济社会发展的整体水平。北部湾城市群作为唯一兼备陆疆和海疆的西南边疆城市群，拥有得天独厚的自然条件和区位优势。它既是我国西南地区向南出海的最近通道，又是我国距东南亚各国以及南亚最近的口岸，将对我国践行"一带一路"尤其是"21世纪海上丝绸之路"倡议发挥不可替代的作用。

一　北部湾城市群政策规划沿革

北部湾城市群的发展规划随着世界经济形势的改变也在不断调整和变化。北部湾作为城市群进行区域规划和联动发展的历史，也不是在某一段时期内固定下来的。在这里我们重点关注的是北部湾城市群中毗邻越南社会主义共和国的陆地城市，即以南宁为核心，以北海、防城港、钦州三市为支撑的发展格局①。梳理北部湾城市群政策沿革是为了及时发现问题，更好地制定科学、有利的政策，促进发展。

北部湾城市群各市协调发展及上升到国家规划阶段。北部湾城市群是广西建设的重点及中心地区，国家"十二五"规划纲要完善区域开放格局部分提出：加快沿边开放，发挥沿边地缘优势，要把广西建成与东盟合作的新高地，不断提升沿边地区对外开放的水平。②

北部湾城市群继成为国家重点开发建设的国家级城市群之后，又成为稳步建设的9大区域性和带动西部发展的3大区域性城市群之一。广西北部湾城市群发展规划不仅对应《全国主体功能区规划》中的重点开发区域——北部湾地区，也与《全国城镇体系规划纲要（2005～2020年)》中的北部湾城镇群规划相对应，未来将建成中国—东盟自由贸易区的海湾型城市群。③

广西北部湾城市群是一个环形城市群，它起始于2006年北部湾经济区的设立，经过多年建设和发展，一个以南宁为核心的环形城市群已经形成。《广西北部湾经济区发展规划》在2008年被国家批准实施，这标志着广西北部湾经济区（以下简称"北部湾经济区"）的开放开发上升为国家战略。抓住机遇，发挥优势，加快北部湾经济区开放开发，对把广西建成国际区域经济合作新高地、我国沿海经济发展新一极具有

---

① 南宁市为广西壮族自治区首府，位于广西南面方向，毗邻越南社会主义共和国。北海市为广西管辖的一个地级市，位于广西西南端和北部湾东北岸。防城港市同样为广西管辖的一个地级市，位于广西西南方向，其南面辖区的东兴市与越南的广宁省接壤。钦州市也是广西壮族自治区下辖的一个地级市，位于广西壮族自治区南部。

② 刘家凯、黎基钦、胡德期：《新形势下广西的发展机遇与财政对策》，《中国财政学会2010年年会暨第十八次全国财政理论讨论会论文集》2010，第211页。

③ 城市中国计划：《国家新型城镇化指标体系及若干问题研究》，人民日报出版社，2016，第222页。

十分重要的意义。^① 同年，广西壮族自治区政府依据党的十七大精神、《国民经济和社会发展第十一个五年规划纲要》以及国家《西部大开发"十一五"规划》，编制了《广西北部湾经济区发展规划（2006～2020）》。

为了明确北部湾经济区的发展目标及发展方向，营造更好的发展环境，实现北部湾经济区的稳定发展，国家于 2010 年 3 月批准通过了《广西北部湾经济区城镇群规划纲要》，这是对广西北部湾经济区发展部署的又一重大战略。2011 年 6 月 8 日国务院发布《全国主体功能区规划》，其中国家重点开发区域部分将北部湾地区划入，同时，北部湾（南宁）城镇群是《全国城镇体系规划纲要（2005～2020 年）》城镇空间布局部分提及的 13 个城镇群之一，北部湾城市群就此开始了新的历史发展时期。

2014 年 10 月 27 日，国家发展改革委同意修订《广西北部湾经济区发展规划》的相关内容；同月末，广西壮族自治区人民政府印发《广西北部湾经济区发展规划》。^② 2018 年 5 月 9 日，广东、广西、海南三省区在海南省海口市签署《2018～2019 年推进〈北部湾城市群发展规划〉实施合作重点工作》协议，推进北部湾城市群对接粤港澳大湾区，共同打造琼州海峡运输大通道，加快推进北部湾城市群与粤港澳大湾区互联互通。^③

二 北部湾城市群发展历程与现状

北部湾城市群背靠祖国大西南，毗邻粤港澳，面向东南亚，位于全国"两横三纵"城镇化战略格局中沿海纵轴最南端，是我国沿海沿边开

---

① 杨欣：《广西北部湾经济区法制建设问题研究》，华东师范大学硕士学位论文，2011。
② 周瑜斐：《广西北部湾城镇体系空间优化研究》，广西大学硕士学位论文，2015。
③ 吴哲：《推进北部湾城市群 对接粤港澳大湾区》，《南方日报》2018 年 5 月 10 日，第 1 版。

放的交会地区，在我国与东盟开放合作的大格局中具有重要战略地位。[①]

北部湾城市群经济增速近年持续保持在全国平均水平以上，海洋经济、休闲旅游等特色产业和临港型工业集群正逐步形成，创新创业力不断涌现，人力资源较为丰富，经济综合实力不断增强，开放合作不断深化。

（一）北部湾城市群发展概况及现状

北部湾城市群主体是以南宁为中心，以北海、防城港和钦州为辅的沿海城市群，它拥有约 1600 公里的海岸线，是中国与东盟之间唯一既有陆地接壤又有海上通道的经济板块。[②] 目前，广西北部湾城市群正在快速城市化进程中，也处于由初级阶段向中级阶段快速发展的过渡期中。北部湾城市群是广西壮族自治区政治、经济、文化的核心区，其发展已成为促进广西其他区域城市建设以及整体城市化进程的一项国家战略。

经济发展方面，北部湾城市群四市的经济发展状况良好，且呈不断上升态势。据《2015 年南宁市国民经济发展统计公报》，全市实现地区生产总值 3410.09 亿元，按可比价格计算，比上年增长 8.6%。第一产业增加值 370.35 亿元，增长 4.1%；第二产业增加值 1345.66 亿元，增长 8.2%，其中，工业增加值 1000.37 亿元，增长 8.1%；第三产业增加值 1694.08 亿元，增长 9.9%。北海市在 2015 年实现地区生产总值 892.1 亿元，按可比价格计算，增长 11.4%；人均 GDP 达到 55409 元。第一产业增加值 159.35 亿元，增长 3.2%；第二产业增加值 450.13 亿元，增长 18.7%，其中，工业增加值 401.25 亿元，增长 14.4%；第三产业增加值 282.46 亿元，增长 11.4%。防城港市在 2015 年实现地区生产总值 620.72 亿元，按可比价格，增长 10.2%。第一产业增加值

---

① 《北部湾城市群规划聚焦基础设施》，《中国民族报》2017 年 2 月 21 日，第 1 版。

② 李松霞：《北部湾城市群空间关联性研究》，《技术经济与管理研究》2018 年第 2 期。

75.75 亿元,增长 3.6%;第二产业增加值 353 亿元,增长 12.6%;第三产业增加值 191.98 亿元,增长 7.8%。钦州市在 2015 年实现地区生产总值 944.42 亿元,同比增长 8.4%。第一产业增加值 205.18 亿元,增长 4.1%;第二产业增加值 381.75 亿元,增长 8.5%;第三产业增加值 357.49 亿元,增长 11.2%。

对外开放方面,分别建设以北部湾城市群的港口为始发港的海上开放路线和以广西边境口岸为依托的陆路开放通道,中国—东盟博览会、边境经济合作区等开放平台建设有序推进,开放及合作领域继续扩大,开放经济已开始形成。

北部湾城市群"一湾揽十一国",地处华南、西南和东盟等经济圈的交叉处。北部湾城市群是深度参与中国—东盟合作、泛北部湾经济合作、中越"两廊一圈"等多区域合作的交会处,其建设和发展对于推动经贸合作升级,区域合作方式创新,开展科技合作与多层次、多渠道人文交流具有不可或缺的作用。

(二)北部湾城市群的发展定位、优势及总体布局

2011 年发布的《全国主体功能区规划》,明确提出北部湾地区构建以主要城市为支撑,以沿海地区为主轴,以综合运输通道为纽带的空间开发格局。① 北部湾城市群既要成为广西最大的物流、商贸、加工制造基地和资源、信息交流中心,也要成为我国面向东盟国家对外开放的重要门户,发挥中国—东盟自由贸易区的桥头堡功能。

2017 年 1 月,国务院发布的《北部湾城市群发展规划》,将南宁定位为面向东盟的核心城市,支持建成特大城市和边境国际城市。北部湾城市群未来将建成以南宁为核心支撑,其他城市为重要节点的"一湾双轴、一核两极"的布局结构。这种布局结构将有利于促进同城化发展,辐射带动沿海沿边城镇,强化陆海安全管控,建设宜居城市和蓝色

---

① 《国务院关于印发全国主体功能区规划的通知》,《中华人民共和国公报》2011 年 6 月 8 日。

海湾城市群。① 实施海岸带综合管理，统筹陆海资源配置、陆海经济布局。以南宁和北海、钦州、防城港为依托，以海洋为拓展空间，以海洋资源可持续利用为重点，形成陆海一体发展新格局。②

南宁是北部湾城市群总体布局中的核心城市，拥有得天独厚的自然条件，市内气候温暖、植被四季常青，有"绿城"的美誉。它是广西及北部湾唯一的特大城市，也是连接东南沿海与西南内陆的重要枢纽，同时还是西南边疆中唯一的沿海省会（首府）城市。北海市是中国 14 个沿海开放城市之一，也是中国"四大渔场"之一。它拥有众多著名旅游景点，2005 年被评为中国十大宜居城市之一。防城港是一座集滨海、边关和港口于一身的城市，拥有 580 公里的海岸线和 100.9 公里的陆地边界线。它因地处中国大陆海岸线的最西南端，背靠大西南、面向东南亚、南邻北部湾、西南与越南接壤，而被誉为"西南门户、边陲明珠"。防城港市位于北部湾城市群的中心区，它不仅是对外开放发展、稳定边疆的主要地区，同时也是西南边疆沿边金融综合改革试验区的组成部分。钦州市位于中国西南部，是岭南广府文化重要的兴盛地、传承地之一，不仅是"一带一路"南向通道陆海节点城市，还是大西南最便捷的出海通道。

综上所述，北部湾城市群位于热带和亚热带，拥有我国西南边疆区域最大的海湾。城市群自然地理位置和资源要素优越，该区域内港口、海岸线、油气以及旅游资源丰富，且地形平坦、土地开发利用潜力充足，生态环境质量名列全国前茅，环境容量大，人口经济承载能力强，发展活力不断增强。城市群内部各城市有着同源同宗的文化民俗，人文交流密切，各城市具有很高的区域认同感，且拥有其他区域不可比拟的对外开放开发的交通和区位条件，在新时代和新一轮西部大开发背景

---

① 《广西将构建以南宁为核心的北部湾城市群》，《南宁日报》2018 年 1 月 17 日。
② 广西壮族自治区人民政府：《北部湾城市群发展规划广西实施方案》，2018。

下，应立足基础条件，利用优势资源发展北部湾城市群建设，促进国家对外开放发展战略的实施，实现广西作为对外开放发展、稳定边疆安全的主力军和排头兵定位。

三 北部湾城市群的功能实现

北部湾城市群是西南边疆城市群中唯一同时拥有陆路和海上边界的城市群，其城市群功能在推进"一带一路"倡议实践中有着不可或缺和不可替代的作用。北部湾城市群是广西壮族自治区发展水平突出的地区，其城市化及经济社会发展水平均是全区最高的，因此它承担着全区经济发展、对外开放以及边疆安全方面的重要功能。

（一）经济发展

"十三五"时期是北部湾城市群发展需要把握好的难得机遇，要充分利用这一时期的资源、政策优势，积极发展经济，建设宜居、宜业的海湾城市群。

据《广西统计年鉴2019》相关数据，2018年北部湾四个市区域面积为42465平方公里，占全区总面积的17.87%；拥有总人口1319.18万人，占到全区总人口的23.31%左右；实现GDP7228.99亿元，占全区GDP的35.52%。北部湾城市群在较少的土地面积上，实现了经济总量的最大化，集中了较大一部分的城市人口，实现了城市化发展。

北部湾四市的人均GDP为5.05万元，是全区人均GDP的139%；财政收入占全区的48.2%；固定资产投资总额和社会消费品零售总额分别占全区的35.7%和37.2%。北部湾城市群在广西经济、社会发展中具有影响全局的地位，是广西经济发展的支柱地区，对全区的经济增长与发展起到了带动和支撑作用，因此北部湾城市群的经济发展功能具有重大意义。

从产业看，2015年北部湾四市第二、第三产业的增速高于全区，且对全区产业发展具有重要贡献。其中，第一产业增加值 810.31 亿元，比上年增长 5.4%，对全区第一产业增长的贡献率为 33.3%；第二产业增加值 2530.03 亿元，比上年增长 6.1%，比全区高 11.7 个百分点，对全区第二产业增长的贡献率为 38.0%；第三产业增加值 2526.83 亿元，比上年增长 10.1%，比全区高 9.2 个百分点，对全区第三产业增长的贡献率为 42.5%。

分市看，南宁发展实力最强，北海、防城港两市成为城市群发展的有力牵引，钦州后续发展力较强。2018 年，南宁市 GDP 增速为 8.6%，北海市 GDP 增速 11.4%，防城港市 GDP 增速为 10.2%，钦州市 GDP 增速为 8.4%。

把握好"十三五"时期北部湾经济区发展战略规划的难得机遇，着力抓好基础设施、港口物流等重大项目，增添经济区交通运输业和商品流通业的发展后劲儿。加快推进新型城镇化建设。优化城镇空间格局，发展北部湾城市群，增强中心城市辐射带动力，提高区域性城市集聚力，进一步提升民众的消费需求和消费能力。以农业服务业为突破，稳定农业生产。以发展传统农业服务如交通运输服务业、商贸餐饮服务业为特色，从现代农业服务业如物流业、农业信贷、电子商务、文化旅游产业突破，落实好各项惠农政策，确保农业稳定发展。

（二）对外开放

立足蓝色海湾，加快绿色崛起。依托北部湾城市群独有的港口群以及与东盟国家海陆相连的特殊地理区位，打造面向东盟开放高地，成为"21 世纪海上丝绸之路"与丝绸之路经济带有机衔接的重要门户。

不断推进沿海沿边开放互动，以实现东中西部地区协调发展为支撑，完善以北部湾港口群为起点的海上运输大通道，建设中国—东盟国际信息通道与中国—中南半岛陆上国际大通道，打造面向东盟国际大通道的重要枢纽，初步发挥"一带一路"重要门户功能。

面向东盟以及 21 世纪海上丝绸之路的沿线国家，大力建设"一带一路"海上开放通道和开放平台。以北部湾区域性航运中心为依托，推进通往粤港澳地区的铁路、高速公路、西江干支流航道建设，打造对接粤港澳、通达太平洋的出海新通道。①

加强与东盟国家陆路互联互通，推进跨境公路与泛亚铁路的建设，提升与越南、马来西亚、新加坡等国家的互联互通水平。提升边境口岸集疏运能力，加快建设防城港—东兴铁路、崇左—水口高速公路等，实现边境口岸与城市群内部多通道高效联通；加快建设中国—东盟信息港，建设中国—东盟海陆跨境光缆等国际通信设施和中国—东盟区域性综合信息服务平台。

建设水上支持保障系统枢纽，改建、扩建防城港港域20万吨级锚地、钦州港域30万吨级危险品锚地、北海铁山港域10万吨级大型专业锚地和湛江港锚地等。港口枢纽建设部分，结合中科炼化项目实施建设配套码头，建设石油储备基地配套码头以及扩建防城港港域40万吨级码头等工程。机场枢纽建设部分，规划建设一批通用机场，新建玉林机场，扩建南宁机场第二跑道等。

深入推进海域和陆路的对外合作，逐步发展成为全球经济体系的一部分。以大力参与中国—东盟合作为落脚点和起点，积极融入"一带一路"建设，拓展与国内发达地区合作的广度和密度，实现与合作国家之间的开放型经济向更广领域和更高层次迈进，加快形成海陆双向开放合作新格局，初步形成国际竞争新优势。

以对外贸易为例，贸易经济增速较快。从进出口贸易方式来看，边境小额贸易继续发挥主力军作用，对越进出口优势再显现。据广西壮族自治区人民政府门户网站数据显示，2017年1~10月，中越进出口贸易额为1305亿元，同比增长8.6%。其中，出口735亿元，进口570亿多元，同比增长3.1%和16.5%。

———————————————

① 王克础：《深化双向开放推动规划落地》，《广西日报》2017年3月21日。

（三）边疆安全

广西的陆地边境线总长达 1020 公里，陆地边境区域内共有 8 个县，行政总面积占全区的 7.5% 左右，边境县域人口八成以上为少数民族。除了陆地边境线之外，广西还拥有 1595 公里左右的蜿蜒曲折的海岸边境线，且海岸面积较广，共有 12 个边境口岸。

广阔的陆地边界和绵长的海域边界在提供交通与对外交往便利性的同时，也给边疆安全带来了更多的挑战和风险。广西是 21 世纪海上丝绸之路、丝绸之路经济带以及面向东盟国家对外开放交往的前沿核心地带，北部湾城市群作为经济社会发展的"大动脉"，发挥其边疆安全功能，为对外开放建设良好的社会环境和安定的政治环境是其发展要义之一。

以北部湾城市群为对外平台和物质载体，实施"一带一路"倡议，使共建"一带一路"国家特别是东盟国家认识和接受中国，形成真正的经济、文化等共同体，构建命运共同体。实现亚太国家之间政治互信，有利于有效地解决广西边疆安全问题，从而实现边疆区域社会和谐稳定、国家政权完整与安全。

第四节　藏中南城市群

西藏是我国西南重要的边陲门户之一，其特殊的地理位置和地理环境使其成为战略要地。在西南边疆城市群中，藏中南城市群是发展水平最为落后、发展条件最为艰巨的。

本节以西藏自治区的发展规划为基础，梳理藏中南地区的政策沿革，客观认识当前发展概况，分析发展优势，充分发挥藏中南城市群功能，促进我国的整体城市发展进程，提升综合国力，维护中国边疆安全、稳定。

一　藏中南城市群政策规划沿革

在全国推进城市化进程中，藏中南地区的城市化发展是突出的矛盾之一，对藏中南城市群建设进行科学规划，是增强西藏自治区综合实力、实现区域协调发展、缩小中西部差距的必要之举。

党中央、国务院对西藏自治区的建设和发展始终高度关注，以习近平同志为核心的党中央更是提出了"治国必治边，治边先稳藏"的重大战略思想。① 近年来，藏中南城市群的发展随着西藏战略地位不断提高而得到重点关注，其发展规划也逐渐上升为国家规划。

1990 年前后，西藏自治区就提出"一江两河"规划。"一江两河"地区是西藏自治区经济社会发展水平最高的地区。地理区位上是指雅鲁藏布江、拉萨河、年楚河的中部流域部分，行政区域包括拉萨市的 7 县 1 区、山南市的 5 个县、日喀则市的 6 个县，大体与当前的藏中南城市群区域重叠。继"一江两河"发展规划之后，西藏的区域经济发展布局经历了四个经济区→一点三线四区→三大经济区等空间布局的调整。

2010 年 10 月，西藏自治区党委书记张庆黎在自治区党委工作会上提出，要以交通、能源、水利、通信等为重点加强基础设施建设，特别是公路建设要以拉萨、山南、日喀则、林芝、那曲等地市为重点，形成以拉萨为中心的 4 小时经济圈。

2011 年 1 月 16 日，西藏自治区第九届人民代表大会第四次会议通过《西藏自治区"十二五"时期国民经济和社会发展规划纲要》，提出推进区域协调发展，中部经济区主要包括以拉萨、日喀则、山南、林芝为主的藏中南地区，青藏铁路沿线的那曲地区中部和东部区域。2011 年 6 月 8 日国务院发布《全国主体功能区规划》，藏中南地区被划入国

---

① 杨亚波：《西藏融入"一带一路"战略的现实需求和战略选择》，《西藏发展论坛》2015 年第 5 期。

家重点开发区域，并确定了以拉萨为重心，以青藏铁路沿线、"一江两河"地区以及尼洋河中下游等地区城镇为支撑的藏中南地区空间开发格局。

2016年1月27日，《西藏自治区"十三五"时期国民经济和社会发展规划纲要（草案）》做出了坚持继续努力打造以拉萨为核心，辐射日喀则、山南、林芝、那曲的3小时经济圈的重要规划。① 2017年9月8日，国务院批复《拉萨市城市总体规划（2009～2020年）》，该规划指出拉萨是西藏自治区首府、国家历史文化名城、具有雪域高原和民族特色的国际旅游城市。②

二　藏中南城市群发展历程与现状

西藏"十三五"规划中提到的藏中南地区，是指以拉萨市为核心，包括日喀则市、山南市、林芝市等在内的区域。西藏一直是党和国家高度重视的地区，推进藏中南城市群发展，对于促进西藏经济、社会可持续发展，提高各族人民的生活质量有着非比寻常的意义。

近年来，中央政府不仅在发展规划方面对西藏发展作出更加清晰的指示，在财政及政策支持方面也加大了力度。目前，在"一带一路"倡议背景下，藏中南城市群要紧紧把握历史机遇和政策优势，结合自身条件，推进城市化进程，提升西藏综合发展实力。

（一）藏中南城市群发展概况及现状

从藏中南地区的自然环境来看，它位于藏南谷地即喜马拉雅山和冈底斯山、念青唐古拉山之间的区域，海拔为3500～4500米，人口密度和经济密度低于国内其他省区中心城市及邻国部分地区。该区域人口较少，工业发展自然条件较差，土地资源贫瘠，且位于印度洋板块和亚欧

---

① 西藏自治区人民政府办公厅：《2016年西藏自治区政府工作报告》，2016。
② 《国务院关于拉萨市城市总体规划的批复》，《城市规划通讯》2017年第16期。

板块的交界处，地震灾害危险性较高。该地区属雅鲁藏布江流域，水量丰富，大气环境和水环境质量十分优良，但降水稀少，气候干燥，水源及土壤资源极易受到破坏。

从社会经济发展角度来看，受到自然生态环境等因素的限制，藏中南地区经济发展水平总体不高，人均 GDP 低于全国平均水平，传统产业发展转型面临突出困难，现代化的制造和服务产业化发展相对滞后。区域内缺乏辐射带动作用强的特大城市，中心城市集聚和辐射效应不足，中心城市功能亟待加强。对高端生产要素吸引力不强，城市综合竞争力仍须提升，对外开放的枢纽作用尚待增强。

拉萨是西藏自治区的首府，同时也是藏中南城市群的核心城市。它是一座具有 1300 多年历史的古城，因其标志性的建筑物——布达拉宫，而被称为"圣地"。① 制定中心城市总体规划，形成新的城市格局，稳步推进"东延西扩、跨河发展"的城市发展战略。坚持统筹城乡协调发展思路，将拉萨建设成为现代化高原中心城市，实现藏中南城市群引导与辐射功能。

据《西藏统计年鉴 2018》数据显示，2017 年西藏自治区共实现 GDP1310.92 亿元，其中拉萨占比达 36.5%；财政收入占全区的 48.2%；人均可支配收入比全区平均水平 10330 元高出 2664 元，是平均水平的 1.26 倍。

由此可见，以拉萨为核心的藏中南城市群是支撑西藏发展的基石，也是影响整个西藏经济社会发展的重要板块。为实现经济跨越式发展，需结合拉萨独特的历史、人文、气候等特征，创新旅游发展方式；继续投入基础设施建设，强化其独特的城市风貌；推进以服务业为主的第三产业发展，激发城市经济发展活力；改善人民的生活和工作条件，增强其城市的经济实力和城市功能。

---

① 马玉英、马维胜：《青藏高原城市化模式研究》，北京大学出版社，2013，第 25 页。

（二）藏中南城市群发展定位、总体布局及发展优势

2011 年 1 月 16 日通过的《西藏自治区"十二五"时期国民经济和社会发展规划纲要》中的统筹区域协调发展、积极稳妥推进城镇化部分提出，以拉萨、日喀则、山南、林芝为主的藏中南地区要打造成为全区特色优势产业发展的战略高地，在国家西部地区有重要影响的经济中心，有国际影响力的旅游目的地、中转地和促进国家区域协调发展的重要支撑点，全区最大的综合交通枢纽、商贸物流中心和金融中心，现代工业发展基地和文化产业培育基地。[1]

2011 年发布的《全国主体功能区规划》文件中作出的藏中南地区功能定位，是全国重要的农林畜产品生产加工、藏药、旅游、文化和矿产资源基地，水电后备基地。并且，藏中南地区构建以拉萨为中心，以青藏铁路沿线、"一江两河"流域（雅鲁藏布江中游、拉萨河和年楚河下游）以及尼洋河中下游等地区城镇为支撑的空间开发格局和以雅鲁藏布江、拉萨河、年楚河、尼洋河为骨架，以自然保护区为主体的生态格局。[2]

2018 年 4 月 4 日出台的《西藏自治区"十三五"时期国民经济和社会发展规划纲要》中的统筹区域协调发展部分提出，充分发挥拉萨首府城市对全区的辐射带动作用，加快发展、率先发展，打造国际旅游文化城市，构建藏中经济高地、承接"一带一路"建设和全区扩大对外开放的中心城市、全区金融商贸物流中心。[3] 山南建设藏中清洁能源基地、农副产品重要产区和面向南亚开放的中心城市。日喀则强化历史文化名城建设，打造面向南亚开放的前沿区和重要枢纽、农产品主产区和民族手工业基地。

---

① 次仁罗布：《我区推进三大经济区协调发展》，《西藏日报》2015 年 11 月 23 日，第 1 版。
② 《国务院关于印发〈全国主体功能区规划〉的通知》，2011 年 1 月 1 日。
③ 《西藏自治区"十三五"时期国民经济和社会发展规划纲要》，《西藏日报》2016 年 4 月 24 日，第 1 版。

拉萨是藏中南城市群的中心城市，位于西藏高原的中部、喜马拉雅山脉北侧，风光秀丽、历史悠久、风俗民情独特、宗教氛围浓厚，是藏传佛教圣地。拉萨是具有高原和民族特色的首批国家历史文化名城，也是国际旅游城市，先后荣获国内外众多荣誉称号。实现拉萨中心城市功能，建设基础设施，提升公共服务设施水平，完善旅游、文化基地和区域性交通、航空物流枢纽体系建设。在保护生态的基础上推进农业科技进步，发展农林畜产品加工、旅游、藏药等产业，有序开发利用矿产资源，加强流域保护。在推进藏中南城市群建设中发挥中心城市带动作用，实现西藏整体区域经济发展水平的提高、人民生活的改善。

三 藏中南城市群的功能实现

拉萨无论是从西藏全区还是从藏中南地区来看，都是政治、经济、文化、宗教和交通的中心，犹如人的中枢神经系统一般，在建设藏中南城市群、实现城市群功能方面起到关键性作用。在经济向前发展的态势下，考虑地区特殊性，借助实施新一轮西部大开发及"一带一路"建设的历史机遇，建设城市群并发挥其功能，以产生对边疆稳定、边疆发展的积极作用。

（一）经济发展

拉萨方方面面的发展基础和发展要素使其成为藏中南城市群的发展中心，而且也成为藏中南城市群及西藏全区最重要的经济增长极，并影响着城市群经济功能的实现。2018年拉萨全市实现GDP 540.78亿元，比上年增长9.3%。其中：第一产业增加值18.29亿元，增长3.0%；第二产业增加值229.65亿元，增长17.4%；第三产业增加值292.83亿元，增长4.6%。第一产业增加值占GDP的比重为3.4%，第二产业增加值占比为42.5%，第三产业增加值占比为54.1%。全年人均GDP 77688元，比上年增长6.9%。

藏中南地区的人均可利用资源相对丰富，农牧特色经济发展相比于西南边疆其他城市群具有品种优势，主要种植青稞、小麦、油菜和薯类作物；畜牧业发达，经过藏族人民千百年的辛勤探究，藏牦牛、藏绵羊和山羊等独有的种类发展出了规模优势。拉萨民族手工业生产有了很大进展，在纺织、皮革、塑料、火柴和织毯等产业中，兼并使用传统方法和机械化工艺。

藏中南地区矿产资源丰富，据 2010 年西藏自治区国土资源厅公布的资料，拉萨拥有储量全国第一的地热和刚玉资源、全国第三的自然硫资源和全国第五的高岭土资源。那曲拥有丰富的石油、天然气和油页岩。日喀则、林芝和山南等地区分别具有多达 30 余种的矿产资源。① 因地制宜发展经济产业，大力推动农牧业现代化发展，借助科技创新推进矿业经济增长，加快发挥规模经济和产业经济辐射作用，带动城市群外的区域经济增长和协同发展。

（二）对外开放

《推动共建丝绸之路经济带和 21 世纪海上丝绸之路的愿景与行动》在 2015 年 3 月由国家三部门联合发布，西藏被划入其中，"推进西藏与尼泊尔等国家边境贸易和旅游文化合作"的发展要求也明确提出。因而，西藏必须以更加开放的理念，推动与周边国家开展西藏特色产业的经贸洽谈与合作，不断拓展对内与对外的开放合作和文化交流。充分发挥拉萨作为面向南亚的中心城市的作用，并以此为桥梁推进国内市场与尼泊尔等南亚国家经济体系深度融合，从而发挥藏中南城市群在我国对外开放新格局中的战略作用。同年 8 月，中央第六次西藏工作座谈会再次明确提出"把西藏打造成为我国面向南亚开放的重要通道"。②

---

① 张志恒、杨西平、尹雯：《西藏特色经济发展问题研究》，厦门大学出版社，2015。
② 周志莹、李晓清：《推进对外开放的发展路径与举措研究——以拉萨市为例》，《生产力研究》2017 年第 12 期。

作为西南边疆的西藏正好处于沟通内外的地理位置，要按照"一带一路"倡议的定位，推动对外开放，积极建设南亚陆路大通道，参与"一带一路"建设，推动与尼泊尔等南亚国家的边境贸易和旅游文化合作，形成内联外接、全方位的开放格局。[①] 西藏在面向南亚、联结内地的对外开放过程中，离不开藏中南城市群及拉萨的发展，要切实发挥拉萨作为中心城市的区域带动、吸引产业要素集聚的功能，把握客观机遇和条件，建设对外开放的多个渠道，实现藏中南城市群的对外开放功能。

以对外贸易为例，贸易经济发展形势大好。据《西藏统计年鉴2018》及《拉萨市 2018 年国民经济和社会发展统计公报》数据，2017年西藏自治区进出口贸易总额为 591919 万元；拉萨作为藏中南和西藏的中心，也实现了 409600 万元的对外经济贸易额，总体占全区的69.2%。在对外交往方面，以旅游收入为代表，2018 年西藏全区共实现旅游外汇总收入 24700 万美元，拉萨市的旅游外汇收入为 12505.34万美元，占全区的 50.6% 左右，总体来说，对外开放初见成效。

（三）边疆安全

西藏的社会稳定问题，是国家利益、文化与战略等边疆治理的内容，涵盖政治、经济、文化、军事、资源控制等因素。在全球化时代，西藏的社会稳定、边疆治理问题被视为中国"战略边疆"的重点之一，但它具有极其复杂的内容和特殊的形式，内容上包括边疆发展、边疆建设、自然生态环保、民族与宗教问题等方面；形式上既有具体的边疆安全管控方法的实施，也有意识形态上的反渗透。

在新时代治理理念下，西藏的边疆治理不能局限于传统治理理论，也不能依照处理民族问题的老思路去看待西藏边疆的现实问题。

[①] 朱金春：《以稳为本：西藏参与"一带一路"建设的问题挑战与路径探索》，《西藏民族大学学报》（哲学社会科学版）2019 年第 2 期。

藏中南城市群是西藏的政治、经济、文化和科教中心，可以提供边疆人才培养、科学信息技术研究与安全治理理念研究平台。藏中南城市群的边疆安全功能对于解决各种边疆问题，促进边疆安全、边疆发展，从而实现民族团结、边疆稳定、国家实力增长和经济繁荣具有重要意义。

第四章　西南边境地级城镇链

　　边境地区是我国全方位对外开放的重要组成部分，边境城镇的发展有利于加强边疆地区与内地的交往，也是更好地巩固边境和平安宁、实现广大边境群众逐步走向富裕的必然选择。西南边境自然禀赋、发展历程不同于其他边境地域，在不同的历史背景下，资源的开发、利用和保护自然不尽相同。本章基于真实区域数据，通过建立科学、客观的指标体系与指数，对西南 11 个边境市州城镇化水平进行评估，认识边境市州城镇化发展的客观状况，以期对西南边境城镇化的建设提出一些有针对性的对策。

第一节　西南边境地区城镇化发展概况

一　西南边境市州城镇化发展历程

　　城镇化的发展过程就是一个提升生产力水平、调整生产关系的过程，有利于经济结构、社会结构的转型和空间地域组织的优化。当下边境市州社会经济的发展已有一定历史基础，城市建设也已初具规模。当然，城镇的发展不是一蹴而就的，西南边境城镇的发展更是不同于其他区域的城镇发展，不仅受到自然环境因素的制约，也受到人文因素的影响。故此，西南边境市州城镇的发展内容更有不同于其他区域的城镇发展内涵，西南边境市州的城镇发展历程从新中国成立开始，迎来了前所未有的前进期；在改革开放之后，更是实现了质的飞跃。其发展历程大体分为以下阶段。

（一）第一阶段：1949年至改革开放前

新中国成立初期，全国仅有135个市和约2000个镇。1953年，新中国进入第一个五年计划建设时期，国家规划了156个重点建设项目，主要在中西部新建和扩建部分城市。1956年6月，国务院更是颁布了第一个市镇建设法规——《国务院关于设置市镇建制的决定》，同年12月又颁布了《国务院关于城乡划分标准的规定》，使我国城镇化建设处于稳定和建设发展之中。西部城镇建设在"一五"时期，主要以矿产资源为发展动力，城镇建设的数量大幅度增加，从1949年的13个城市增加到1952年的32个，城市人口也增加了几倍。

1957年至改革开放前是西部区域城镇发展的波折期，主要是由于"大跃进"及"文革"的发生。在1958年"用城市建设的大跃进来适应工业建设大跃进"口号下，城市工业的大发展促使城市数量激增，城市人口也大量增长，没有贴合实际情况的大发展反而加重原有的城市负担，制约了国民经济的发展，使得城镇居民的生活出现了困难。[①]"文革"时期，城市规划被舍弃，城市建设机构被解散，令城市建设体系变得混乱无序。另外，由于当时工业发展"靠山、分散、进洞"的指导原则，城市人口大幅度减少，城市发展动力缺乏，这一阶段的西南区域的城镇发展更是艰难。[②]

（二）第二阶段：1978年至今

这一阶段两个重要节点，分别为改革开放与西部大开发。自改革开

---

① 宋才发、黄伟、潘善斌等：《民族地区城镇化建设及其法律保障研究》，中央民族大学出版社，2006，第42~43页。

② 关嵩山：《西部生态化城镇建设道路研究》，知识产权出版社，2016，第95页。

放以来，国家经济建设工作百废待兴，这一时期虽然是以东部沿海地区的发展为主，但西部城镇在这一阶段也快速发展，城镇人口从 1978 年的 1303 万人增加至 2000 年的 2407 万人。我国的西部大开发战略是西南区域发展史上的"春天"，西部大开发战略的实施为西南地区提供了更多的政策倾斜及资源投入，使得西南区域城镇化发展水平得到大幅度提高。

西部城镇数量由 2000 年的 36 个增加至 2005 年的 40 个。在这一阶段，城镇人口呈现快速增长。云南省 2000 年城镇人口为 990.6 万人，城镇化率为 23.36%；2018 年城镇人口为 2309 万人，城镇化率为 47.81%。广西 2000 年城镇人口为 1337 万人，城镇化率为 28.14%；2018 年城镇人口为 2474 万人，城镇化率为 43.72%。西藏 2000 年城镇人口为 79.51 万人，城镇化率为 31.64%；2018 年城镇人口为 107 万人，城镇化率为 31.14%。受益于西部大开发战略实施，西南区域城镇化水平大幅提高。

二　边境市州在西南城镇化发展中的地位和作用

中国自秦汉时期便已形成了一个统一的多民族国家，今天的中国和边疆区域的形成更是得益于各个民族之间不断交往交流交融。西南边疆不同于中国的其他边疆区域，因其独特的区位因素及政策导向，而有着意义重大的地位和作用。

从区位因素来看，边境区域自古就是商旅往来交流之地，西南边疆区域更是由于民族成分较多，且与境外国家多接壤的自然及人文环境，由此形成了独树一帜的边境民族风情城镇，这对于国家的安全稳定、人民生活水平的提高、民族文化的丰富有着深刻的意义。在历史条件和政策的影响下，边境市州经济、社会等各方面的发展远不及中心城市。并且由于管辖行政单位不同，地理条件、自然资源禀赋等不一致，加之历史上受战争因素的影响，基础设施投入不足，边境市州大部分城镇化发展较为落后。西南边疆区域所辖范围较广，该区域的经济社会发展是边防巩固的物质基础，边境民族自治地方的发展和人民生活水平的提高，直接关系到社会稳定、国家统一、民族团结和边防巩固。在经济全球化、区域一体化进程中，城镇在地域分工中的作用日益凸显，边境城镇化的发展影响着城镇的功能和发展结构，并将决定边疆区域在国际分工中的角色和地位，也是我国整体城镇化发展中的重要板块。

从政策导向来看，放眼全球，城镇化的发展与建设作为国家战略不是我国的首创。但是，在中国特色社会主义背景下，农村人口的市民化是创新。建设好城镇化，做好农村人口市民化的制度保障是必行之路，这既是满足发展的现实需要，也是边境市州与国家长远发展的持续动力，对于维护我国整体稳定安全和社会经济、对外开放发展具有重要意义。党和政府都十分重视边境新型城镇化的发展和建设，近年来，国家和各省级政府也都相继出台了一系列为推进城镇化发展的具体政策和措施，以推进城镇化建设进程。2001年"十五"规划首次提出将城镇化作为中国国家战略，城镇化是我国经济持续发展及实现现代化的重要途径。中共十八大报告再次将城镇化和新型工业化、信息化、农业现代化并列作为推动中国未来新一轮发展的动力。十九大报告协同发展部分明确提出以城市群为主体构建大中小城市和小城镇协调发展的城镇格局，加快农业转移人口市民化，支持资源型地区经济转型发展，并加快边疆发展，确保边疆巩固、边境安全。2014年出台的《国家新型城镇化规划（2014～2020年）》第四篇"优化城镇化布局和形态"中提到加快发展中小城市，重点建设的陆路边境口岸城镇包括了广西、云南等的口岸城镇。国务院2017年印发《兴边富民行动"十三五"规划》，提出主要任务和重点工程就是围绕强基固边推进边境地区基础设施建设、因地制宜推进边境地区城镇化建设等切实促进城镇发展的举措。云南省依据《国务院关于支持沿边重点地区开发开放若干政策措施的意见》（国发〔2014〕72号）、《云南省人民政府关于加快沿边地区开发开放的实施意见》（云政发〔2014〕24号）等文件编制的《云南省沿边地区开发开放规划（2016～2020年)》，该规划的沿边地区包括了24个边境市州所在的8个沿边市州。

三 西南边境市州概况

西南边境面积辽阔，横跨三个省级行政区，但由于西藏自治区部分数据匮乏，在便利原则的指导下，本小节数据分析部分不包含西藏自治区，我们主要关注云南和广西所辖的11个边境市州，具体概况如下（见表4–1）。

表4–1 西南11个边境市州名称、设立年份、辖区面积及行政级别

序号	市州名称	设立年份	辖区面积（平方公里）	所属省区	行政级别
1	普洱市	2007	45385.34	云南省	地级市
2	临沧市	2004	24000	云南省	地级市
3	保山市	1942	1020	云南省	地级市
4	怒江傈僳族自治州	1954	14703	云南省	自治州
5	红河哈尼族彝族自治州	1957	32931	云南省	自治州
6	西双版纳傣族自治州	1973	19582.45	云南省	自治州
7	德宏傣族景颇族自治州	1971	11526	云南省	自治州
8	文山壮族苗族自治州	1958	32239	云南省	自治州
9	防城港市	1993	6173	广西壮族自治区	地级市
10	百色市	2002	36252	广西壮族自治区	地级市
11	崇左市	2002	17440	广西壮族自治区	地级市

（一）普洱市

普洱市为云南省地级市，下辖1市辖区9自治县，位于云南西南部，辖区内共有4个边境县。普洱市海拔为317～3370米，境内群山起伏，常年无霜，冬无严寒，夏无酷暑，曾是茶马古道上重要的驿站，是

著名的普洱茶产地及中国最大的产茶区之一。

（二）临沧市

临沧市为云南省地级市，下辖 1 区 7 县，位于云南西南部，辖区内共有 3 个边境县，国境线长 290.79 公里。境内地形地势复杂，气候类型复杂多样，主要属于亚热带低纬高原山地季风气候。

（三）保山市

保山市为云南省地级市，下辖 1 区 1 市 3 县，位于云南西南部，辖区内共有 2 个边境县，国境线长 170 公里。境内地势北高南低，主要属于亚热带季风气候。保山处于滇西居中的位置，是中国通往南亚、东南亚乃至欧洲各国的必经之地，也是近代云南重要工商业的发祥地。

（四）怒江傈僳族自治州

怒江傈僳族自治州为云南省少数民族自治州，下辖 1 县级市 3 县，位于云南东南部，处于中缅接合处，辖区内共有 3 个边境县，国境线长449.467 公里。境内有怒江从北向南贯穿，地势北高南低，主要属于低纬高原季风气候。

（五）红河哈尼族彝族自治州

红河哈尼族彝族自治州为云南省少数民族自治州，下辖 4 市 9 县，位于云南东南部，辖区内共有 3 个边境县，境内国境线长 449.467 公里。境内主要属于高原形立体气候，四季不甚分明。红河州是云南经济社会和人文自然的缩影，也是中国与东盟交流合作的陆路通道和桥头堡，目前更是被划为云南自贸试验区之一。

（六）西双版纳傣族自治州

西双版纳傣族自治州为云南省少数民族自治州，下辖 1 县级市 2 县，位于云南西北部，辖区内共有 3 个边境县，国境线长达 966.3 公里。州内属于热带雨林气候，且拥有中国唯一的热带雨林自然保护区，是中国热点旅游城市之一。

（七）德宏傣族景颇族自治州

德宏傣族景颇族自治州为云南省少数民族自治州，下辖 1 县级市 7 县，位于云南西部，辖区内共有 4 个边境县，国境线长达 503.8 公里。境内地势东北高，西南低，主要属于南亚热带季风气候，是面向印度洋的主要陆路出口，是云南自贸区德宏片区所在地。

（八）文山壮族苗族自治州

文山壮族苗族自治州为云南省少数民族自治州，下辖 1 县级市 7 县，位于云南东南部，辖区内共有 3 个边境县，国境线长达 438 公里。文山州东与百色市相接，南接越南，境内主要属于亚热带气候，冬无严寒，夏无酷暑，是中国特色农产品优势区。

（九）防城港市

防城港市为广西壮族自治区地级市，下辖 2 市辖区 1 县级市 1 县，辖区内共有 2 个边境县，境内海岸线长 580 公里，陆地边界长 100.9 公里。境内主要属于南亚热带季风气候，是一座滨海城市、边关城市、港口城市，是中国唯一与东盟陆海相通的城市，地处广西北部湾经济区的核心区域和华南经济圈、西南经济圈与东盟经济圈的接合部。

（十）百色市

百色市为广西壮族自治区地级市，下辖 2 市辖区 1 县级市 8 县，辖区内共有 2 个边境县，境内边境线长达 365 公里。境内主要属于亚热带季风气候，是西南地区出海出境的大通道，被交通运输部确定为国家公路运输枢纽，同时也是一个"少、老、远、边"区域。

（十一）崇左市

崇左市为广西壮族自治区地级市，下辖 1 市辖区 1 市 5 县，辖区内共有 3 个边境县，边境线长达 533 公里，崇左市是广西境内边境线最长的边境市州。境内主要属于亚热带季风气候，气候温和，雨量充沛，且是中国边境口岸最多的城市，也是中国通往东盟最为便捷的陆路大通道。

第二节　边境市州城镇化发展评价模型与指数体系

西南边境市州城镇化的发展内容包括了经济、民生、社会等方面，也有区别于其他发达地区的特殊要求，如城乡建设、对外开放和社会稳定。因此在量化指数构建中，经济增长、民生建设、社会发展、城乡统筹、对外贸易往来、社会稳定及安全状态等都是需要加以考虑的内容。另外在构建西南 11 个边境市州城镇化水平量化评价指标体系时，必须遵循科学性、合理性和重点突出相结合的原则。

一　量化评价基本原则

在对边境市州进行城镇化水平评价时，应遵循以下原则。

（一）一致性原则

在数据可获得性的基础上，尽可能使 11 个边境市州的评价指标体系保持一致。受客观条件的限制，无法全面获取 11 个边境市州的所有评价指标数据，因此我们在整体框架中进行了取舍和替代，以确保 11 个边境市州评价指标的一致性，使评价结果具有纵向维度上的可比性。

（二）全面性原则

对边境市州国民经济和社会发展进行全面评价，科学评估西南 11 个边境市州内部发展情况，准确定位其发展排名情况以及所处阶段，并基于分项指标的评估结果全面剖析边境市州整体发展背后的具体动因。

（三）可比性原则

本书评价指标体系中的指标数据，来自公开发表的各地方各年度统计年鉴，尽可能采用可定量的指标，因此评价结果具有非常强的可比性。

（四）客观公正性原则

在数据可获得性的基础上，本研究采用公开数据及部分未公开出版数据，并进行严格的甄别和核实，使数据更加客观真实。评价采用主成分分析法及因子分析法，较好地解决了指标计量单位、指标性质、数量级以及指标权数的问题，使评价结果更加客观、合理。

（五）综合性原则

随着国家政策对区域协同发展、特色城镇建设以及兴边富民的倾斜，人们对于边疆区域发展关注的重点也逐步扩展到其他层面。因此，本研究除处理经济发展指标外，还对地域特征、社会发展、民生发展、城乡统筹发展和对外开放与安全方面进行了综合评价。

（六）静态与动态相结合的原则

对边境市州发展评估既应该对当前发展状况进行评估，也需要对未来的发展潜力加以综合考虑。在评价指标体系中既有反映当前经济发展状况等的静态指标，也有反映人力资本投入、社会环境安全等方面的动态指标。在校学生人数、每万人刑事案件发生率、地方资源状况以及基础设施建设对于边境市州的未来发展都有一定影响。边境市州城镇化发展评价必须充分考虑这种变化，只有进行静态和动态相结合的评价，才能科学准确反映边境市州发展的真实状况。

二 评价模型比较与选取

（一）评价方法比较

在评价地区发展水平时，主要有层次分析法和主成分分析法。在研究区域经济过程中，通常都会涉及多个变量并对较多不同区域进行综合评价，而综合评价通常依赖一个综合指标，而综合指标就是由多个指标合成的，常用的方法有层次分析法、德尔菲法、主成分分析法及因子分析法等。其中层次分析法和德尔菲法评价结果的客观性不强，其可靠性主要依赖建模人及所建模型的水平及打分人的专业水平。主成分分析法及因子分析法具有可靠的分析过程，在考虑主成分及公因子的方差贡献率的基础之上进行综合评价，其结果具有可解释性。在两种方法的实现技术处理上至少有两方面的优点：一是能够有效地"降阶"而不丢失初始指标中的重要信息；二是解决了主观赋值的问题，使赋值更具有客观性。在对西南边境各市州发展水平进行评价中，我们采用了主成分分析法、因子分析法和聚类分析法。

（1）主成分分析法

多指标问题研究，由于不同指标之间存在一定相关性，必然会增加分析问题的难度。运用主成分分析法，就可以在不损失变量原有信息的前提下，通过降维的方法，将原来众多具有一定相关性的指标组合成新的少数几个相互独立的综合指标，并根据实际需要从中取较少几个具有代表性的综合指标尽可能多地反映原来指标的信息。其基本步骤如下。

将原始数据进行标准化处理。由于各指标的含义不同，指标值的度量单位也不同，各指标的量纲各异。为了消除量纲的不同可能带来的一些不合理的影响，在进行主成分分析之前要先对数据进行标准化处理，即将原始数据处理成均值为 0、方差为 1 的标准分析数据。其标准化计算公式为：

$$t_{ij} = \frac{x_{ij} - \overline{x_j}}{\sqrt{\mathrm{var}(x_j)}}, (i, j = 1, 2, \cdots, k)$$

$$\overline{x_j} = \frac{1}{n} \sum_{i=1}^{n} x_{ij}, \mathrm{var}(x_j) = \frac{1}{n-1} \sum_{i=1}^{n} (x_{ij} - \overline{x_j})^2$$

式中，t_{ij} 表示标准化以后的数据；x_{ij} 为原始数据；$\overline{x_j}$ 表示第 j 个指标的平均数；$\sqrt{\mathrm{var}(x_j)}$ 为标准差。

计算标准化以后指标的相关系数矩阵

$$R = \begin{bmatrix} 1 & R_{12} & \cdots & R_{1k} \\ R_{21} & 1 & \cdots & R_{2k} \\ \cdots & \cdots & 1 & \cdots \\ R_{k1} & R_{k2} & \cdots & 1 \end{bmatrix}, (i, j = 1, 2, \cdots, k)$$

计算相关系数矩阵 R 的特征根 $\lambda_i (i = 1, 2, \cdots, k)$ 和特征向量

$$u_i = (u_1, \cdots, u_m)$$

根据特征方程 $|R - \lambda_i| = 0$，计算特征根 λ，并使其从大到小排列：$\lambda_1 \geqslant \lambda_2 \geqslant \cdots \geqslant \lambda > 0$。

计算各主成分的方差贡献率 e_i 及累积贡献率 E，

其计算公式为：$e_i = \dfrac{\lambda_i}{\sum\limits_{i=1}^{k} \lambda_i}$，$E = \dfrac{\sum\limits_{i=1}^{m} \lambda_i}{\sum\limits_{i=1}^{k} \lambda_i}$

e_i 为第 i 个主成分的贡献率，该值越大，则说明该主成分概括各指标数据的能力越强；m 为全部主成分个数。

选取主成分个数。在实践中比较通行的确定主成分个数方法的原则有以下几种。

①$E \geqslant 84\%$ 准则。E 表示前 m 个主成分的累计贡献率，即从原 k 个变量中提取的信息量，若已达到全部信息量的绝大部分（通常大于 84%），即可以认为，前 m 个主成分已基本反映了原变量的主要信息，取前 m 个变量足以说明问题。②$\lambda_m > \lambda$ 准则。先计算特征根 λ_m 的均值 λ，然后将之与 λ_m 比较，选取 $\lambda_m > \lambda$ 的前 m 个成分作为主成分。由标准化数据的相关矩阵 R 求得的 $\lambda = 1$，因此只要取 $\lambda_m > 1$ 的前 m 个主成分即可。所得主成分为：

$$F_1 = L_{11} x_1 + L_{12} x_2 + \cdots + L_{1m} x_m$$
$$F_2 = L_{21} x_1 + L_{22} x_2 + \cdots + L_{2m} x_m$$
$$\cdots\cdots$$
$$F_m = L_{m1} x_1 + L_{m2} x_2 + \cdots + L_{mm} x_m$$

其中 $F_1, F_2, \cdots, F_m$ 依次为第 1 主成分因子、第 2 主成分因子，直至第 m 主成分因子。

计算主成分的得分并计算综合得分。将标准化数据带入以上方程组，可得各评价对象的主成分得分。然后在此基础上，以方差贡献率为权数按照以下公式，计算综合得分。

$$F = \left(\frac{\lambda_i}{\sum\limits_{i=1}^{m} \lambda_i} \right) F_m, (i = 1, 2, 3, \cdots, k)$$

主成分分析法的分析步骤比较规范，整个过程可以通过软件处理，各原始指标的权数不带人为主观意识，比较客观科学，便于提高评估结果的可靠性和准确性，因此我们运用主成分分析法进行评价。

在研究多变量问题时，描述某种区域特征的可选指标往往比较多，而这些指标又常常相关，这就给研究带来了很大的不便。在具体的研究过程中，选取指标过多不但会增加研究难度，而且会导致问题复杂化。选取指标过少又可能会导致对研究对象影响较大的指标未能入选，而影响结果的可靠性。主成分分析法是解决这一问题的较为理想的多元统计工具。

假定有 n 个区域，有 p 个指标反映某一综合区域特征，这 p 个指标反映了 n 个区域的差异。主成分分析法统计上的处理就是将原来 p 个指标作线性组合，从这 p 个指标中提取 $m(m < p)$ 个综合指标，让它仍能基本反映原来 p 个指标所包含的信息量，记为 F_1，F_2 …… 希望 F_1 包含原来的信息最多，即 $\mathrm{var}(F_1)$ 最大。如果主成分 F_1 不足以有效地反映原有信息，我们再依次选择 F_2，F_3 …… 直到原有信息被足够提取。

在具体分析过程中，前几个主成分就可以代表所研究区域的主要的相关特征（一般我们以这几个主成分的累积贡献率达到 84% 为标准），从而通过对这几个主成分的进一步分析和计算，达到起初的综合分析和评价的目的，这样，就达到了既减少指标数量又能区分区域间差异的目的。

（2）因子分析法

因子分析是主成分分析的推广和发展，它将关系复杂的指标综合为数量较少的几个因子，这些公因子能够反映原来众多变量所代表的主要信息，这样就再现了原始变量与因子之间的相互关系，同时根据不同的因子对变量分类。

当我们得到 m 个因子得分后，需要将因子得分加权得到综合得分以进行排序。如果权数选为特征根，即可得：$F = \lambda_1 F_1 + \lambda_2 F_2 + \cdots + \lambda_m F_m$。

基本步骤如下。

搜集数据。通过公开发表的《中国市州统计年鉴》《云南统计年鉴》《云南经济年鉴》，以及各市州年鉴等文献资料获得数据，使数据来源更具有权威性和真实性。由于各数据资料之间存在细微的差异，加之 11 个边境市州中部分数据未公开，需要进行细致查阅，因此对基本数据进行了大量的甄别和核实工作，使数据更加客观真实。

建立原始资料矩阵 X。其中设 i 为评价对象 n 中第 i 个评价对象，j 为评价对象构成要素 m 中的第 j 个指标。

$$X = \begin{bmatrix} X_{11} & X_{12} & \cdots & X_{1m} \\ X_{21} & X_{22} & \cdots & X_{2m} \\ \cdots & \cdots & \cdots & \cdots \\ X_{n1} & X_{n2} & \cdots & X_{nm} \end{bmatrix}$$

标准化处理。由于指标之间计量单位及数量级的差异，故需将原始数据矩阵进行标准化处理，以消除此方面的影响。

$$X'_{ij} = \frac{X_{ij} - \bar{X}_j}{S_j}, i = 1, 2, \cdots, n, j = 1, 2, \cdots, m$$

式中：$\bar{X}_j = \frac{1}{n} \sum_{i=1}^{n} X_{ij}, s_j = \sqrt{\frac{i}{n-1} \sum_{i=1}^{n} (X_{ij} - \bar{X}_j)^2}$

求协方差：

$$(R_{jk})_{m \times n} = \frac{1}{n} X'_{ij} X'_{ik} (j, k = 1, 2, \cdots, m)$$

由特征值 R 解特征值 λ_j 及特征向量 I_{ik} 并得方差贡献率。

根据累计方差贡献率（大于等于 84%）确定主因子数，然后计算第 k 个因子的载荷 p_{kj}。

$$p_j = \frac{\lambda_i}{\sum_{j=1}^{m} \lambda_j}$$

$$p_j = \sqrt{\lambda_k} \times I_{kj}, k = 1, 2, \cdots, p\ (p\ 为主因子数)$$

确定该主成分数对应的特征向量的元素值为各变量的权数。

计算得分值 v_i，公式为：

$$v_i = \sum_{k=1}^{p} \sum_{j=1}^{m} p'_{kj} X'_{ij}$$

进行归一化处理。对得分值 v_i，我们计算出其综合评价值。

（二）基础数据分析方法

在结合已得评价结果的基础上，结合以下几种数据处理方法对繁杂的结果信息进行更加直观、有效的说明。

（1）聚类分析法

通过分类，可以将数量较多的评价对象简化几类，然后分析不同类型之间的典型区别，可以总结归纳其基本特征。

（2）条形图

使用条形图对评价对象发展水平进行描述，横轴标注各评价对象的名称，纵轴标注具体评价内容的分值。这样，各评价对象之间的相对差异就一目了然。

（3）折线图

将某一个评价对象的指标值或分值按各年度的位次在时间序列上做出折线图。利用折线图评价该指标各年度的变化非常直观、清晰。

（三）方法的选取

西南边境市州发展的现实条件具有客观性，城镇化发展量化水平指标体系较为全面，涉及经济、社会、民生、城乡统筹和对外开放与安全等方面众多因素及指标。每个因素和指标都在一定程度上反映了市州经济发展和社会发展的重要方面，且具体指标之间彼此具有一定的相关性，因而统计数据指标所反映的信息必然在一定程度上有重叠。评价体系中指标变量多，层次关系复杂，如果想要得到较为客观的评价结果，就要降低指标体系的维度，选取主成分，对大量原始数据进行统计分析，以便对边境市州进行有效评估分析，因此本研究将采用主成分分析法作为评估方法。

三　评价指标选取与指数构建

（一）指标体系构建原则

指标体系的设计是否科学、恰当，直接关系到西南边境市州城镇化发展水平量化评估的科学性，这就要求指标体系不仅要客观、合理，而且要尽可能地反映影响西南边境市州城镇化发展的方方面面。西南边境市州城镇化发展水平量化评估指标体系不是一系列指标的简单堆积和随意组合，而是相互联系、相互关联的有机综合系统。因此在设计指标体系时应遵循以下基本原则。

系统性原则。指标体系的设计应能系统综合地反映以 11 个边境市州为主要代表的西南边境城镇化发展总体状况和特点，因此指标的选择上必须综合系统考虑其全面性和差异性，避免指标之间的相互重叠，最大限度地降低指标之间的相关性。

科学性原则。指标内容的选择、指标权重的确定、指标体系结构的构建等要有科学的依据，尽可能客观真实地反映西南边境市州城镇化发展整体水平，以及各市州之间发展差距和不平衡性。

区域性原则。相对于其他区域的市州来说，边境市州具有其特殊的作用和使命。因此，在设计指标体系中，应反映西南边疆的社会经济和环境特点，充分体现西南边境城镇化发展的特点和侧重点，合理适当地做出相应的调整。

可操作性原则。指标内容简单明了，容易理解，并且具有较强的可比性，此外指标的基础数据要容易获取，要能够通过一般统计和调查获取，并能在较大程度上保证指标数据的可信度和横向可比性。

动态性原则。指标设计不仅能够反映西南边境市州发展状态，更重要的是要根据状态，把握其发展的主观核心和客观基础。因此，指标的选择要充分考虑边境市州发展的动态变化特点，从而客观和准确地描述、刻画与度量自治州发展的真实状态。

（二）指标体系构建依据及思路

"十二五"规划纲要明确提出要加快转变经济发展方式。在城镇化领域中即表现为城镇化发展模式的转变。以往的偏重数量、规模增长的观点过于片面，转向数量与质量并重的可持续发展方向才是加快转变经济发展方式的体现。科学合理地全面反映城镇化的发展状况是引导边境城镇化更加健康、稳固发展的重要手段之一。

"十二五"规划纲要中提出了"加快制定并完善有利于推动科学发展、加快转变经济发展方式的绩效评价体系和具体考核办法"的要求，并要求将"考核结果作为各级领导班子调整和领导干部选拔任用、奖励惩戒的重要依据"。对边境城镇化发展进程进行全面的评估和监测，建立科学全面的指标体系可以了解边境城镇化发展的进展状况，分析评估相关规划和政策所产生的影响，依据评估结果对目前城镇化进程中所出问题加以发现，监督有关城镇化规划的实施和有关政策的落实，对不当之处加以及时修正。将评估进程及结果向公众开放，有利于加强公众对城镇化的了解和对城镇化建设的参与，更有利于提高政府工作效率和公共资源的使用效率，使城镇化工作制度化和规范化，更加透明化，是确保边境城镇化健康发展必要而有效的重要手段。

本书在国家相关政策的指导下，参考《国家新型城镇化指标体系及若干问题研究》《"十一五"时期中国民族自治地方发展评估报告》《中国民族自治地方发展评估报告》的中国城镇化相关指标体系，结合实际情况构建指标体系。

西南边境市州城镇化发展水平量化研究指标体系，是指构成指标的各个要素及它们之间的逻辑组合关系和表达形式。只有将这些分散选取的具体指标进行科学的构建，才能将它们排列组合成完整合理的综合体系，进而真实地描述现阶段西南边境市州发展的状态和水平。西南边境市州城镇化发展水平量化研究指标体系分为三个层次。

一级目标层：评价指标建立的最终目标，科学定量测评边境市州现阶段经济和社会、城镇化建设发展的综合水平。

二级系统层：参照"十二五"时期发展规划的五大方面、边境市州地区特点及结合本书所划分的五个维度：经济发展维度、民生发展维度、社会发展维度、城乡统筹发展维度及对外开放与安全功能维度。

三级指标层：每个系统层下设若干指标，共 29 个指标。

（三）指标构建内容

边境市州城镇化水平评估指标体系有五个维度，共 29 个指标，具体如表 4-2 所示。

经济发展维度：从 GDP、GDP 增长率、人均地方公共财政预算收入、人均地方公共财政预算支出、非农产值比重、人均规模以上工业生产总值、经济密度等指标来反映地区经济发展总体水平、经济发展速度及地方政府的财政状况、经济效益状况。

民生发展维度：从人均 GDP、人均居民储蓄余额、人均社会消费品零售额、城镇居民人均可支配收入、农村居民人均可支配收入、人均年末金融机构各项贷款余额、固定电话用户数等指标来反映居民可消费能力、投资能力及基本生活水平状况。

社会发展维度：从年末总人口、每万人中小学在校学生数、每万人中普通中学在校学生数、每千人约拥有医疗卫生机构病床数、每千人约拥有卫生技术人员数、新型农村合作医疗保险参保率、电视覆盖率等指标在人口规模、教育、卫生、社会保障、文化传播效率等指标来反映社会方面的发展状况。

城乡统筹发展维度：从城镇化率、固定资产投资（不含农户）、农业机械总动力、农业总产值、森林覆盖率等指标反映城镇化水平、社会投资力度、农业发展动力、农业生产现状及地区生态建设等工作状态，反映城镇化建设的基础条件。

对外开放与安全功能维度：从进出口贸易总额，每万人涉枪、涉毒案件起数，每万人刑事案件起数等指标来反映地区的对外开放程度及社会稳定安全监管能力和现状。

表 4 - 2　西南边境市州城镇化发展水平评估指标体系

指标分类	序号	指标名称	单位	备注
经济发展维度	1	GDP	亿元	反映经济总体水平
	2	GDP 增长率	%	反映经济发展速度
	3	人均地方公共财政预算收入	万元	反映地方财力状况
	4	人均地方公共财政预算支出	万元	反映地方建设投入
	5	非农产值比重	%	反映城镇经济发展效率
	6	人均规模以上工业生产总值	万元	反映工业发展效率
	7	经济密度	万元每平方公里	反映区域的平衡状况
民生发展维度	8	人均 GDP	元	反映居民可支配收入
	9	人均居民储蓄余额	元	反映居民可投资能力
	10	人均社会消费品零售额	元	反映居民可消费能力
	11	城镇居民人均可支配收入	元	反映城镇居民生活水平
	12	农村居民人均可支配收入	元	反映农村居民生活水平
	13	人均年末金融机构各项贷款余额	元	反映居民可利用资金水平
	14	固定电话用户数	户	反映通信程度
社会发展维度	15	年末总人口	万人	反映人口总量
	16	每万人中小学在校学生数	名	反映基础教育覆盖水平
	17	每万人中普通中学在校学生数	名	反映义务教育覆盖水平
	18	每千人约拥有医疗卫生机构病床数	张	反映医疗服务能力
	19	每千人约拥有卫生技术人员数	人	反映居民医疗资源状况
	20	新型农村合作医疗保险参保率	%	反映农村居民医疗保险覆盖率
	21	电视覆盖率	%	反映信息通达度

指标分类	序号	指标名称	单位	备注
城乡统筹发展维度	22	城镇化率	%	反映经济发展水平、现代化程度
	23	固定资产投资（不含农户）	亿元	反映社会投资水平
	24	农业机械总动力	万千瓦特	反映农业生产力状况
	25	农业总产值	亿元	反映农业生产水平
	26	森林覆盖率	%	反映生态环境状况
对外开放与安全功能维度	27	进出口贸易总额	万元	反映对外经济发展状况
	28	每万人涉枪、涉毒案件起数	起	反映边境安全监管状况
	29	每万人刑事案件起数	起	反映区域的安全状态

第三节　边境市州城镇化发展评价基础数据分析

通过对西南 11 个边境市州的基础原始数据进行简要分析，初步观察边境市州在各方面的发展情况，为后续对边境市州城镇化发展水平的量化评估做一个基础判断。2016 年是"十三五"规划的初始之年，客观认识问题，对明确未来发展方向具有必要性。

一　经济发展维度

在"十二五"规划期间的建设，为西南边境市州的城镇化建设打下了坚实的基础，11 个边境市州在经济发展方面取得佳绩，其城镇化建设也取得了巨大成就，西南边境市州于 2016 年开始了发展的新历程，并实现 GDP 指标数值的新高峰。

（一）西南边境各市州经济呈增势发展

结合图 4 - 1、表 4 - 3 可知，红河州 2016 年实现 GDP1333.79 亿元，高居 11 个边境市州之首；百色市以 1114.31 亿元位居第二；而处在第三位的是广西的崇左市，其值（766.2 亿元）占到百色市 GDP 的 69%，与第一名的红河州在绝对值上相差 567.59 亿元。11 个边境市州中 GDP 最低的是怒江州，仅为 126.46 亿元；德宏州和西双版纳州以 323.55 亿元和 366.03 亿元分列倒数第二与倒数第三，排名倒数的 3 个边境市州 2016 年共实现 GDP 816.04 亿元，仅占 11 个边境市州 GDP 的 11.4%，但在2011～2016 年，各边境市州的 GDP 在绝对值上都实现了实质性进步和增长，但各边境市州之间的差距较大。

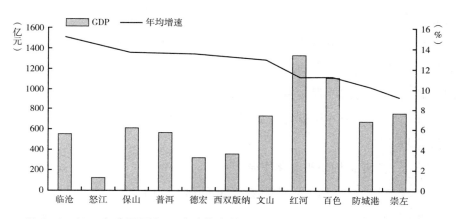

图 4－1 2016 年我国西南 11 个边境市州 GDP 及 2012～2016 年年均增速情况

表 4－3 2012～2016 年西南 11 个边境市州 GDP 增长率变化情况

单位：%

序号	地区	2012 年	2013 年	2014 年	2015 年	2016 年	年均增速
1	临沧市	29.57	17.88	11.78	7.95	9.70	15.12
2	怒江傈僳族自治州	15.95	14.52	16.66	13.01	11.76	14.37
3	保山市	20.64	15.33	11.86	9.71	10.95	13.63
4	普洱市	21.80	15.96	12.12	7.77	10.41	13.51
5	德宏傣族景颇族自治州	16.64	14.88	18.75	6.61	10.68	13.43
6	西双版纳傣族自治州	17.74	17.06	12.38	9.77	8.97	13.12
7	文山壮族苗族自治州	19.09	15.76	11.30	8.80	9.83	12.89
8	红河哈尼族彝族自治州	15.99	13.42	9.75	8.34	9.23	11.31
9	百色市	15.00	6.40	14.23	6.81	13.66	11.15
10	防城港市	7.30	19.46	11.03	5.40	8.91	10.32
11	崇左市	7.86	10.20	11.13	5.09	12.21	9.27
广西壮族自治区		11.26	10.86	8.48	7.16	8.58	9.26
云南省		15.93	13.69	9.33	6.28	8.08	10.60

注：由 2012～2017 年广西及云南统计年鉴的相关数据整理而得。如无特殊说明，本章相关资料均来源于此，不再赘述。

在西南 11 个边境市州中，年均增速最快的是临沧市，达到 15.12%；怒江州（14.37%）、保山市（13.63%）分列第二和第三，增长速度相差较小。11 个边境市州中仅有崇左市（9.27%）的年均增速低于 10%，防城港市和百色市排在倒数第二、第三位，其各自的 GDP 基值较大，年均增速为 10.32% 和 11.15%，表明经济发展也具有良好的态势。

综上所述，云南省边境市州的 GDP 低于广西，但是在年均增速方面高于广西，因此西南边疆区域的经济发展侧重各有不同，广西在较好的基础之上，仍需要保持并提高经济增长速度；云南的边境市州发展任务更加严峻，要深入挖掘经济发展动力，创造新的经济增长支柱，扩大经济总量。

（二）产业结构趋于优化发展

产业结构的科学配置影响着经济的健康可持续发展，2011～2016 年，西南 11 个边境市州的产业结构配置比例逐步实现了调整和优化。从表 4-4 可以看出，相比于 2011 年，2016 年 11 个边境市州中有 7 个边境市州的第一产业比重实现了降低。其中，云南省管辖的保山市的第一产业比重（24.71%）降幅最大，相比于 2011 年，2016 年其第一产业比重减少了 5.7 个百分点；广西的百色市相比于 2011 年也实现了一定的降幅。

截至 2016 年，除防城港市（31.1%）、崇左市（30.69%）之外，各边境市州的第一产业比重均低于 30%；而 11 个边境市州的第三产业比重均超过 35%，其中 5 个边境市州超过 40%。怒江州的第三产业比重达到 54.24%，排名第一。11 个边境市州的产业发展逐步朝向以第三产业为主，第二产业为辅，保障第一产业发展的方向优化。但总体而言，西南各边境市州的第一产业比重仍过高，第二产业比重也有待优化和整合。

表 4 - 4　2011~2016 年西南 11 个边境市州产业结构比例情况

单位：%

产业类别	年份	保山市	普洱市	临沧市	红河哈尼族彝族自治州	文山壮族苗族自治州	西双版纳傣族自治州	德宏傣族景颇族自治州	怒江傈僳族自治州	防城港市	崇左市	百色市
第一产业	2011	30.41	29.66	32.24	15.91	22.80	29.04	26.35	12.72	31.03	29.15	30.38
	2012	28.96	30.77	30.49	17.17	24.07	29.03	28.69	15.27	30.86	31.53	30.82
	2013	28.12	30.06	30.72	17.57	23.81	28.44	28.48	15.15	33.15	29.79	29.48
	2014	27.05	28.84	30.07	17.20	22.94	25.66	25.75	16.31	31.34	32.16	29.37
	2015	36.37	35.84	38.47	22.93	31.19	39.18	43.79	28.38	30.52	29.71	28.91
	2016	24.71	26.83	28.08	16.07	21.14	25.19	24.12	15.82	31.10	30.69	29.72
第二产业	2011	33.12	36.21	38.20	54.13	38.41	30.27	34.73	37.18	32.84	31.29	32.78
	2012	34.34	36.41	42.65	53.58	38.42	29.30	33.57	34.91	33.01	32.70	33.29
	2013	34.52	38.16	42.22	52.50	39.23	29.55	32.43	33.94	32.68	32.74	33.65
	2014	34.63	35.19	33.82	45.64	36.25	28.23	26.12	32.77	32.99	31.83	33.05
	2015	49.20	44.79	44.94	62.74	51.24	43.34	42.81	51.92	33.33	34.38	34.02
	2016	34.79	34.43	33.73	45.08	35.69	26.94	24.44	29.95	33.19	32.05	33.05
第三产业	2011	36.47	34.13	29.57	29.96	38.79	40.69	38.92	50.10	36.13	39.56	36.84
	2012	36.70	32.82	26.85	29.25	37.51	41.67	37.74	49.83	36.12	35.78	35.88
	2013	37.36	31.78	27.07	29.93	36.96	42.00	39.09	50.91	34.17	37.46	36.87
	2014	38.31	35.97	36.11	37.16	40.81	46.10	48.13	50.92	35.67	36.01	37.58
	2015	14.43	19.37	16.59	14.32	17.57	17.48	13.40	19.70	36.15	35.91	37.08
	2016	40.50	38.74	38.19	38.85	43.17	47.86	51.44	54.24	35.71	37.25	37.24

二 民生发展维度

（一）人均 GDP 保持稳定增长

如表4－5、图4－2 所示，西南 11 个边境市州的人均 GDP 在 2011～
2016 年也保持了快速增长的势头。临沧市人均 GDP 的年均增速达到
14.43%，位于 11 个边境市州之首，怒江州和普洱市分别位列第二和第
三，其年均增速分别为 14.24% 和 13.01%；年均增速最慢的是百色市，
为 8.64%；人均 GDP 绝对值最高的防城港市以 9.07% 的年均增速位于
倒数第二位。

2016 年各市州人均 GDP 平均值（30659.45 元）约为 2011 年
（18088.73 元）的 1.7 倍，年均增速达到 11.13%，但在绝对量上仍低
于 2016 年全国人均 GDP（43680 元），仅达到全国同期水平的 70.19%。
2016 年 11 个边境市州中，仅有广西的防城港市人均 GDP 超过同期全国
水平。人均 GDP 最低的是文山州，仅为全国同期水平的 46.62%。

表4－5 2011～2016 年西南 11 个边境市州人均 GDP 变化情况

单位：元，%

市州名称	2011 年	2012 年	2013 年	2014 年	2015 年	2016 年	年均增速	增速排名
保山市	12847	15397	17658	19648	21444	23654	12.98	4
普洱市	11795	14286	16491	18422	19773	21737	13.01	3
临沧市	11166	14376	16839	18710	20077	21906	14.43	1
红河哈尼族彝族自治州	17270	19909	22442	24473	26345	28588	10.61	8
文山壮族苗族自治州	11364	13459	15523	17208	18612	20362	12.37	6
西双版纳傣族自治州	17357	20309	23670	26507	28945	31338	12.54	5
德宏傣族景颇族自治州	14157	16408	18663	21857	22990	25150	12.18	7
怒江傈僳族自治州	11968	13953	15936	18540	20895	23289	14.24	2
防城港市	47416	50302	58810	65178	67971	73188	9.07	10
崇左市	19079	21539	22762	25807	27365	30881	10.11	9
百色市	24557	26288	28886	31942	33355	37161	8.64	11

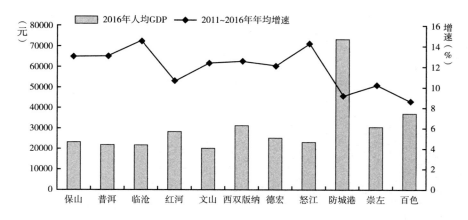

图 4 - 2 2016 年我国西南 11 个边境市州人均 GDP 及 2011～2016 年年均增速情况

（二）人均可支配收入逐步增加

可支配收入水平决定居民的生活水平，可支配收入的变化也表现出居民生活水平的变化情况。2011～2016 年，西南 11 个边境市州的城乡居民可支配收入无论是在绝对值上还是在年均增速上都实现了较大幅度的增长。

由表 4 - 6 可知，2011～2016 年，11 个边境市州的农村居民人均可支配收入年均增速均超过 12%；而城镇居民人均可支配收入年均增速最低的防城港市也达到 8.6%。虽然防城港市的城镇居民人均可支配收入年均增长最为缓慢，但其绝对值为 11 个边境市州最高。

2016 年防城港市的农村居民人均可支配收入最高，高达 12113 元，比全国同期水平（12363 元）仅低 250 元；位列第二的西双版纳州同样突破万元，为 11049 元；第三的是崇左市，为 9801 元；2016 年农村居民人均可支配收入最低的边境市州是怒江州，仅为 5299 元，仅占防城港市的 43.75%；排在倒数第二位、倒数第三位的依次为文山州、德宏州，分别为 8403 元、8659 元。2016 年城镇居民可支配收入最高的防城港市为 29758 元，低于全国同期水平（33616 元）3858 元；而位于第二位、第三位的红河州和保山市则分别为 28342 元和 27801 元；位于倒数

表4-6 2011~2016年西南11个边境市州城乡居民人均可支配收入变化情况

单位：元，%

类别	年份	保山市	普洱市	临沧市	红河州	文山州	西双版纳州	德宏州	怒江州	防城港市	百色市	崇左市
农村居民人均可支配收入	2011	4439	4338	4284	4650	3864	5327	4096	2362	6502	4052	5370
	2012	5331	5020	5158	5468	4643	6174	4763	2773	7539	4774	6263
	2013	6275	5873	6066	6368	5460	7107	5608	3251	8557	5409	7077
	2014	7626	7096	7199	7726	6998	9155	7152	4297	9524	6145	7707
	2015	8572	7914	8063	8599	7699	10080	7917	4791	10429	6766	8308
	2016	9426	8669	8914	9449	8403	11049	8659	5299	12113	9348	9801
	年均增速	16.3	14.9	15.8	15.2	16.8	15.7	16.2	17.5	13.3	18.2	12.8
城镇居民人均可支配收入	2011	16229	14877	14159	16789	16688	15667	15696	12117	19722	17384	17301
	2012	18907	17267	16398	19712	18884	17909	17662	14221	22203	19561	19370
	2013	21555	19170	18563	22294	21080	20094	19659	15999	24423	21458	21289
	2014	23638	21058	19526	23877	21872	21478	21303	17266	26523	23282	23184
	2015	25647	22830	21225	26002	23753	23304	23010	19010	28433	25041	24668
	2016	27801	24795	23072	28342	25778	25233	24943	20721	29758	26919	26605
	年均增速	11.4	10.8	10.3	11.0	9.1	10.0	9.7	11.3	8.6	9.1	9.0

第一位的怒江州（20721 元），其城镇居民人均可支配收入也超过 20000 元，倒数第二位的临沧市为 23072 元，倒数第三位的普洱市为 24795 元。

三　社会发展维度

社会发展的方方面面离不开人的生存、成长和发展。人力资本内生增加理论表明，教育投入是能从根本上促进区域发展、缩小地区差异的方式；卫生事业为促进人们的身体健康、增强人民的健康意识提供保障作用；文化事业会丰富人民的精神生活、增强人民的精神动力。由此可见，一个地区的科教文卫事业发展直接关系到该地区社会经济持续发展状况。鉴于数据的可得性，我们选取每万人中普通中学在校学生数、每千人约拥有卫生技术人员数、新型农村医疗合作保险参保率及电视覆盖率等指标来反映社会发展情况。

由表 4 – 7 可知，每万人中普通中学在校学生数指标排名最高的是文山州，其每万人约有 557 名普通中学在校生，防城港市和保山市也都分别达到 550 名以上，排在了第二、第三；而在每千人约拥有卫生技术人员数方面，除了西双版纳州以 7.61 名居第一之外，表现较好的有防城港市、德宏州，其各自的每千人约拥有卫生技术人员数分别为 5.75 人和 5.52 人；同样，在新型农村合作医疗保险参保率方面，防城港市仍是排名第一，崇左市和文山州位于第二位、第三位。参保率未达到 99%的边境市州中有怒江州、西双版纳州、普洱市、红河州；电视覆盖率这一指标中排名最高的是红河州，达到 99.3%；另有普洱市、西双版纳州和临沧市这三个边境市州超过 99%，其值分别为 99.2%、99.14%和 99.0%。

综上所述，社会发展方面广西所辖的防城港市综合表现较好，各指标均位于前列；百色市的社会发展较为平衡，位于中等偏上水平；而经济发展水平较好的崇左市，在教育、医疗和文化发展方面的多数指标中排名靠后。云南省所辖的边境市州之间差距较大，各方面发展不平衡。

例如，在每千人约拥有卫生技术人员数方面表现突出的西双版纳州在其他方面表现落后；文山州的整体水平较好，但每千人约拥有卫生技术人员数与电视覆盖率的指标排名就较为靠后，而怒江州除了每万人中普通中学在校学生数指标排名较为靠前之外，其他指标排名都居于倒数三位内。

表 4 – 7   2016 年我国西南 11 个边境市州社会发展具体指标排序情况

市州名称	每万人中普通中学在校学生数		每千人约拥有卫生技术人员数		新型农村合作医疗保险参保率		电视覆盖率	
	单位（名）	排名	单位（人）	排名	单位（%）	排名	单位（%）	排名
文山州	556.98	1	4.34	8	99.30	3	97.82	8
防城港市	553.50	2	5.75	2	99.70	1	98.30	6
保山市	552.18	3	4.39	7	99.00	7	96.85	10
怒江州	536.58	4	4.34	9	95.57	11	95.24	11
德宏州	533.41	5	5.52	3	99.10	6	98.69	5
百色市	522.33	6	4.92	4	99.29	4	98.00	7
红河州	517.91	7	4.68	5	98.99	8	99.30	1
临沧市	468.25	8	4.09	11	99.20	5	99.00	4
普洱市	430.77	9	4.56	6	98.39	9	99.20	2
崇左市	407.52	10	4.28	10	99.69	2	97.50	9
西双版纳州	324.49	11	7.61	1	97.68	10	99.14	3

四　城乡统筹发展维度

城镇建设是城乡发展的重要方面，城镇化发展状况直接影响城乡统筹和城镇化建设的进程。城镇化率直接反映了城镇建设现状，农业总产值则用于衡量乡村经济建设和发展水平，森林覆盖率则侧重于对资源保护现状的评价。通过对相关数据的初步观察，可以了解乡村经济建设、城镇建设状况。

由表 4 – 8 可知，2016 年西南 11 个边境市州中，城镇化率最高的是防城港市（56.36%），接近全国同期水平（57.40%）；城镇化率排在第二、第三的是西双版纳州（45.20%）和红河州（45.06%）；而排名最低的是怒江州，城镇化率仅为30.08%。保山市、百色市分别排在倒数第二、第三，分别为33.82%和35.20%。

就农村经济建设方面的农业总产值来说，红河州居于11个边境州市之首，其2016年农业总产值为364.47亿元；排在第二、第三位的文山州和普洱市的农业总产值分别为265.27亿元和260.31亿元。在11个边境市州中，2016年农业总产值最低的边境市州为怒江州（32.34亿元），防城港市（83.45亿元）和德宏州（126.31亿元）则分别排在倒数第二、第三位。就森林覆盖情况来看，西双版纳州的森林覆盖率以80.80%位列第一，怒江州也达到75.31%，其他边境市州未能达到70%；森林覆盖率最低的是红河州，仅为49.50%，文山州和崇左市分别以50.80%和54.70%分居倒数第二、第三位。

表4-8　2016年西南11个边境市州城乡统筹发展情况

市州名称	城镇化率		农业总产值		森林覆盖率	
	单位（%）	排名	单位（万元）	排名	单位（%）	排名
防城港市	56.36	1	834500	10	58.77	8
西双版纳州	45.20	2	1622400	8	80.80	1
红河州	45.06	3	3644700	1	49.50	11
德宏州	43.48	4	1263100	9	68.78	4
普洱市	40.66	5	2603100	3	68.83	3
文山州	38.97	6	2652700	2	50.80	10
临沧市	38.96	7	2510100	4	64.69	7
崇左市	37.21	8	1710800	7	54.70	9
百色市	35.20	9	1845800	6	67.40	5
保山市	33.82	10	2495900	5	65.30	6
怒江州	30.08	11	323400	11	75.31	2

五 对外开放与安全功能维度

对外开放不仅是我国的一项基本国策，更是提升我国国际形象、友好睦邻的重要举措。边疆地区的对外开放与安全功能是其特有的功能，也是极其重要的功能，基于数据的易获取性及较强的可代表性，本小节采用进出口贸易总额和每万人刑事案件起数两个指标来评价边境市州、对外开放与安全功能发展情况。

由表4-9可知，西南11个边境市州中，2016年进出口贸易额最高的是崇左市，实现进出口贸易总额1229.60亿元；紧随其后的是防城港市和德宏州，其进出口贸易总额分别为579.75亿元和281.48亿元。11个边境市州中，进出口贸易总额最低的是怒江州，其值为1.01亿元；排在倒数第二、第三位的是保山市（17.61亿元）、文山州（39.20亿元）；倒数的三个边境市州的进出口贸易总额之和仅占到崇左市的4.7%。在11个边境市州中，进出口贸易总额在100亿元以下的5个边境市州都位于云南。总体来看，各边境市州之间对外经济发展差距较大且不平衡，应侧重加强部分边境市州的对外经济建设，例如，建设口岸、推动边民互市、发展当地特色产业等。

每万人刑事案件起数是一个负向指标，这里的数据是经过趋同化处理的。指标数是负数，数值越大，说明表现越好。从社会稳定与安全方面来看，在11个边境市州中，2016年做得最好的是临沧市，其每万人刑事案件起数仅为3.02起；其次是文山州和崇左市，各为3.13起和3.17起。在11个边境市州中，西双版纳州的每万人刑事案件起数为11.5起，是发生起数最多的市州。德宏州每万人刑事案件起数为7起，居于倒数第二位。倒数第三位是百色市，其每万人刑事案件起数为5.48起。观察整体数据可得，在3个低于11个边境市州每万人刑事案件起数平均水平（4.9起）的市州中，有2个是云南边境市州，其中德宏州和西双版纳州也是经济发展较好的区域，所面对的挑战和安全情况较多。

表 4 - 9　2016 年西南 11 个边境市州对外开放与安全功能情况

市州名称	进出口贸易总额		每万人刑事案件起数	
	单位(万元)	排名	单位(起)	排名
崇左市	12296034	1	- 3.17	3
防城港市	5797485	2	- 4.30	6
德宏州	2814824	3	- 7.00	10
西双版纳州	1357179	4	- 11.50	11
红河州	1333930	5	- 3.32	4
百色市	1324688	6	- 5.48	9
普洱市	742638.2	7	- 4.80	8
临沧市	458500	8	- 3.02	1
文山州	391963.6	9	- 3.13	2
保山市	176118.5	10	- 4.73	7
怒江州	10141.84	11	- 3.43	5

第四节　边境市州城镇化指数评价结果与比较分析

一　数据处理与模型

运用 SPSS22.0 软件，求各个指标的特征向量、特征值和方差贡献率。由累计贡献率可知，前 6 个主成分的累计贡献率为 93.28%，达到标准值，所以确定主成分个数为 6。另外设定特征值 >1，所以选取前 6 位，用 F_1，F_2，F_3，F_4，F_5，F_6 表示，并在研究中采用 6 个主成分对主体进行评价。

表 4 - 10　各主成分特征值、贡献率和累计贡献率

	特征值	贡献率(%)	累计贡献率(%)
1	8.89	30.67	30.67
2	7.83	26.99	57.66
3	4.97	17.13	74.80
4	2.76	9.52	84.31
5	1.59	5.48	89.80
6	1.01	3.48	93.28

表 4 – 11 主成分初始因子载荷矩阵

指标	主成分 1	主成分 2	主成分 3	主成分 4	主成分 5	主成分 6
GDP	− 0.21	0.91	0.11	0.03	0.32	0.11
GDP 增长率	− 0.51	− 0.22	0.37	− 0.38	0.59	− 0.21
人均地方公共财政预算收入	0.90	0.26	0.24	0.12	− 0.01	0.05
人均地方公共财政预算支出	0.48	− 0.67	0.37	0.28	0.06	0.26
非农产值比重	0.35	0.18	0.66	0.36	0.49	0.20
人均规模以上工业生产总值	− 0.20	0.24	− 0.64	0.56	− 0.24	0.05
经济密度	0.72	0.45	0.50	− 0.10	− 0.07	− 0.02
人均 GDP	0.81	0.25	0.47	− 0.19	0.03	0.13
人均居民储蓄余额	0.93	0.10	− 0.18	− 0.05	0.07	− 0.04
人均社会消费品零售额	0.85	0.14	− 0.20	0.30	− 0.18	− 0.25
城镇居民人均可支配收入	0.42	0.80	0.12	− 0.13	0.13	− 0.18
农民居民人均可支配收入	0.65	0.57	− 0.17	− 0.40	− 0.04	− 0.03
人均年末金融机构各项贷款余额	0.95	0.08	0.12	0.13	− 0.04	0.04
固定电话用户数	− 0.17	0.82	− 0.28	0.14	0.34	0.09
年末总人口	− 0.56	0.77	− 0.07	0.10	0.22	− 0.04
每万人中小学在校学生数	0.50	0.06	0.27	0.56	0.18	− 0.08
每万人中普通中学在校学生数	− 0.04	0.14	0.56	0.60	0.05	− 0.52
每千人约拥有医疗卫生机构病床数	0.31	0.03	− 0.73	0.46	0.22	0.02
每千人约拥有卫生技术人员数	0.75	− 0.12	− 0.54	− 0.11	0.27	0.11
新型农村合作医疗保险参保率	0.11	0.79	0.09	− 0.37	− 0.18	− 0.39
电视覆盖率	0.23	0.59	− 0.59	− 0.13	− 0.17	0.13
城镇化率	0.83	0.44	− 0.08	0.03	− 0.21	0.13
固定资产投资 (不含农户)	− 0.24	0.84	− 0.04	0.19	0.17	0.31
农业机械总动力	− 0.57	0.78	− 0.13	− 0.14	0.13	− 0.03
农业总产值	− 0.48	0.73	− 0.39	0.15	− 0.21	0.03
森林覆盖率	0.17	− 0.77	− 0.43	− 0.13	0.27	0.02
进出口贸易总额	0.23	0.20	0.43	− 0.69	− 0.08	0.20
每万人涉枪、涉毒案件起数	− 0.46	0.24	0.67	0.26	− 0.28	0.32
每万人刑事案件起数	− 0.48	0.26	0.73	0.20	− 0.33	0.04

表 4 – 12 旋转后的因子负荷矩阵

指标	主成分1	主成分2	主成分3	主成分4	主成分5	主成分6
GDP	– 0.07	0.32	0.05	0.02	0.25	0.11
GDP 增长率	– 0.17	– 0.08	0.17	– 0.23	0.47	– 0.21
人均地方公共财政预算收入	0.3	0.09	0.11	0.07	– 0.01	0.05
人均地方公共财政预算支出	0.16	– 0.24	0.16	0.17	0.05	0.26
非农产值比重	0.12	0.07	0.29	0.22	0.38	0.2
人均规模以上工业生产总值	– 0.07	0.09	– 0.29	0.34	– 0.19	0.05
经济密度	0.24	0.16	0.22	– 0.06	– 0.06	– 0.02
人均 GDP	0.27	0.09	0.21	– 0.11	0.02	0.13
人均居民储蓄余额	0.31	0.03	– 0.08	– 0.03	0.06	– 0.03
人均社会消费品零售额	0.29	0.05	– 0.09	0.18	– 0.14	– 0.25
城镇居民人均可支配收入	0.14	0.29	0.06	– 0.08	0.1	– 0.18
农民居民人均可支配收入	0.22	0.2	– 0.08	– 0.24	– 0.03	– 0.03
人均年末金融机构各项贷款余额	0.32	0.03	0.05	0.08	– 0.03	– 0.04
固定电话用户数	– 0.06	0.29	– 0.13	0.08	0.27	0.09
年末总人口	– 0.19	0.28	– 0.03	0.06	0.18	– 0.04
每万人中小学在校学生数	0.17	0.02	0.12	0.34	0.14	– 0.08
每万人中普通中学在校学生数	– 0.01	0.05	0.25	0.36	0.04	– 0.52
每千人约拥有医疗卫生机构病床数	0.1	0.01	– 0.33	0.28	0.17	0.02
每千人约拥有卫生技术人员数	0.25	– 0.04	– 0.24	– 0.06	0.22	0.11
新型农村合作医疗保险参保率	0.04	0.28	0.04	– 0.22	– 0.14	– 0.39
电视覆盖率	0.08	0.21	– 0.26	– 0.08	– 0.13	0.13
城镇化率	0.28	0.16	– 0.04	0.02	– 0.16	0.13
固定资产投资（不含农户）	– 0.08	0.3	– 0.02	0.11	0.13	0.3
农业机械总动力	– 0.19	0.28	– 0.06	– 0.08	0.1	– 0.03
农业总产值	– 0.16	0.26	– 0.18	0.09	– 0.16	0.03
森林覆盖率	0.06	– 0.28	– 0.19	– 0.08	0.21	0.02
进出口贸易总额	0.08	0.07	0.19	– 0.41	– 0.07	0.2
每万人涉枪、涉毒案件起数	– 0.15	0.09	0.3	0.15	– 0.23	0.32
每万人刑事案件起数	– 0.16	0.09	0.33	0.12	– 0.26	0.04

通过表 4 – 11 初始因子载荷及初始特征值的计算而得到旋转后因子负荷矩阵（表 4 – 12）可以计算得出主成分的计算表达式：

$Z_1 = -0.07X_1 - 0.17X_2 + 0.3X_3 + 0.16X_4 + 0.12X_5 - 0.07X_6 + 0.24X_7 + 0.27X_8 + 0.31X_9 + 0.29X_{10} + 0.14X_{11} + 0.22X_{12} + 0.32X_{13} - 0.06X_{14} - 0.19X_{15} + 0.17X_{16} - 0.01X_{17} + 0.1X_{18} + 0.25X_{19} + 0.04X_{20} + 0.08X_{21} + 0.28X_{22} - 0.08X_{23} - 0.19X_{24} - 0.16X_{25} + 0.06X_{26} + 0.08X_{27} - 0.15X_{28} - 0.16X_{29}$

$Z_2 = 0.32X_1 - 0.08X_2 + 0.09X_3 - 0.24X_4 + 0.07X_5 + 0.09X_6 + 0.16X_7 + 0.09X_8 + 0.03X_9 + 0.05X_{10} + 0.29X_{11} + 0.2X_{12} + 0.03X_{13} + 0.29X_{14} + 0.28X_{15} + 0.02X_{16} + 0.05X_{17} + 0.01X_{18} - 0.04X_{19} + 0.28X_{20} + 0.21X_{21} + 0.16X_{22} + 0.3X_{23} + 0.28X_{24} + 0.26X_{25} - 0.28X_{26} + 0.07X_{27} + 0.09X_{28} + 0.09X_{29}$

$Z_3 = 0.05X_1 + 0.17X_2 + 0.11X_3 + 0.16X_4 + 0.29X_5 - 0.29X_6 + 0.22X_7 + 0.21X_8 - 0.08X_9 - 0.09X_{10} + 0.06X_{11} - 0.08X_{12} + 0.05X_{13} - 0.13X_{14} - 0.03X_{15} + 0.12X_{16} + 0.25X_{17} - 0.33X_{18} - 0.24X_{19} + 0.04X_{20} - 0.26X_{21} - 0.04X_{22} - 0.02X_{23} - 0.06X_{24} - 0.18X_{25} - 0.19X_{26} + 0.19X_{27} + 0.3X_{28} + 0.33X_{29}$

$Z_4 = 0.02X_1 - 0.23X_2 + 0.07X_3 + 0.17X_4 + 0.22X_5 + 0.34X_6 - 0.06X_7 - 0.11X_8 - 0.03X_9 + 0.18X_{10} - 0.08X_{11} - 0.24X_{12} + 0.08X_{13} + 0.08X_{14} + 0.06X_{15} + 0.34X_{16} + 0.36X_{17} + 0.28X_{18} - 0.06X_{19} - 0.22X_{20} - 0.08X_{21} + 0.02X_{22} + 0.11X_{23} - 0.08X_{24} + 0.09X_{25} - 0.08X_{26} - 0.41X_{27} + 0.15X_{28} + 0.12X_{29}$

$Z_5 = 0.25X_1 + 0.47X_2 - 0.01X_3 + 0.05X_4 + 0.38X_5 - 0.19X_6 - 0.06X_7 + 0.02X_8 + 0.06X_9 - 0.14X_{10} + 0.1X_{11} - 0.03X_{12} - 0.03X_{13} + 0.27X_{14} + 0.18X_{15} + 0.14X_{16} + 0.04X_{17} + 0.17X_{18} + 0.22X_{19} - 0.14X_{20} - 0.13X_{21} - 0.16X_{22} + 0.13X_{23} + 0.1X_{24} - 0.16X_{25} + 0.21X_{26} - 0.07X_{27} - 0.23X_{28} - 0.26X_{29}$

$$Z_6 = 0.11X_1 - 0.21X_2 + 0.05X_3 + 0.26X_4 + 0.2X_5 + 0.05X_6 - 0.02X_7 + 0.13X_8 - 0.03X_9 - 0.25X_{10} - 0.18X_{11} - 0.03X_{12} - 0.04X_{13} + 0.09X_{14} - 0.04X_{15} - 0.08X_{16} - 0.52X_{17} + 0.02X_{18} + 0.11X_{19} - 0.39X_{20} + 0.13X_{21} + 0.13X_{22} + 0.3X_{23} - 0.03X_{24} + 0.03X_{25} + 0.02X_{26} + 0.2X_{27} + 0.32X_{28} + 0.04X_{29}$$

其中，上式中的 X 为因子分析中的原始变量标准化后的变量，Z_i 为主成分。

在得到主成分的得分之后计算综合得分，将标准化数据带入以上方程组，可得各评价对象的主成分得分。然后在此基础上，以方差贡献率为权数按照以下公式，计算综合得分。

$$Z = \left(\frac{\lambda_i}{\sum\limits_{i=1}^{m} \lambda_i} \right) Z_m, (i = 1,2,3\cdots,n)$$

二 综合评价结果分析

（一）综合评价结果得分及排名整体分析

依照西南边境城镇化评估指标体系，收集并核查了 2016 年度中国西南边疆 11 个边境市州的相关数据，运用主成分分析法，测算了各市州的综合评价值，按其评价分值高低进行了排序对比，具体结果如表 4 – 13 所示。

表 4 – 13 2016 年西南 11 个边境市州城镇化水平综合得分及排名

市州名称	所属省域	综合得分	排名
防城港市	广西壮族自治区	99.10	1
红河州	云南省	61.70	2
百色市	广西壮族自治区	38.51	3
文山州	云南省	36.89	4
德宏州	云南省	36.35	5
西双版纳州	云南省	32.75	6

市州名称	所属省域	综合得分	排名
崇左市	广西壮族自治区	32.75	7
保山市	云南省	27.54	8
普洱市	云南省	20.17	9
临沧市	云南省	19.45	10
怒江州	云南省	10.10	11

（二）综合评价结果聚类特征分析

在综合评价得分和排序的基础上，我们对西南 11 个边境市州城镇化水平评价结果进行了聚类分析。方差分析检验显示 $F = 94.66$，dig. = 0.000，说明聚类效果好。通过聚类分析，可将云南边境县市按照其新型城镇化发展水平分为四个类别：领先区域、相对领先区域、相对落后区域、落后区域，具体如表 4 - 14 所示。

表 4 - 14　西南 11 个边境市州城镇化水平区域分类

类别	边境县市名称
I 类区域 （领先区域）	防城港市
II 类区域 （相对领先区域）	红河州
III 类区域 （相对落后区域）	百色市、文山州、德宏州、西双版纳州、崇左市、保山市
IV 类区域 （落后区域）	普洱市、临沧市、怒江州

结合表 4 - 13 和表 4 - 14 来看：在西南 11 个边境市州中，防城港市以 99.10 分的综合最高得分居于榜首，第二位是云南省的红河州，其综合得分为 61.70 分；第三位百色市的综合得分为 38.51 分。而 11 个边境市州中，综合评价得分最低的是怒江州，其得分评价值仅为 10.10 分，倒数第二位临沧与倒数第三位普洱市的综合评价得分分别为 19.45 分和 20.17 分，整体水平表现较弱。

第一，在综合评价得分排序的结构上看，新型城镇化发展水平的分布已经呈现两头小中间大的橄榄形结构，符合经济社会发展空间分布的一般规律。虽然西南11个边境市州的最高得分区域与最低得分区域差距较大，第三位至第七位的市州均处于30～40分。

第二，聚类分析的区域分类结果符合综合评价得分排序情况，例如，居于第一位的防城港市综合评价实力最强，同样也属于领先区域。具体原因为其处于广西北部湾经济核心区域，具有极佳的区位优势。其港口对外开放的门户优势条件及中心城市的集聚效应，以及相应的政策条件支持，使其经济发展和社会民生各方面的工作领先于其他市州。而红河州虽然在综合得分上与防城港市相差较大，却居于11个边境市州第二名。红河片区面向越南、老挝等东南亚国家，其经济发展和边境口岸建设力度不断加大。近年来，红河州不仅被划为滇中城市群规划建设区域，在2019年8月2日《国务院关于印发新设6个自由贸易试验区总体方案的通知》中，红河片区在云南自贸试验区中占据14.12平方公里，可见，红河州的整体发展实力和发展建设进程正处于一个快速上升的阶段。

综合得分排名较低的怒江州、临沧市和普洱市，同时也是落后区域，主要原因为经济建设的自然地理条件较差（境内主要为高山险地），经济支撑产业较为单一且匮乏，财政收入来源不具有内生增长性，发展民生、城乡建设的成本较高。

三　各个发展维度评价结果分析

从各维度排序及其相互关系中，我们能够得出如下结论。

第一，除经济发展之外，社会发展排序与综合评价排序也存在较高的相关性，这说明经济发展当前仍然是促进云南边境市州新型城镇化发展的核心动力，社会发展也成为城镇建设水平的关键因素。这提醒我们看待边境城镇化发展问题时，经济发展仍然是重中之重，应当坚定地把推动产业发展、促进经济增长放在推动边境新型城镇化发展工作的核心

表4-15 2016年西南11个边境市州各维度评价得分及排名

市州名称	综合评价		经济发展维度		民生发展维度		社会发展维度		城乡统筹发展维度		对外开放与安全功能维度	
	得分(分)	排名	得分(分)	排名	得分(分)	排名	得分(分)	排名	得分(分)	排名	得分(分)	排名
防城港市	99.1	1	99.1	1	99.1	1	68.5	4	50.4	7	79.7	6
红河州	61.7	2	67.5	2	61.5	3	84.7	2	99.1	1	90.4	3
百色市	38.51	3	51.3	3	48.2	6	60.7	6	54.1	5	61.6	9
文山州	36.89	4	30.8	5	39.2	8	61	5	63.7	2	92.3	2
德宏州	36.35	5	19.7	7	52.5	4	76.6	3	37.7	9	39.8	10
西双版纳州	32.75	6	18.2	8	62.6	2	99.1	1	32.2	10	10.1	11
崇左市	32.75	7	38.1	4	43.1	7	36.8	10	58.3	3	99.1	1
保山市	27.54	8	26.3	6	49.3	5	37.4	9	49.6	8	65.1	8
普洱市	20.17	9	14.3	9	38.8	9	51.5	8	51.6	6	73.6	7
临沧市	19.45	10	14	10	29.9	10	55	7	55.3	4	83.1	5
怒江州	10.1	11	10.1	11	10.1	11	10.1	11	10.1	11	87.9	4

位置。

第二，综合评价排序与各维度排序之间、各维度排序彼此之间都存在某种程度背离。比如综合评价排名前三的边境市州中，其对外开放与安全功能维度排序有两个都没有进入前三位，其中广西的百色市更是处于第九位几乎垫底的位置。又比如德宏州、西双版纳州在民生发展、社会发展等维度表现较好，而在城乡统筹发展维度、对外开放与安全功能维度却垫底。而与西双版纳州的综合评价得分相同的崇左市，在各发展维度上的表现正与其相反。这一方面是由于更活跃的经济活动、更频繁的贸易交流以及不断推进的城镇化进程可能产生更多的社会冲突和安全问题。但另一方面也说明，我们快速城镇化过程中应关注各个发展方面，坚持以人为本理念，促进城镇的可持续性发展。

第三，除经济发展外，其他维度的表现也在一定程度上影响了各县市州综合评价的水平。比如红河州的各发展维度指标表现较好，维度排名均位于前三位，使得其在综合评价得分中表现突出。而在综合评价中表现最弱的怒江州，除其对外开放与安全功能维度位居第四之外，在其他发展维度上的表现均较差。

第五节　西南边境市州城镇化发展中的问题与政策应对

一　西南11个边境市州城镇化发展问题的比较分析

上文已对 11 个边境市州的综合发展情况进行了初步分析和总结。为了进一步分析 11 个边境市州在各个维度的发展状况，在结合综合评价值及各维度评价值的基础上构建了 11 个边境市州各个发展维度评价得分折线图（见图 4 - 3），更加直观地展示各边境市州分别在经济、民生、社会、城乡统筹、对外开放与安全功能方面之间的差异状况。也从具体指标的排序情况中，进一步分析 11 个边境市州在各维度的发展情况。

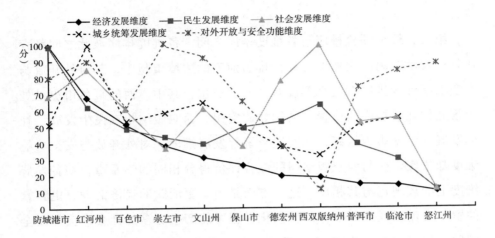

图 4 – 3　2016 年西南 11 个边境市州各维度评价值得分情况

（一）经济发展方面

由表 4 – 16 可以看出，在经济发展方面排名第一的防城港市，凭借着排名第一的人均地方公共财政预算收入、非农产值比重及经济密度稳居第一，因防城港市自身的经济发展体量较大，因此其 GDP 增长率的速度排名反而成为倒数第一；第二名的红河州，同样出现了 GDP 增长率成为倒数第三的情况，其人均地方公共财政预算支出排在倒数第二位，其他方面的指标排在第二、第三位。百色市 GDP 增长率指标排名第一，非农产值比重较高，境内生态及其旅游资源丰富，因此在经济发展方面位居前列。

在经济发展方面排名最低的怒江州，分别在人均地方公共财政预算支出和非农产值比重方面排名第一和第二位，这也表现出怒江州的经济发展与高的财政预算支出的相关关系。综合排名倒数第二的临沧市，各具体指标的排名大多在第八至第十位，但临沧市的人均规模以上工业生产总值排第四位，表明了临沧市的工业生产具有一定的发展基础和增长空间。综合排名倒数第三的普洱市，各具体指标排名基本靠后。普洱市的行政面积是 11 个边境市州中最大的，而其非农产值比重与经济密度指标均排第十位，可见普洱市整体经济发展状况较差，其公共财政投入建设压力较大。

表 4 – 16　2016 年西南 11 个边境市州经济发展维度具体指标排序情况

市州名称	综合排名	GDP	GDP增长率	人均地方公共财政预算收入	人均地方公共财政预算支出	非农产值比重	人均规模以上工业生产总值	经济密度
防城港市	1	5	11	1	2	1	9	1
红河州	2	1	9	2	10	3	1	3
百色市	3	2	1	7	8	4	10	5
崇左市	4	3	2	9	9	6	11	2
文山州	5	4	7	11	11	5	5	7
保山市	6	6	4	5	7	8	2	4
德宏州	7	10	5	4	3	7	6	6
西双版纳州	8	9	10	3	4	9	3	9
普洱市	9	7	6	6	5	10	7	10
临沧市	10	8	8	10	6	11	4	8
怒江州	11	11	3	8	1	2	8	11

（二）民生发展方面

由表 4 – 17 可以看出，在民生发展方面排名第一的是广西的防城港市，除固定电话用户数这一指标数排名第八外，其他指标均稳居第一，可见防城港市的民生建设工作完成较好。第二名的西双版纳州除固定电话用户数、城镇居民人均可支配收入两个指标外，其他方面的指标均排在第二位、第三位；第三名的红河州在各具体指标上多排在第四名、第五名，其城镇居民人均可支配收入指标更是位于第二。在民生发展方面综合排名最低的仍然是怒江州，其人均年末金融机构各项贷款余额指标排名第 7，说明政府对于民众进行生产活动的资金需求有一定支持力度。排在倒数第二或第三位的是临沧市和普洱市，其在各具体指标的排名基本较为靠后。

表 4 - 17 2016 年西南 11 个边境市州民生发展维度具体指标排序情况

市州名称	综合排名	人均 GDP	人均居民储蓄余额	人均社会消费品零售额	城镇居民人均可支配收入	农村居民人均可支配收入	人均年末金融机构各项贷款余额	固定电话用户数
防城港市	1	1	1	1	1	1	1	8
西双版纳州	2	3	2	2	7	2	3	7
红河州	3	5	4	5	2	4	4	1
德宏州	4	6	3	3	8	9	4	5
保山市	5	7	5	6	3	5	5	9
百色市	6	4	8	10	4	6	8	2
崇左市	7	2	6	11	5	3	11	10
文山州	8	11	10	4	6	10	9	4
普洱市	9	10	7	8	9	8	6	3
临沧市	10	9	11	7	10	7	10	6
怒江州	11	8	9	9	11	11	7	11

（三）社会发展方面

由表 4 - 18 可以看出，与经济、民生发展方面不同的是，在社会发展方面排第一位的是西双版纳州，其在卫生医疗资源投入工作中表现较好，需要在教育资源投入和农村医疗覆盖工作中加大建设力度。排第二名的红河州在社会发展方面需要改善和进步的方面与西双版纳州相似，但红河州在年末总人口指标上排名第一。综合排名第三的德宏州年末总人口排名第八，总人口较少，在其他具体指标的排名分布在第三到第六位，总体呈现相对平衡状态，需要同步加强教育、医疗保障等工作。

在社会发展方面，怒江州仍是发展最弱的一个州，但其每万人中小学在校学生数及每万人中普通中学在校学生数指标排名分别位于第三和第四，排名靠前，但在医疗资源相关具体指标中排名处于倒数后几位。崇左市排在倒数第二名，其在体现教育和医疗卫生资源的 4 个具体指标中均排在第九到第十一位。崇左市的行政区域面积是广西边境市州中最大的，所辖县（市）数是最多的，贫困县数量也较多，扶贫建设工作任务较重，但在新型农村合作医疗保险参保率指标上排到第二位，可见城乡及扶贫工作初见成效。

表 4 - 18　2016 年西南 11 个边境市州社会发展维度具体指标排序情况

市州名称	综合排名	年末总人口	每万人中小学在校学生数	每万人中普通中学在校学生数	每千人约拥有医疗卫生机构病床数	每千人约拥有卫生技术人员数	新型农村合作医疗保险参保率	电视覆盖率
西双版纳州	1	9	7	11	1	1	10	3
红河州	2	1	5	7	2	5	8	1
德宏州	3	8	4	5	3	3	6	5
防城港市	4	10	1	2	9	2	1	6
文山州	5	3	2	1	5	8	3	8
百色市	6	2	6	6	8	4	4	7
临沧市	7	6	8	8	7	11	5	4
普洱市	8	4	10	9	10	6	9	2
保山市	9	5	11	3	4	7	7	10
崇左市	10	7	9	10	11	10	2	9
怒江州	11	11	3	4	6	9	11	11

（四）城乡统筹发展方面

由表 4 - 19 可以看出，红河州在城乡统筹发展方面排名第一，表现优异。其在森林覆盖率指标上表现最弱，排在倒数第一位。综合来看，11 个边境市州 2016 年的森林覆盖率平均水平远远高于全国同期水平，最低的红河州也达到 49.50%；排名第二的是文山州，其在城镇化率、固定资产投资（不含农户）及农业机械总动力指标上排名均位于第五或第六位；比较突出的是其农业总产值指标排名第二，也符合该州主体经济发展支柱是特色农产品的定位。排名第三的是广西崇左市，其固定资产投资（不含农户）及农业机械总动力指标排名较前，分列于第四和第三位，其他指标处于中等位置。

怒江州仍是城乡统筹发展最弱的一个边境州，除在森林覆盖率指标排名第二之外，其他各项指标均排在最后一位。怒江州区域内可耕作利用土地较少，城镇建设难度较大，扶贫工作进展较慢，仍需要各方面的努力和坚持。排在倒数第二的是西双版纳州，其在固定资产投资（不含农户）、农业机械总动力和农业总产值指标上排第九或第八名。西双版纳州主要以旅游业为经济发展支柱，从指标排名表现中，可以看出其城镇化率较高，城镇建设较好，但农业相关建设相对落后。排倒数第三位的是德宏州，其指标表现情况与西双版纳州大体相同。

表 4 – 19　2016 年西南 11 个边境市州城乡统筹发展维度具体指标排序情况

市州名称	综合排名	城镇化率	固定资产投资（不含农户）	农业机械总动力	农业总产值	森林覆盖率
红河州	1	3	1	1	1	11
文山州	2	6	6	5	2	10
崇左市	3	8	4	3	7	9
临沧市	4	7	3	7	4	7
百色市	5	9	2	2	6	5
普洱市	6	5	8	4	3	3
防城港市	7	1	7	10	10	8
保山市	8	10	5	6	5	6
德宏州	9	4	10	8	9	4
西双版纳州	10	2	9	9	8	1
怒江州	11	11	11	11	11	2

（五）对外开放与安全功能方面

由表 4 – 20 可以看出，在对外开放与安全功能方面做得最好的是广西的崇左市，其在进出口贸易总额这一指标排在了第一位，充分展现其边境口岸和边民互市点数量较多的优势，其在体现安全的每万人涉枪、涉毒及刑事案件起数指标上排名也位于第四或第三，案件较少。综合排名第二的是文山州，其在社会安全功能方面表现极佳，排第一或第二名，但进出口贸易总额排名较靠后，位于第九。综合排名第三的红河州的进出口贸易总额指标排名为第五，每万人涉枪、涉毒案件起数位于第二，各项指标的排名整体位于前列。

在对外开放与安全功能方面，发展最弱的是西双版纳州，其次是德宏州和百色市，这三个边境市州均在进出口贸易总额指标排名中名列前茅，其安全稳定指标均位于倒数后三，结合其他发展方面来看，经济发展较好的这三个边境市州在对外开放取得较好成果的同时，社会稳定与安全也面临较多冲击和挑战，表明这三个边境市州下一步应加强社会稳定和安全监管工作。

表4-20　2016年西南11个边境市州对外开放与安全功能维度具体指标排序情况

市州名称	综合排名	进出口贸易总额	每万人涉枪、涉毒案件起数	每万人刑事案件起数
崇左市	1	1	4	3
文山州	2	9	1	2
红河州	3	5	2	4
怒江州	4	11	3	5
临沧市	5	8	5	1
防城港市	6	2	7	6
普洱市	7	7	6	8
保山市	8	10	8	7
百色市	9	6	9	9
德宏州	10	3	10	10
西双版纳州	11	4	11	11

二　西南边境市州城镇化发展中存在的主要问题

从西南11个边境市州2011~2016年的各个具体指标基础数据及各个发展维度变化的情况来看，西南边境市州城镇化仍存在一些值得思考的问题。

（一）城镇整体发展滞后，边境市州空间发展不平衡，城镇发展方式粗放，产业结构不合理，产业支撑性不强

第一，西南11个边境市州的城镇化发展总体滞后。从城镇化率指标来看，2016年全国城镇化率为57.4%，而在11个边境市州中除防城

港市外,其余市州均低于同期全国平均水平,最低的怒江州仅为30.08%,超过40%的仅有5个市州。

第二,西南11个边境市州中存在发展不协调、不平衡问题。从GDP绝对值来看,广西边境市州总体上要比云南边境市州表现好,其GDP指数排名占据了第二、第三、第五名,这三个边境市州GDP占11个边境市州的35.6%。从年均增速上看,云南的边境市州发展势头比广西的更强,广西的3个边境市州在年均增速排名中处于后三位中。

第三,从2016年西南11个边境市州的产业构成来看,相较于同期全国第一产业占比8.1%的水平,11个边境市州的第一产业比重均较高。在经济维度表现最好的防城港市的第一产业比重也达到12.22%。另外值得注意的是经济维度的排序情况与非农产值比重排名相关性较高。综上所述,从三产产值比重构成来看,边境市州的第二产业比重较低,工业化落后,城镇建设没有与第二、第三产业形成联动、协同发展,无法形成规模较大的产业集聚,产业结构缺乏合理性,产业发展缺乏支撑性。

(二)城乡矛盾突出,城镇发展理念缺乏创新,城镇建设自主发展动力不足,体制机制存在障碍

第一,财政发展能力和自我供给能力都比较薄弱。2016年西南11个边境市州的公共财政预算总收入为582.07亿元,而地方公共财政预算支出总计达2329.33亿元,财政自给率仅为24.99%。其中怒江州财政自给率最低,仅为11.35%。在11个边境市州中,没有实现财政盈余的市州,有5个边境市州的财政自给率低于20%。西南边境市州经济发展类型多为资源型,经济增长缺乏主导产业,自我积累、自我发展的能力不强,导致缺乏内生动力及发展资金等成为普遍现象。

第二,边境市州内部发展不平衡不协调,其原因除固有的地理自然因素之外,也存在城镇发展规划缺乏统一性因素。在边境市州各自的城镇建设过程中,对城乡统筹建设重视不够,城市建设和农村发展不协

调，没有从根本上解决"三农"问题。从 2016 年西南 11 个边境市州的城乡居民可支配收入看，11 个边境市州城镇居民可支配收入的平均水平为 23521.3 元，农村居民可支配收入的平均水平为 8189.2 元，农村居民可支配收入仅为城镇居民可支配收入的 34.82%，城乡居民可支配收入的绝对值相差达到 15332.1 元。

第三，结合民生发展维度排序的情况来看，可支配收入决定城乡居民的消费能力和生活水平。反映消费能力的人均居民储蓄余额及人均社会消费品零售额指标排名与城乡居民可支配收入指标排名呈正相关，并且影响综合评价值排名。而从表 4 - 18 可以看出，社会发展维度的具体指标与综合评价排名出现了不同程度的背离。例如综合排名第一的西双版纳州，在医疗卫生有关的指标上，排名第一，但在每万人中小学在校学生数和每万人中普通中学在校学生数排名却分别在排在第七和第十一名。综合排名最末的怒江州，表现正好与其相反。民生发展、社会发展维度中出现的问题，反映的是相应的社会保障、就业及户籍管理制度的改革滞后，城镇建设过程中出现体制机制的障碍。

（三）城镇建设受理念束缚，生态资源保护工作不到位，人文历史内涵及文化价值未能完全利用

第一，经济发展较为落后的西南边疆区域，生态资源较好。例如，反映边境市州生态资源情况的森林覆盖率这一指标，排名最高的西双版纳州达到 80.8%，排名最低的红河州覆盖率也已经达到 49.5%，11 个边境市州的森林覆盖率平均水平高达 64.08%。相比较全国而言，西南边境市州生态资源丰富，自然及生物资源拥有量位居全国前列。但是，西南边境市州由于科技及人力资源的缺失，对土地、水、环境等生态资源的深度开发缺乏科学指导与经验，致使生态资源可持续利用的基础设施建设缺乏统筹规划。城镇基础设施建设力量和方式较为单一，目前大部分依靠政府财政投入建设，自我增长及社会就业压力也较大。

第二，由表 4 - 19 城乡统筹发展维度观察得出，这一发展维度综合

排名与城镇化率、森林覆盖率大体上出现背离情况，例如，综合排名前五的市州，除去红河州的城镇化率排第三之外，在城镇化率及森林覆盖率指标上排名均未在前五；又比如综合排名倒数后三的市州，森林覆盖率均排在前五，其中的德宏州和西双版纳州的城镇化率更是分列第四和第二位。这也说明在边境市州发展过程中，生态资源未能被有效利用及城乡统筹建设滞后的现状。

第三，边境城镇化过程中出现了急于赶超、盲目跟风、贪大图洋等观念，主要表现在着重抓项目和基础设施建设，在建设过程中大拆大建，城镇建设的无计划使耕地资源被占用，使生态资源被浪费，致使人地矛盾日益尖锐。这既反映城镇规划科学性、权威性的欠缺，也是观念扭曲、对城市发展调控不力带来的后果。盲目推进城镇化建设，造成城市形态扭曲，使城市缺乏其应有韵味和内在魅力。在思想和行动方面都没有扎根于多元的文化特点，在大力推进城镇化的过程中，过于追求"花架子"，高楼大厦、玻璃幕墙、统一规划的工业园到处可见，市政功能增强和环境设计被忽视，其结果是"百城一面"，缺乏各自的风格和韵味。应当在规划中充分体现民族文化，特别是探索不同区域的民族文化特色，展示各民族文化。

（四）对外开放深度和广度不够，社会民主和法治意识淡薄

第一，由表4-20对外开放与安全功能维度评价排序情况观察可知，这一维度的综合排序与进出口贸易总额，每万人涉枪、涉毒及刑事案件起数相关。例如，这一发展维度综合排名第一的崇左市进出口贸易总额指标排名第一，但其他指标分列第四与第三位；而综合排名第二、第三的文山州与红河州进出口贸易总额排名较靠后，分别为第九、第五名，但其他指标排名均为前五名。由此可知，边境市州未能和对外开放与安全实现协调发展。

第二，值得注意的是，其他四个发展维度均排名末位的怒江州，在对外开放与安全功能发展维度排第四位，其进出口贸易总额指标排第十

一名，而每万人涉枪、涉毒及刑事案件起数指标却分列第三和第五名，使得其综合评价排名较高。德宏州与西双版纳州正好与怒江州的排名情况相反，德宏州和西双版纳州虽然在进出口贸易总额指标排第三、第四，但因其每万人涉枪、涉毒及刑事案件起数指标却分列第十和第十一，故在对外开放与安全功能维度综合评价中德宏州和西双版纳州分列第十和第十一。可见，边境市州在发展经济、促进对外开放的同时，也会面临一定的社会冲击和安全挑战。边境市州在城镇发展过程中，对于社会安全稳定工作应更加重视。

第三，结合表 4-13 西南 11 个边境市州城镇化水平综合得分排序情况可知，综合排名第二的红河州、第三的百色市和第四的文山州，各自的进出口贸易总额指标排名分别为第五、第六和第九，故城镇化水平综合排名位居前五的市州中，有三个市州的进出口贸易总额排名位于第五位之后。由此可见，在边境市州城镇发展过程中，对外开放建设仍有不足。

三　推进西南边境市州城镇化健康发展的政策建议

（一）依法规划城镇发展和统筹城镇布局，把握城镇化发展规律，打造健康科学的城镇体系；调整产业结构，优化产业布局，促进城镇化科学健康发展

结合国家主体功能区规划以及云南、广西的沿边开放规划等文件，对西南边境市州的城镇化发展以及城镇布局进行科学优化，最大限度地利用和开发好各边境市州独特的自然禀赋，已形成相辅相成、科学合理的"五位一体"城镇发展格局。加快西南边境市州的城镇化进程，形成相应的新经济增长极，带动县域城镇发展，缩小边境市州内部发展差距。边境市州的地理条件和资源禀赋不尽相同，具有很大的独特性，因此要科学编制城镇发展规划，比如科学布局城镇体系，确保规划符合程序规范、科学民主的原则，并严格落实。

现阶段既要加快市州经济发展，也要提高人均 GDP，缩小与全国

平均水平及其他发达地区的差距，协调发展速度与质量。对于经济较发达的边境市州，主要保证发展质量。从西南 11 个边境市州的 GDP 构成情况来看，突出难点是经济发展最为落后的怒江州，其第三产业比重排名最高，非农产值比重也位居第二。结合怒江州严峻的自然地理环境来看，经济维度的排序情况与非农产值比重排名相关性较高，这说明第一产业是经济发展的基础，第二、第三产业是经济发展的动力与引擎。农业的发展、农村社会的稳定是城镇化的基础，在推进城镇化建设中注重产业结构调整，在侧重发展第二产业、第三产业的基础上，加快农业现代化建设是必要举措。

（二）创新政府治理理念，进一步加大城镇基础设施建设力度，落实城镇建设过程中的配套保障制度，推进城乡统筹发展

创新政府治理理念，为城镇建设提供动力支撑；加强政府监管，为城镇化发展保驾护航；改革城建投融资体制，为城市化发展提供资金支持。在西南边境市州城镇化发展过程中，缺少政府主导作用是不可行的，而政府治理理念的创新是实现城镇建设过程中城乡统筹发展、保障社会公平和正义的有力抓手。

坚持以人为本，统筹区域资源配置，推进城乡一体化发展，促进城镇可持续发展。政府不断进行制度创新，不断着力于城镇发展软环境的改善。另外，在加大政府对社会事业建设力度和扶贫开发支持力度的同时，积极组织整合社会力量和资源来发展城镇基础设施，以改善西南边境市州城镇投资和发展的基础环境。

2014 年 3 月召开的中央城市化工作会议通过了《国家新型城市化规划（2014～2020 年）》，提出了新型城市化的发展理念，明确了新型城市化以人为核心的观念。现阶段，"人的城市化"是西南边境市州城镇进一步发展的瓶颈，突破这一瓶颈就应具体问题具体分析。深入分析城镇建设体制机制的障碍，在促进各边境市州城镇发展过程中，根据边境市州各自的薄弱环节和机制障碍进行解决和落实。

遵循创新理念，引入科技手段对城市发展的相关数据和信息进行分析处理。重点关注"农转非"人口及家庭的户籍制度、教育和社会保障政策的落实，对不同边境市州的不同问题有针对性地解决和处理。提高农村在资源、权力分配和公共产品供给方面的权重等，实现城乡统筹发展和公正公平，丰富城镇化发展的内涵。

（三）坚持生态发展理念，丰富城镇发展内涵，恢复人文历史文化，开发民族特色资源，创新城镇建设理念

坚持生态发展理念、丰富城镇发展内涵要从两方面来说。一方面，边境市州城镇化的生态建设，要将坚持生态发展具体落实在城镇建设的各个方面上。确定生态化城镇建设的基本目标和原则，制定生态城镇建设的路径，充分发挥政府主导作用进行统筹规划，以确保生态城镇建设的持续稳定。边境市州各自拥有的生态资源类型不一，且部分市州的生态环境脆弱，坚持生态底线是城镇建设的基准，要在政府主导下推进城镇建设，通过各种管理手段来实现目标。例如，通过相对清晰完善的法律制度及条规和发挥民众监督管理职能来对破坏生态资源的行为进行约束和管理，另外通过规划建设先进的基础设施来减少对生态环境的破坏。

另一方面，挖掘边境市州的人文资源和少数民族文化资源来丰富城镇发展的内涵和精神。西南边境市州多为少数民族聚居地，历史底蕴深厚，民族特色资源较为丰富。各民族长期和睦相处、相互影响，形成民族风情各异、文化形式多样、民族建筑林立、民族节日众多的特色繁荣景象。依托边境市州特有的少数民族文化资源，重点建设民族文化资源项目，发展特色边境城镇化。

（四）扩大对外开放，深化对外开放层次；加强法治意识建设，提高政府治理能力，提高公共安全水平

西南边境市州面向南亚、东南亚各国，其城镇发展对于对外开放、对内稳定具有重要意义。对外开放是实现经济发展，与南亚、东南亚各国友好往来、共同进步的要求；也是实现边境市州社会稳定、人们安居

乐业的本质要求。

　　坚持对外开放、发挥西南边疆的门户功能是西南边境市州城镇发展的要义之一。扩大对外开放，深化对外开放层次，是西南建设繁荣新城镇重要举措之一，也是我国落实"一带一路"倡议的重要途径，更是我国与南亚、东南亚各国进行经济往来、民间交流的重要方式。西南各边境市州的自然环境、交通条件等各不相同，应根据实际情况，发展当地的支柱产业。例如广西的防城港市具有得天独厚的港口优势，应突出其航运、城市交换功能；而云南的文山州生产特色农产品、中草药，应发展药物研发、特色农业旅游等产业。应结合各边境市州的自然资源优势、产业发展基础，增强产业发展潜力，在第二轮西部大开发、"一带一路"建设背景下，充分利用国内和国外两个市场，建成对外开放的特色边境市州。

　　城镇建设及发展对社会稳定和安全有一定的要求，经济发展和安全稳定功能实现对边境市州城镇建设、国家整体的繁荣富强具有重要意义。保障居民生命和财产安全，让人民拥有安全感，是建设宜居的边境城镇的基础要求。提高公共安全水平，不仅仅是指抵御自然灾害的能力提高。在新时代背景下，非传统安全成为安全挑战的重要因素。一方面，政府应转变治理理念，运用先进的科学技术手段，增强应对非传统安全挑战的治理能力；另一方面，加大法律法规知识的宣传力度，增强民众法治意识，加强政治理念的培养，提高民众自我抵御风险的能力。

第五章　西南边境县级城镇链

县域是行政层级中的基础单元，县域经济是国家经济社会发展的重要基础。本章通过对西南地区 32 个边境县域城镇化发展概况的整体介绍，建立科学、客观的指标体系与指数，基于真实区域数据，对西南边境县域城镇化水平进行评估，掌握和了解边境县域城镇化的客观发展状况，以期对西南边境县域城镇化建设提出一些有针对性的对策建议。

第一节　西南边境县域城镇化发展概况

一　西南边境县域城镇化发展历程

边境城镇的形成与国家和民族之间经济来往有密切的关系。自古边境地区就有经贸商旅的集市，大多数城镇的雏形便由此形成。民族文化交流和少数民族文化的发祥地对城市的发展更有不可或缺的影响。边境城市的形成受社会历史条件的制约，是自然、社会、经济多种因素交互作用的结果。参考相关研究，我国边境城市发展历程可归纳为几个阶段。

第一阶段：边境县域是基于经济目的和军事需求形成的，在生产力水平较低的情况下，通过修筑城墙来实现安全功能。随着生产技术的发展和生产方式的变革，边境独特的交通条件和经济条件，促成了具备贸易和防御双重功能的城镇的形成，例如，广西的凭祥市、云南的河口瑶族自治县。

第二阶段：自新中国成立以来，我国主权得到恢复和强化。改革开放从沿海到内陆不断深入，边境城市从以传统的军事防御为主的区域转变为发展经济的重要战略区域。位于西南边境线上的众多城市，就是因改革开放的契机而获得发展。例如，云南的畹町、瑞丽都率先跨入小康城市之列。边境城市利用其特有的区位，加强其经贸口岸作用，为国家经济做贡献，承担了经济开放门户的任务。在国家宏观区域发展战略层面上，从"八五"计划时期（1991～1995年）到以西部大开发为标志的区域协调发展阶段，国家明确开始加大对中西部地区的投资比重，资源开发与建设项目在同等条件下，西部实行优先政策，并且积极引进建造、投资产业。2003年，中共十六大报告提出国家对欠发达地区的资助重点放在贫困人口相对集中的中西部少数民族地区、革命老区、边疆地区和一些特困地区。国家关于城市发展的方针随着不同的历史时期及其政治因素影响，有不同的调整。1978～1983年，城市规模发展政策初步形成。在此期间，国务院召开的第三次城市工作会议把"控制大城市规模，多搞小城镇"确定为国家的城市发展方针。1984～1991年，城市发展策略是控制大城市规模、合理发展中等城市和小城市。1992～1999年，国家开始反思当前的城市规模，出现协调发展的思想。2000～2005年，国家逐步明确了各种行政级别城市的城镇化方略，并将发展小城镇作为推进中国城镇化的重要途径。

二　边境县域城镇化在西南城镇化发展中的地位和作用

边境县域是地区经济发展的重要表达体，城镇建设是继原始社会、农业社会之后工业化发展的必然导向，更是衡量我国和边境县域经济社会发展水平的重要标志。西南边境县域是我国少数民族聚居的地方，又由于其具有"门户"意义，在政治和经济上都具有重要而特殊的地位。在历史条件和政策的影响下，边境县域经济、社会等各方面的发展远不及中心城市。并且由于管辖行政单位不同，地理条件、自然资源禀赋等不一致，加之历史上受战争因素的影响，边境县域基础设施投入不足，大部分城镇化发展处于落后地位。也正因为所处文化背景、地理区域存在差异，各地区的城镇化模式及进程都不尽相同。

在"扶贫开发"以及"一带一路"对外开放建设的进程中，边境县域的城镇化发展直接关系着边疆区域在经济全球化格局中担任的角色。受益于近年来西部大开发和"兴边富民"政策的支持，边境县域城镇化发展水平显著提高。随着国家的持续重点关注，云南、广西和西藏地区也充分认识到边境的重要性，通过"扶贫开发""云南省沿边地区开发开放规划""兴边富民"等举措，加快了边疆区域基础设施建设，例如，农村道路硬化率、通达率，农业产业化水平，互联网和电视覆盖率等都有所提高，为推进新型城镇化建设巩固了发展基础。西南边境县域内开设的口岸较多且具有边贸优势，但由于政治和军事因素的影响，在很长一段时间的发展和建设中都相对滞后。边境县域城镇化发展状况依然存在内部发展不协调、城镇产业结构不合理、后劲不足、规模效益不大、农业生产和生活条件差等问题。西南边境县域城镇化建设应从全局意识出发，依托整体区位优势，因地制宜发挥自我优势；依托自然资源禀赋及口岸资源，根据各县域特点，发展建设具有边境及民族特色的城镇，促进我国新型城镇化建设整体朝健康有序的方向发展。

三　西南边境县域概况

西南边疆省区中，云南共有 25 个边境县分别与缅甸、老挝和越南交界，国境线长 4060 公里；广西是西南边疆区域中唯一同时具有海岸线和陆地边境线的自治区，分布着 8 个边境县（市、区）。西藏是祖国西南边陲的重要门户之一，与印度、不丹、尼泊尔和缅甸等多国相邻，国境线长达 3842 公里，境内共有 8 个边境县。在这里，我们主要关注云南和广西的陆地边境县域，即云南 25 个边境县域、广西除防城区之外的 7 个边境县，如表 5－1 所示，具体概况如下所示。

（一）泸水市

泸水市为云南省县级市，位于云南省西北部，西与腾冲市和缅甸毗邻，国境线长约 136 公里，约占云南省边境线的 3.36%。属印度洋热带季风气候类型，主要特点表现为干湿明显、地域差异明显，有"一江两山三气候"及"一山分四季，十里不同天"之说。

（二）福贡县

福贡县地处滇西北横断山脉中段碧罗雪山和高黎贡山之间的怒江峡谷，西与缅甸接壤，边境线长约 142 公里。县域内气候垂直变化显著，并受印度洋、太平洋季风双重影响，春、夏、秋季为雨季。

（三）贡山独龙族怒族自治县

贡山独龙族怒族自治县（简称"贡山县"）地处怒山山脉、滇西北怒江大峡谷北段，西与缅甸毗邻，国境线长约 172 公里。呈"三山夹两江"高山峡谷地貌，境内海拔高差达 3958 米，故立体气候和小区域气候特征明显。

（四）腾冲市

腾冲市位于云南省西部，西北、北与缅甸接壤。距缅甸密支那 200 公里，距印度雷多 602 公里，是中国通向南亚、东南亚的重要门户和节点。腾冲市属热带季风气候，主要特点是冬、春季天气晴朗，气候暖和；夏、秋季晴雨相兼，气候凉爽宜人。

（五）龙陵县

龙陵县位于云南省西部，国境线全长约 19.7 公里。且地处怒江、龙川江两江之间与怒江大断裂带处，地势呈中部高而东西倾斜之势，属于典型的山区县；兼具低纬度、季风和山原地势气候特征，年降水充沛，约2300毫米，有"滇西雨屏"之称。

（六）芒市

芒市位于云南西部，南与缅甸交界，国境线长约68.3公里。芒市地处低纬高原，热量丰富，气候温和，属南亚热带季风气候。

（七）瑞丽市

瑞丽市为云南省县级市，位于云南省西部，西北、西南、东南三面与缅甸毗邻。它是西南最大的陆路口岸，更是中国优秀旅游城市之一。其属于南亚热带季风性气候，冬无严寒，夏无酷暑，花开四季，终年结果，是一块不可多得的热区宝地。

（八）盈江县

盈江县位于云南省西部，西与缅甸为界，境内32条主要通道穿越约214.6公里的国境线与缅甸克钦邦相通，是中国内地连接南亚、东南亚的黄金口岸通道。其地处喜马拉雅山延伸的横断山脉的西南端，具有南亚热带季风气候，属于典型的山区县。

（九）陇川县

陇川县位于中国西南边陲，与缅甸山水相连，国境线长约50.9公里。县境内高黎贡山余脉纵贯，东北高峻，西南低平。地貌特征为"三山两坝一河谷"，具有南亚热带季风气候，雨量充沛，日照充足，热量丰富。

（十）镇康县

镇康县位于云南省西南部，西与缅甸掸邦第一特区果敢相连，国境线长约96公里。县域内以山区为主，属低纬山地南亚热带季风气候，立体气候显著，大部分地区天气较热，日照充足，雨量充沛，干湿季分明。

（十一）耿马傣族佤族自治县

耿马傣族佤族自治县（简称"耿马县"）位于云南省临沧市西南部，西与缅甸山水相连，国境线长约 47.4 公里。其是临沧乃至昆明通往缅甸仰光以及皎漂港口最便捷的陆上通道。县内多为山地，耿马县属于南亚热带季风气候。

（十二）沧源佤族自治县

沧源佤族自治县（简称"沧源县"）位于云南省临沧市西南部，西部和南部与缅甸接壤，国境线长约 147 公里，是临沧市唯一的革命老区县。沧源县属于亚热带低纬山地季风气候，年平均气温 17.2°C 左右，无霜期 290 天。

（十三）江城哈尼族彝族自治县

江城哈尼族彝族自治县（简称"江城县"）位于云南省南部，东南与越南接壤，南与老挝交界，边境线长约 183 公里。地处横断山脉，在无量山尾端，地形起伏大。地势西北高、东南低，属于亚热带湿润气候，冬夏两季短，春秋两季长。

（十四）孟连傣族拉祜族佤族自治县

孟连傣族拉祜族佤族自治县（简称"孟连县"）地处云南省西南部，西部和南部与缅甸相连，国境线长约 133 公里，是通向缅甸、泰国等东南亚国家的重要门户。县域内属于南亚热带气候类型，气候垂直变化明显，冬无严寒，夏无酷暑，四季如春。

（十五）澜沧拉祜族自治县

澜沧拉祜族自治县（简称"澜沧县"）位于云南省西南部，西部和西南部有两段与缅甸接壤，国境线长约 80 公里。地处横断山脉怒山南段，地形地貌复杂，地势西北高、东南低，具有南亚热带夏湿冬干的山地季风气候，海拔高低悬殊，立体气候明显。

（十六）西盟佤族自治县

西盟佤族自治县（简称"西盟县"）位于云南省西南部，西部与缅甸相邻，国境线长约 89 公里，地处怒山山脉南段，属于中高山峡谷地带，河流属于怒江水系，受孟加拉湾西南暖湿气流影响，具有亚热带海洋性季风气候。

（十七）景洪市

景洪市为云南省县级市，位于云南省南端，南与缅甸接壤，国境线长约 112 公里。素有"东方多瑙河"之称的澜沧江—湄公河纵贯全境，景洪成为中国进入东南亚各国和对外交流的一座重要港口城市，境内为北热带和南亚热带湿润季风气候。

（十八）勐海县

勐海县位于云南省西南部，西面和南面与缅甸接壤，国境线长约 146.6 公里。勐海县不仅是闻名中外的产茶区，还是国家级粮食生产基地和糖料基地。境内属于热带、亚热带西南季风气候，主要特点是冬无严寒，夏无酷暑，年温差小，日温差大，雾多。

（十九）勐腊县

勐腊县位于云南省最南端，东面与南面被老挝半包，西南与缅甸隔澜沧江相望，国境线长约 740.8 公里。勐腊县还是澜沧江—湄公河区域经济技术合作的门户及黄金水道的接合部，是中国大陆通向中南半岛的走廊。勐腊县属于亚热带季风气候，终年暖热，冬无严寒，夏无酷暑。

（二十）金平苗族瑶族傣族自治县

金平苗族瑶族傣族自治县（简称"金平县"）位于云南省东南部，南与越南老街省及莱州省接壤，边境线长约 502 公里。金平地处滇南低纬高原地区，由于海拔高差殊异，地形复杂，属于热带季风气候带，形成"十里不同天"的特殊气候。

（二十一）绿春县

绿春县位于云南省南部，东南与越南毗邻，国境线长约 153 公里。绿春县气候类型为亚热带山地季风气候，是云南省典型的湿热地区之一。建县时原名"六村",周恩来依据境内"青山绿水、四季如春"的特点,将其改名为绿春。

（二十二）河口瑶族自治县

河口瑶族自治县（简称"河口县"）位于云南省东南部,南与越南老街省相邻,国境线长约193公里。境内以山区为主,属于热带季风雨林温热型气候。滇越铁路、昆河公路、红河航道在此形成枢纽与越南对接,是云南省乃至西南地区通向东南亚、南太平洋最便捷的陆路通道。

（二十三）马关县

马关县位于云南省东南部,南与越南接壤,国境线长约138公里。境内气候类型横跨北热带、南亚热带、中亚热带和北亚热带,具有低坝河谷炎热、中山浅丘温暖、高山温凉、冬无严寒、夏无酷热、干雨季分明等特点。

（二十四）麻栗坡县

麻栗坡县位于云南省东南部,南部与越南五县一市接壤,国境线长约277公里。县境内有1个国家级一类口岸、14个边民互市点和108条边境通道。麻栗坡县地处低纬度,属于南亚热带高原季风气候。

（二十五）富宁县

富宁县位于云南省东南部,南与越南河江省接壤,地处两国三省十县结合部,是云南通往广西、广东等沿海地区的重要门户。境内属于南亚热带季风气候,春温高于秋温,雨热同季,立体气候明显。境内有四季之分,但不明显。

（二十六）那坡县

那坡县位于广西西南边陲、云贵高原余脉六韶山南缘,南面和西南面与越南接壤,边境线长约207公里。县域属于亚热带季风气候区,2～4月冷空气活动频繁,常出现低温阴雨甚至倒春寒天气,不利于农业生产。

（二十七）靖西市

靖西市位于中国南疆边陲，南与越南交界。靖西市属于亚热带湿润季风气候，四季温暖湿润，夏无酷暑，冬无严寒，气候宜人。

（二十八）大新县

大新县位于广西西南部，西与越南毗连，国界线长 40 余公里。境内属于亚热带季风气候，冬春微寒，夏季炎热、雨量较多，有时出现汛期，秋季凉爽，秋、冬、春三季降雨量较少，无霜期长达 341 天。

（二十九）龙州县

龙州县位于广西西南部，西北与越南接壤，是一座具有 1290 多年历史的边关商贸历史文化名城。它既是广西最早对外开放的通商口岸，也是我国与东南亚各国进行文化、贸易交往的重要门户。境内属于南亚热带季风气候，热量丰富，雨量充沛，日照充足。

（三十）凭祥市

凭祥市位于中国南部，与越南谅山接壤，素有"祖国南大门"之称。它是中国通往越南及东南亚最大和最便捷的陆路通道。境内属于亚热带季风型气候，长夏无冬，雨量较充沛。

（三十一）宁明县

宁明县位于广西西南边陲，与越南接壤，边境线长约 212 公里，是广西陆地边境线最长的县。宁明县因地处北回归线以南，纬度较低，且距北部湾较近，受海洋季风调剂，所以形成终年温度较高、雨量较多、夏半年多雨、冬半年少雨、雨季旱季分明的亚热带季风气候。

（三十二）东兴市

东兴市位于广西南部，东南濒临北部湾，西南与越南接壤，陆地边境线长约 39 公里，海岸线长约 50 公里。境内属于南亚热带季风气候，全年气候温和湿润，常年平均气温保持在 23.2℃ 左右，年平均降雨量达到 2738 毫米，是中国著名的多雨区之一。

表 5-1　西南边境 32 个边境县（市）名称、设立时间、区域面积及行政级别

序号	县域名称	设立年份	区域面积 （平方公里）	所属州、市	行政级别
1	泸水市	1951	3203.4	怒江傈僳族自治州	县级市
2	福贡县	1954	2804	怒江傈僳族自治州	行政县
3	贡山县	1956	4506	怒江傈僳族自治州	自治县
4	腾冲市	1950	5845	保山市	县级市
5	龙陵县	1950	2884	保山市	行政县
6	芒市	1950	2987	德宏傣族景颇族自治州	自治州首府
7	瑞丽市	1952	1020	德宏傣族景颇族自治州	县级市
8	盈江县	1951	4429	德宏傣族景颇族自治州	行政县
9	陇川县	1952	1931	德宏傣族景颇族自治州	行政县
10	镇康县	1950	2642	临沧市	行政县
11	耿马县	1963	3837	临沧市	自治县
12	沧源县	1964	2445.24	临沧市	自治县
13	江城县	1950	3544	普洱市	自治县
14	孟连县	1954	1893.42	普洱市	自治县
15	澜沧县	1953	8807	普洱市	自治县
16	西盟县	1956	1353.57	普洱市	自治县
17	景洪市	1958	6958	西双版纳傣族自治州	自治州首府
18	勐海县	1958	5511	西双版纳傣族自治州	行政县
19	勐腊县	1959	7056	西双版纳傣族自治州	行政县
20	金平县	1985	3677	红河哈尼族彝族自治州	自治县
21	绿春县	1958	3096	红河哈尼族彝族自治州	行政县
22	河口县	1955	1332	红河哈尼族彝族自治州	自治县
23	马关县	1948	2767	文山壮族苗族自治州	行政县
24	麻栗坡县	1955	2334	文山壮族苗族自治州	行政县
25	富宁县	1949	5352	文山壮族苗族自治州	行政县
26	那坡县	1956	2331.11	百色市	行政县
27	靖西市	1950	3322	百色市	县级市
28	大新县	1949	2754	崇左市	行政县
29	龙州县	1961	2317.8	崇左市	行政县
30	凭祥市	1956	650	崇左市	县级市
31	宁明县	1949	3698	崇左市	行政县
32	东兴市	1996	590	防城港市	县级市

第二节　边境县域城镇化发展评价模型与指数体系

西南边境市州的城镇化发展内容包括经济、民生、社会等方面，有区别于其他发达地区的城乡建设、对外开放和社会稳定等发展要求，因此在量化指数构建中，经济增长、民生建设、社会发展、城乡统筹、对外贸易往来、社会稳定及安全状态等都是需要加以考虑的方面。另外，在构建西南边境 32 个县域城镇化水平量化评估的指标体系时，必须遵循科学性、合理性和重点突出相结合的原则。

在此部分中，需要说明的是，因为我们主要关注陆地区域的边境县域，因此在广西边境县域中，我们去掉了防城区。另外由于云南、广西两个省区所辖边境市州中的边境县域数量不同，例如西双版纳傣族自治州由三个边境县域构成其行政区域，而百色市的行政区划中共有 8 县 2 区和一个县级市，我们对西南边境县域城镇化水平量化评估指标体系中的少量具体指标进行了调整。

一　量化评价基本原则

在对边境县域进行城镇化水平评价时，应遵循以下原则。

（一）一致性原则

在数据可获得性的基础上，尽可能使 32 个边境县域的评价指标体系保持一致。因为边境县域部分数据受客观条件的限制，难以逐级获取，很难保证能全面获取 32 个边境县域的所有评价指标数据，所以我们在整体框架中进行了取舍和替代，以确保对 32 个边境县域进行评价的指标体系的一致性，使评价结果具有纵向维度上的可比性。

（二）全面性原则

对边境县域国民经济和社会发展进行全面评价，科学评估 32 个边境县域发展与全国其他地区的比较结果，准确定位西南 32 个边境县域发展的排名位次以及所处阶段，并基于分项指标的评估结果全面剖析边境县域整体发展背后的具体动因。

（三）可比性原则

本书评价指标体系中的指标数据的收集，主要通过查询公开发表的各年度统计年鉴及自行查阅的地方年鉴，尽可能采用可定量的指标，因此评价结果具有非常强的可比性。

（四）客观公正性原则

在数据可获得的基础上，本研究采用公开数据及部分未公开出版数据，并进行大量严格的甄别和核实，使数据更加客观真实。评价采用主成分分析法及因子分析方法，较好地解决了指标计量单位、指标性质、数量级以及指标权数的问题，使评价结果更加客观、合理。

（五）综合性原则

随着国家政策对于区域协同发展、特色城镇建设以及兴边富民的倾斜，人们对于边疆区域发展关注的重点也逐步扩展到了多个层面。因此，本研究除处理经济发展指标之外，还从地域特征、社会发展、民生发展、城乡统筹发展和对外开放与安全方面进行了综合评价。

（六）静态与动态相结合的原则

边境县域发展既应该包括现实的发展状况，也需要对未来的发展潜力加以综合考虑。评价指标体系中既要有反映现实经济发展状况等方面的静态指标，也要有反映人力资本投入、社会环境安全等方面的动态指标。例如，在校学生人数、该地区每万人刑事案件发生率、地方资源状况以及基础设施建设对于边境县域地区的未来发展都有一定影响。边境县域城镇化发展评价只有充分考虑这种变化，进行静态和动态相结合的评价，才能科学准确反映边境县域发展的真实状况。

二 评价模型比较与选取

本章所用模型与第四章相同，不再详述。

三　评价指标选取与指数构建

（一）指标体系构建原则

指标体系的设计是否科学、恰当，直接关系到西南边境县域城镇化发展水平量化评估的科学性，这就要求指标体系不仅要客观、合理，而且要尽可能全面地反映影响西南边境县域城镇化发展的方方面面。西南边境县域城镇化发展水平量化评估指标体系不是一系列指标的简单堆积和随意组合，而是相互关联的有机综合系统。因此，设计指标体系时应遵循以下基本原则。

1. 系统性原则

指标体系的设计应能系统综合地反映西南 32 个县域的城镇化发展总体状况和特点，因此在具体指标的选择上必须综合系统考虑其全面性和差异性，避免指标之间的相互重叠，最大限度地降低指标之间的相关性。

2. 科学性原则

指标内容的选择、指标权重的确定、指标体系结构的构建等要有科学的依据，尽可能客观真实地反映西南边境县域城镇化发展整体水平及各县域之间发展的差距及不平衡性。

3. 区域性原则

西南边境县域中部分是少数民族自治地方，该区域特征是西南边境县域城镇化发展中的一大特色。尤其是县级区域，是我国行政层级中最重要的一级国家管理单元。相对于其他区域的县域来说，边境县域更具有其特殊的作用和使命。因此，在设计指标体系时，要注意反映西南边疆社会经济和环境的特点，充分体现西南边境区域城镇化发展的特点和侧重点，合理适当地做出相应的调整。

4. 可操作性原则

指标内容要简单明了，容易理解，并且具有较强的可比性。此外，指标的基础数据要容易获取，要能够通过一般统计和调查获取，并能从较大程度上保证指标数据的可信度和横向可比性。

5. 动态性原则

指标设计不仅要能够反映西南边境县域发展状态，更重要的是要根据状态，把握其发展的主观核心和客观基础。因此，指标的选择要充分考虑边境县域发展的动态变化特点，从而客观和准确地描述、刻画与度量其发展的真实状态。

（二）指标体系构建依据及思路

中国的"十二五"规划纲要明确提出要加快转变经济发展方式，在城镇化领域中即表现为城镇化发展模式的转变。以往偏重数量、规模增长的观点过于片面，数量与质量并重的城镇化的可持续发展才是加快转变经济发展方式的体现。科学合理地全面反映城镇化的发展状况是引导边境城镇化更加健康、稳固发展的重要手段之一。

"十二五"规划纲要中提出了"加快制定并完善有利于推动科学发展、加快转变经济发展方式的绩效评价体系和具体考核办法"这一要求，并要求将"考核结果作为各级领导班子调整和领导干部选拔任用、奖励惩戒的重要依据"。对边境城镇化发展进程进行全面的评估和监测，通过建立科学全面的指标体系可以了解边境城镇化发展的进展状况，分析评估相关规划和政策所产生的影响，依据评估结果发现目前城镇化进程中存在的问题，监督有关城镇化规划的实施和有关政策的落实，及时修正有关政策的不当之处。将评估进程及结果向公众开放，有利于加强公众的了解和对城镇化建设的参与，更有利于提高政府工作效率。提高公共资源的使用效率，使城镇化工作制度化、规范化、更加透明，是确保边境城镇化进程走在健康发展轨道上的必要而有效的重要手段。

在国家相关政策的指导下，我们参考《国家新型城镇化指标体系及若干问题研究》《"十一五"时期中国民族自治地方发展评估报告》

《中国民族自治地方发展评估报告》等系列书籍中构建的中国城镇化量化指标体系，根据实际情况构建本书的指标体系。

西南边境县域城镇化发展水平量化研究指标体系，是指构成指标的各个要素及它们之间的逻辑组合关系和表达形式。只有将这些分散选取的具体指标进行科学的构建，才能将它们排列组合成完整合理的综合体系，才能真实地描述现阶段西南边境县域发展的状态和水平。

西南边境县域城镇化发展水平量化研究指标体系分为三个层次。

一级目标层：评价指标建立的最终目标，科学定量测评边境县域现阶段经济和社会、城镇化建设发展的综合水平。

二级系统层：参照"十二五"时期发展规划的五大方面、边境县域地区特点，结合本书写作内容所划分的五个维度：经济发展维度、民生发展维度、社会发展维度、城乡统筹发展维度及对外开放与安全功能维度。

三级指标层：每个系统层下设若干指标，共 29 个指标。

（三）指标构建内容

我们在遵照指标构建原则的基础上，参照前人研究的成果，结合本书的研究内容及边境县域的实际情况，建立了一套适合评估边境县域发展及本书可实际操作的指标体系。

西南边境县域城镇化发展水平量化评估系统是由云南及广西两省区内 32 个边境县域内部与经济和社会发展相关的不同属性子系统相互交织、相互作用、相互渗透，并不断协调完善而构成的具有特定结构和功能的综合系统，若将这个系统解剖开来，该指标体系由五个维度，共 29 个指标构成（见表 5 - 2）。

1. 经济发展维度

从 GDP、GDP 增长率、地方公共财政预算收入、地方公共财政预算支出、非农产值比重、规模以上工业生产总值、经济密度等指标来评估地区经济发展总体水平、经济发展速度及地方政府的财政状况、经济效益状况。

2. 民生发展维度

从人均 GDP、人均居民储蓄余额、人均社会消费品零售额、城镇居民人均可支配收入、农村居民人均可支配收入、人均年末金融机构各项贷款余额、固定电话用户数等指标来反映居民可消费能力、投资能力及基本生活水平状况。

3. 社会发展维度

从年末总人口、每万人中小学在校学生数、每万人中普通中学在校学生数、每千人约拥有医疗卫生机构病床数、每千人约拥有卫生技术人员数、新型农村合作医疗保险参保率、电视覆盖率等指标来反映人口规模、教育、卫生、社会保障等方面的社会发展状况。

4. 城乡统筹发展维度

从城镇化率、固定资产投资（不含农户）、农业机械总动力、农业总产值、森林覆盖率等指标反映城镇化水平、社会投资力度、农业发展动力、农业生产现状及地区生态建设等工作状态，以反映城镇化建设的基础条件。

5. 对外开放与安全功能维度

从进出口贸易总额，每万人涉枪、涉毒案件起数，每万人刑事案件起数等指标来反映地区的对外开放程度及安全监管能力及现状。

表 5-2　西南边境 32 个县域城镇化发展评估指标体系

指标分类	序号	指标名称	单位	备注
经济发展维度	1	GDP	亿元	反映经济总体水平
	2	GDP 增长率	%	反映经济发展速度
	3	地方公共财政预算收入	万元	反映地方财力状况
	4	地方公共财政预算支出	万元	反映地方建设投入
	5	非农产值比重	%	反映城镇经济发展效率
	6	规模以上工业生产总值	万元	反映工业发展效率
	7	经济密度	万元每平方公里	反映区域的平衡状况

续表

指标分类	序号	指标名称	单位	备注
民生发展维度	8	人均 GDP	元	反映居民可支配收入
	9	人均居民储蓄余额	元	反映居民可投资能力
	10	人均社会消费品零售额	元	反映居民可消费能力
	11	城镇居民人均可支配收入	元	反映城镇居民生活水平
	12	农村居民人均可支配收入	元	反映农村居民生活水平
	13	人均年末金融机构各项贷款余额	元	反映居民可利用资金水平
	14	固定电话用户数	户	反映通信程度
社会发展维度	15	年末总人口	万人	反映人口总量
	16	每万人中小学在校学生数	名	反映基础教育覆盖水平
	17	每万人普通中学在校学生数	名	反映义务教育覆盖水平
	18	每千人约拥有医疗卫生机构病床数	张	反映医疗服务能力
	19	每千人约拥有卫生技术人员数	人	反映居民医疗资源状况
	20	新型农村合作医疗保险参保率	%	反映农村居民医疗保险覆盖率
	21	电视覆盖率	%	反映信息通达度
城乡统筹发展维度	22	城镇化率	%	反映经济发展水平、现代化程度
	23	固定资产投资(不含农户)	亿元	反映社会投资水平
	24	农业机械总动力	万千瓦特	反映农业生产力状况
	25	农业总产值	亿元	反映农业生产水平
	26	森林覆盖率	%	反映生态环境状况
对外开放与安全功能维度	27	进出口贸易总额	万元	反映对外经济发展状况
	28	每万人涉枪、涉毒案件起数	起	反映边境安全监管状况
	29	每万人刑事案件起数	起	反映区域的安全状态

第三节　边境县域城镇化发展评价基础数据分析

在对西南边境县域城镇化水平进行量化评估之前，先对 2016 年西南边境 32 个县域的原始数据进行一个简析，直观掌握边境县域城镇在各方面的发展现状。2016 年是"十三五"规划的开局之年，客观认识问题，是明确未来发展方向的必要基础。

一　经济发展维度

2011～2015 年是"十二五"规划建设阶段，2016 年是"十三五"规划开始阶段，"十二五"规划于 2015 年完成，2016 年开始新的发展阶段。在此期间，西南边境32个县域的城镇化建设取得进一步的显著发展。据国家统计局相关统计数据，国内生产总值由2011年的487940.2亿元升至2016年740060.8亿元，五年增长51.67%，年均增长7.03%。西南边境县域经济发展在"十二五"期间及"十三五"规划发展初始阶段呈良好增长态势，主要体现在各县域的经济总量均保持持续增长趋势、人均GDP同样保持了良好的上升势头等方面。

（一）西南边境各县域生产总值快速增长

"十二五"期间，我国西南边境县域在发展经济方面取得了巨大成就，32个边境县域在2016年实现了生产总值的历史最高值。其中结合表5-3、图5-1可知，景洪市2016年实现县域生产总值192亿元，高居32个边境县域之首；腾冲市以160.03亿元紧随其后；处在第三位的是广西的靖西市，其2016年县域生产总值为158.59亿元，与第一名景洪市在总值上仅相差33.41亿元；排在第四至第十位的依次是宁明县（116.91亿元）、大新县（109.38亿元）、龙州县（103.91亿元）、芒市（96.28亿元）、东兴市（92.99亿元）、勐海县（92.53亿元）和瑞丽市（89.20亿元）。从基础数据可以看出，前10个边境县域2016年地区生产总值为1211.82亿元，其占32个县域地区生产总值之和（2256.35亿元）的53.7%；而在地区生产总值排名前10的县域中，广西有5个，地区生产总值之和达到581.78亿元，分别占到前10个边境县域地区生产总值的48%和32个边境县域地区生产总值的26%。

2016年32个边境县域生产总值最低的是贡山县，仅为11.04亿元，西盟县（12.21亿元）、福贡县（13.07亿元）、那坡县（24.69亿元）、孟连县（26.05亿元）、江城县（26.55亿元）、绿春县（29.64亿元）、沧源县（37.29亿元）、镇康县（39.09亿元）和陇川县（39.74亿元）则分列倒数第二至第十位，这10个边境县域2016年共实现生产总值259.37亿元，仅占32个边境县域生产总值的11.5%。位次排在中游的12个边境县域2016年生产总值为785.16亿元，占32个边境县域生产总值的34.8%。

表 5-3 2011~2016 年我国西南 32 个边境县域生产总值变化情况

单位：亿元，%

县域名称	2011 年	2012 年	2013 年	2014 年	2015 年	2016 年	年均增速	增速排名
景洪市	105.27	124.91	144.78	160.81	176.82	192.00	12.77	20
腾冲市	87.46	105.05	122.28	134.07	145.90	160.03	12.84	17
靖西市	88.64	103.05	110.81	129.92	127.45	158.59	12.34	23
宁明县	73.22	79.03	86.03	95.08	108.34	116.91	9.81	31
大新县	76.05	82.19	90.70	93.90	99.44	109.38	7.54	32
龙州县	57.28	63.50	70.56	78.03	92.60	103.91	12.65	22
芒市	53.85	63.80	72.44	77.97	84.27	96.28	12.32	24
东兴市	52.09	62.45	72.87	80.98	85.44	92.99	12.29	25
勐海县	48.01	58.78	70.97	78.32	86.58	92.53	14.02	11
瑞丽市	35.24	39.64	47.12	73.32	77.14	89.20	20.41	1
勐腊县	47.34	55.01	64.37	66.90	72.51	81.51	11.48	29
耿马县	44.31	54.24	62.74	68.51	73.77	80.96	12.81	19
马关县	43.00	51.37	55.48	65.65	71.30	78.61	12.82	18
盈江县	49.12	57.43	66.21	71.21	75.33	78.46	9.82	30
富宁县	41.11	49.74	59.37	66.60	72.78	77.72	13.58	13
龙陵县	35.92	42.81	49.54	56.29	61.96	68.11	13.65	12
凭祥市	31.40	36.20	40.40	45.24	56.93	65.35	15.79	7
澜沧县	34.81	39.67	47.85	53.42	56.45	64.59	13.16	16
麻栗坡县	31.03	36.60	41.28	45.62	49.92	53.77	11.62	28
金平县	23.45	27.88	32.31	38.01	42.24	47.23	15.03	9
泸水市	22.14	26.15	30.46	37.39	41.87	46.88	16.19	6
河口县	22.56	26.09	30.35	33.85	37.12	41.97	13.22	15
陇川县	22.36	27.02	30.68	34.08	36.79	39.74	12.19	26
镇康县	21.49	28.81	33.54	32.95	35.14	39.09	12.71	21
沧源县	17.41	23.94	29.00	31.04	34.05	37.29	16.46	4
绿春县	14.37	17.75	20.69	23.56	26.31	29.64	15.58	8
江城县	15.14	20.09	22.77	23.19	24.43	26.55	11.89	27
孟连县	12.99	16.11	19.30	21.17	23.54	26.05	14.93	10
那坡县	13.10	15.56	16.28	19.73	22.69	24.69	13.52	14
福贡县	6.10	7.02	7.81	10.32	11.53	13.07	16.46	4
西盟县	5.29	6.46	7.87	9.85	10.83	12.21	18.21	3
贡山县	4.60	5.32	6.22	8.85	9.68	11.04	19.14	2

资料来源：由 2012~2017 年《广西统计年鉴》、《云南统计年鉴》的相关数据整理而得。

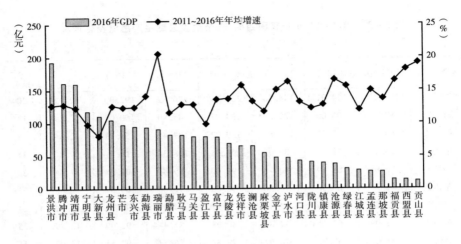

图 5-1　我国西南 32 个边境县域 2016 年生产总值及 2011～2016 年年均增速情况

　　回顾 2011～2016 年处于 "十二五" 规划完成和 "十三五" 规划开始阶段中的西南 32 个边境县域经济发展轨迹，都保持了快速上升的势头，32 个边境县域除排名靠后的盈江县（9.82%）、宁明县（9.81%）和大新县（7.54%）之外，均实现了两位数的年均增速。由图 5-1 可知，在 32 个边境县域中，瑞丽市经济发展速度最快，县域生产总值由 2011 年的 35.24 亿元增至 2016 年的 89.20 亿元，五年间增长了 153.12%，年均增速高达 20.41%，年均增速排在第二至第十位的依次是贡山县（19.14%）、西盟县（18.21%）、福贡县（16.46%）、沧源县（16.46%）、泸水市（16.19%）、凭祥市（15.79%）、绿春县（15.58%）、金平县（15.03%）和孟连县（14.93%）。2011～2016 年经济增长较为缓慢的除倒数三位之外，排在倒数第四至第十位的依次是勐腊县（11.48%）、麻栗坡县（11.62%）、江城县（11.89%）、陇川县（12.19%）、东兴市（12.29%）、芒市（12.32%）和靖西市（12.34%）。在 32 个县域中，排在末尾的 10 个边境县域中仅有 1 个年均增速低于同期全国平均水平（8.7%），且排在倒数第四至第十位的边境县域年均增速均高于 10%。

大体上 2016 年排在末尾的 10 个边境县域生产总值绝对值较高，说明边境县域经济发展总体呈上升趋势，并有较大的发展空间。

（二）人均 GDP 保持快速上升势头

就人均 GDP 而言，2011～2016 年也保持了快速增长的势头，32 个边境县域的人均 GDP 指标的平均值由 2011 年的 14715.41 元增加至 2016 年的 26566.28 元，增长 80.53%，年均增长率为 12.54%；但在绝对量上仍低于 2016 年全国人均 GDP（53680 元），仅占到全国平均水平的 49.49%。具体到 32 个边境县域，由表 5－4、图 5－2 可知，2016 年各边境县域人均 GDP 都达到了历史最高点。其中，广西的东兴市（59513 元）、凭祥市（55974 元）、龙州县（46149 元）占据前三，其中前两名超过同期全国平均水平，这也说明了广西比较于云南省来说，在经济发展总量上具有绝对优势。位于第四至第十位的县域依次为瑞丽市（43811 元）、河口县（38829 元）、大新县（35916 元）、景洪市（35881 元）、宁明县（33464 元）、靖西市（30610 元）和贡山县（28658 元）。人均 GDP 最低的县是金平县，其 2016 年人均 GDP 仅为 12693 元，仅为全国同期水平的 23.65%，排在倒数第二至第十位的县域依次为绿春县（12739 元）、西盟县（12923 元）、澜沧县（12924 元）、福贡县（13040 元）、那坡县（15555 元）、富宁县（18536 元）、孟连县（18632 元）、麻栗坡县（18839 元）和沧源县（19911 元）。

表 5－4　2011～2016 年我国西南 32 个边境县域人均 GDP 变化情况

单位：元，%

县域名称	2011 年	2012 年	2013 年	2014 年	2015 年	2016 年	年均增速	增速排名
东兴市	35650	42125	48579	53309	55441	59513	10.79	29
凭祥市	27855	31855	35376	39479	49330	55974	14.98	7
龙州县	25699	28463	31700	34953	41332	46149	12.42	17
瑞丽市	19279	21367	24960	37755	38628	43811	17.84	2
河口县	21490	24774	28605	31756	34530	38829	12.56	16

续表

县域名称	2011 年	2012 年	2013 年	2014 年	2015 年	2016 年	年均增速	增速排名
大新县	25549	27446	30172	31087	32775	35916	7.05	32
景洪市	20158	23770	27426	30376	33255	35881	12.22	19
宁明县	21642	23210	25118	27620	31270	33464	9.11	30
靖西市	17719	20456	21835	25402	24745	30610	11.55	23
贡山县	12105	13959	16271	23108	25211	28658	18.81	1
勐腊县	16728	19323	22514	23300	25108	28028	10.87	28
勐海县	14405	17530	21073	23164	25465	27047	13.43	11
耿马县	14841	18021	20719	22490	24060	26355	12.17	20
泸水市	12302	14076	16351	20016	22354	24963	15.20	6
盈江县	16040	18663	21366	22788	23877	24632	8.96	31
龙陵县	12899	15279	17567	19834	21709	23714	12.95	13
腾冲市	13513	16124	18669	20369	22049	23714	11.91	21
芒市	13743	16197	18225	19357	20654	23307	11.14	24
镇康县	12272	16157	18677	18204	19286	21317	11.68	22
江城县	12347	16267	18308	18520	19385	20935	11.14	25
马关县	11653	13847	14881	17539	18972	20835	12.32	18
陇川县	12283	14780	16599	18165	19355	20677	10.98	27
沧源县	9591	13145	15796	16772	18288	19911	15.73	5
麻栗坡县	11126	13056	14650	16113	17558	18839	11.11	26
孟连县	9512	11707	13969	15272	16923	18632	14.39	9
富宁县	10046	12088	14345	16010	17424	18536	13.03	12
那坡县	8499	10037	10453	12613	14413	15555	12.85	15
福贡县	6111	7080	7856	10353	11540	13040	16.37	4
澜沧县	7055	8012	9644	10746	11340	12924	12.87	14
西盟县	5795	7024	8515	10588	11535	12923	17.40	3
绿春县	6436	7890	9134	10318	11428	12739	14.63	8
金平县	6550	7729	8872	10340	11414	12693	14.15	10

资料来源：由 2012～2017 年《广西统计年鉴》、《云南统计年鉴》的相关数据整理而得。

2011～2016 年，32 个边境县域的人均 GDP 年均增速中除位列倒数三位的宁明县（9.11%）、盈江县（8.96%）和大新县（7.05%）之外，均保持了两位数的增长。其中，年均增速最高的是贡山县，年均增速达到

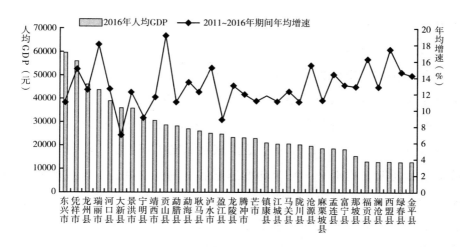

图 5 - 2　我国西南 32 个边境县域 2016 年人均
GDP 排名及 2011～2016 年年均增速情况

18.81%，高于全国同期平均水平（8.14%）10.67 个百分点，排在第二至第十名的县域依次是瑞丽市（17.84%）、西盟县（17.40%）、福贡县（16.37%）、沧源县（15.73%）、泸水市（15.20%）、凭祥市（14.98%）、绿春县（14.63%）、孟连县（14.39%）和金平县（14.15%）。2011～2016 年增速排倒数第四至第十位的县域依次是东兴市（10.79%）、勐腊县（10.87%）、陇川县（10.98%）、麻栗坡县（11.11%）、江城县（11.14%）、芒市（11.14%）和靖西市（11.55%）。在这 32 个边境县域中，除了大新县以 1.09 个百分点的微小差距低于同期全国年均增速外，其他县域各年的平均增速均高于全国同期水平。

总体来看，2011～2016 年西南边境县域的生产总值、人均 GDP 指标都保持了快速增长的趋势，但仍存在一些值得我们深思的问题。

第一，广西和云南两省区之间存在差距，在 32 个边境县域中，从生产总值及人均 GDP 绝对值来看，广西的边境县域总体上要比云南边境县域表现好，但在年均增速上云南省的发展势头比广西要好。例如，广西有 5 个县域，在生产总值排名中位居第四至第九，而在年均增速排名中处于末位 10 名。

第二，各边境县域经济发展不协调、不平衡，存在差距。例如 2016 年 GDP 最高的景洪市是最低的贡山县的 17.39 倍；2016 年人均 GDP 水平最高的东兴市是最低的金平县的 4.69 倍。

第三，部分县域存在"低水平、低增速"的发展态势，令人深忧。具体而言，"低水平、低增速"是指该县域的 GDP 及人均 GDP 绝对值低于全国同期平均水平，且年均增速靠后。例如江城县、麻栗坡县、马关县、勐腊县、东兴市、宁明县、盈江县和大新县，在下一阶段，这些县域要加快县域经济发展，提高人均 GDP，缩小与全国平均水平及其他发达地区的差距，协调发展速度与质量。对于本身经济发展较发达的边境县域，更要重视发展质量，保障经济发展。

二 民生发展维度

观察一个地区商品经济发展状况，该地区的社会消费品零售总额的变化幅度最能体现。社会消费品零售总额指批发和零售业、住宿和餐饮业以及其他行业直接售给城乡居民和社会集团的消费品零售总额，通常由社会商品供给和有支付能力的商品需求的规模所决定，是研究居民生活水平、社会零售商品购买力、社会生产、货币流通和物价发展变化趋势的重要参考指标之一。

2011～2016 年，西南 32 个边境县域的人均社会消费品零售额都实现了持续增长。2016 年除那坡县和福贡县之外，其他 30 个边境县域的人均社会消费品零售额均达到了 5 年来的最高值；虽然那坡县和福贡县的人均社会消费品零售额在绝对值上较前一年有所下降，但其绝对值增量仍然较高。结合表 5－5、图 5－3 可知，在 32 个县域中，2016 年人均社会消费品零售额最高的县域是瑞丽市，为 27031 元，高于同期全国平均水平（24033.69 元）；凭祥市和景洪市分列为第二、第三位，其人均社会消费品零售额分别为 19694 元和 17479 元，与最高的瑞丽市有些距离；排在第四至第十位的分别依次是东兴市（15850 元）、芒市（11318 元）、盈江县（10103 元）、勐腊县（9064 元）、马关县（8805 元）、龙州县（8489 元）和富宁县（8487 元）。2016 年人均社会消费品零售额最低的县域是金平县（2646 元），仅仅达到同期全国平均水平的 11.01%；排在倒数第二至第十位的县域依次为西盟县、福贡县、澜沧县、绿春县、大新县、宁明县、陇川县、镇康县、龙陵县，其人均社会消费品零售额分别为 3022 元、3025 元、3667 元、3671 元、4235 元、4353 元、4695 元、4922 元和 4940 元。

表 5-5　2011~2016 年西南边境 32 个县域人均社会消费品零售额变化情况

单位：元，%

县域名称	2011 年	2012 年	2013 年	2014 年	2015 年	2016 年	年均增速	增速排名
瑞丽市	9984	11871	13293	17641	15939	27031	22.04	1
凭祥市	11378	13254	14780	16578	18018	19694	11.60	26
景洪市	7201	8443	9599	11213	12282	17479	19.40	3
东兴市	10142	11584	11836	13215	14395	15850	9.34	29
芒市	5616	6701	7613	7199	9552	11318	15.04	10
盈江县	5344	6421	7181	7802	8536	10103	13.58	17
勐腊县	4389	5019	5667	6631	7000	9064	15.61	9
马关县	4773	5648	6410	7208	7931	8805	13.03	20
龙州县	3737	4534	6197	7029	7682	8489	17.84	5
富宁县	5660	6558	7425	8347	8208	8487	8.44	30
泸水市	4315	5134	5848	6595	7243	8417	14.30	14
河口县	3070	3608	4109	5061	5631	7589	19.84	2
孟连县	3735	4391	4967	5533	6098	7323	14.42	12
贡山县	4026	4579	5183	5807	6406	6850	11.21	27
麻栗坡县	3792	4423	5016	5633	6236	6807	12.41	23
耿马县	3289	3748	4178	4819	5472	6548	14.77	11
勐海县	3150	3678	4161	4909	5334	6164	14.37	13
腾冲市	3425	4045	4591	4707	5269	5766	10.98	28

续表

县域名称	2011 年	2012 年	2013 年	2014 年	2015 年	2016 年	年均增速	增速排名
沧源县	2975	3475	3875	4289	4679	5741	14.05	15
靖西市	2604	3008	4386	3575	3901	5436	15.58	8
江城县	3653	3387	3814	4299	4541	5358	7.96	32
那坡县	2161	2504	3880	3185	5701	5185	19.13	4
龙陵县	2770	3249	3670	4127	4680	4940	12.26	25
镇康县	2577	3073	3356	4003	4683	4922	13.81	16
陇川县	2630	3093	3373	3749	4197	4695	12.28	24
宁明县	1956	2272	3284	3320	3996	4353	17.35	6
大新县	1911	2233	3165	3510	3880	4235	17.25	7
绿春县	1995	2336	2631	3054	3392	3671	12.97	21
澜沧县	1972	2300	2601	2949	3250	3667	13.21	19
福贡县	2053	2333	2643	2976	3270	3025	8.06	31
西盟县	1616	1866	2108	2377	2587	3022	13.34	18
金平县	1461	1682	1884	2248	2483	2646	12.62	22

资料来源：由 2012～2017 年《广西统计年鉴》、《云南统计年鉴》的相关数据整理而得。

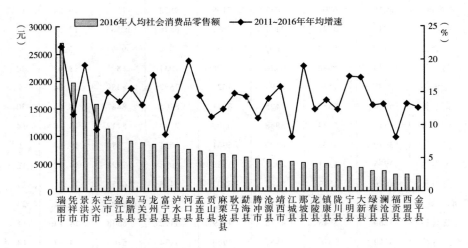

图 5-3　2016 年西南边境 32 个县域人均社会消费品
零售额排名及 2011～2016 年年均增速情况

就 32 个边境县域在 2011～2016 年的人均社会消费品零售额增长情况来看，瑞丽市是 32 个边境县域中绝对值最高及增速最快的地区，由 2011 年的 9984 元增至 2016 年的 27031 元，5 年间增长了 170.74%，年均增速高达 22.04%，不但增速较快，而且其绝对量超过同期全国平均水平 2997 元；增速排在第二至第十位的县域分别是河口县（19.84%）、景洪市（19.40%）、那坡县（19.13%）、龙州县（17.84%）、宁明县（17.35%）、大新县（17.25%）、靖西市（15.85%）、勐腊县（15.61%）和芒市（15.04%）。32 个边境县域人均社会消费品零售额增长最为缓慢的县域是江城县，其年均增速为 7.96%，低于全国同期水平（11.58%）3.62 个百分点；排在倒数第二至第十位的县域是福贡县（8.06%）、富宁县（8.44%）、东兴市（9.34%）、腾冲市（10.98%）、贡山县（11.21%）、凭祥市（11.60%）、龙陵县（12.26%）、陇川县（12.28%）和麻栗坡县（12.41%）。通过比较可得，2011～2016 年西南 32 个边境县域仅排在倒数后 6 位的县域低于全国平均水平，其他县域的人均社会消费品零售额增速均高于全国平均水平。

总体而言，在 2016 年之前的 5 年中，西南边境县域的人均社会消费品零售额实现了大幅度的增长，商品经济及人民生活得到发展与改善，但是在绝对量上，仅有瑞丽市高于同期全国平均水平，总体而言，与全国平均水平尤其是发达地区水平相比差距较大，且各县域发展状况不一，彼此之间差距明显，究其原因，可能是以下几个。

一是，边境县域位于祖国西南边陲，大多数县域地势起伏、交通不便、生态环境恶劣，少许县域有利于发展口岸及对外往来经济。就整体经济而言，32 个边境县域较为落后，而社会消费通常取决于经济基础，与商品经济繁荣与否有密切关系。

二是，由于边疆大多数县域的城市规模较小，城市本身的集聚效应和经济规模效应远不如中东部发达县域，物质的相对匮乏、稀缺也不利于本地经济的进一步繁荣。根据经济发展一般规律，大量资本可能会流向外地。这也说明了为什么有些县域的人均可支配收入较高但人均社会消费品零售额却较低。

可见，要想进一步实现社会消费品零售总额的快速增长，在大力发展经济的同时，还需要注重依靠本地自然资源禀赋建设促进消费的市场。

三　社会发展维度

人力资本内生增加理论表明，教育投入是能从根本上促进区域发展、缩小地区差距的方式。科学技术从宏观层面上来讲是一个地区或者国家的核心竞争力，更是一个地区保持竞争优势的来源所在。而教育是科学技术发展的动力来源，是实现一切事物的技术，只有拥有丰富的理论和实践知识，才能更好地改变世界、发展区域经济。卫生事业的发展对保障人们的身体健康、增强人民的健康意识具有举足轻重的作用。由此可见，一个地区的教育和卫生事业发展直接关系到该地区经济社会的长远发展。鉴于数据的可得性，我们选取每万人中普通中学在校学生数指标用于衡量教育事业的发展水平，卫生事业发展水平将通过每千人约拥有卫生技术人员数这一指标来体现。具体如表5-6所示。

表5-6　2016年我国西南边境32个县域教育和卫生事业发展情况

单位：人

地区	每万人中普通中学在校学生数		每千人约拥有卫生技术人员数	
	数量	排名	数量	排名
瑞丽市	774	1	9.93	1
腾冲市	662	2	4.59	14
东兴市	650	3	6.68	5
富宁县	597	4	1.66	31
泸水市	581	5	6.43	7
盈江县	565	6	2.11	26
龙陵县	535	7	1.94	28
陇川县	533	8	5.16	10
镇康县	522	9	4.14	16

续表

地区	每万人中普通中学在校学生数		每千人约拥有卫生技术人员数	
	数量	排名	数量	排名
勐腊县	511	10	6.98	3
沧源县	505	11	2.53	23
金平县	492	12	2.29	24
麻栗坡县	486	13	2.83	21
江城县	483	14	4.74	12
绿春县	470	15	1.82	29
西盟县	467	16	3.02	20
景洪市	461	17	1.37	32
马关县	444	18	2.54	22
孟连县	442	19	3.61	17
河口县	439	20	6.80	4
芒市	435	21	8.37	2
靖西市	432	22	3.05	19
凭祥市	425	23	6.48	6
那坡县	419	24	5.93	9
耿马县	410	25	4.94	11
宁明县	376	26	3.19	18
大新县	360	27	1.80	30
澜沧县	357	28	1.99	27
贡山县	344	29	4.73	13
龙州县	337	30	4.54	15
福贡县	310	31	2.23	25
勐海县	309	32	6.39	8

资料来源：根据 2017 年《中国县域统计年鉴》及各县域年鉴数据整理而得。

由表 5 - 6 可知，每万人中普通中学在校学生数指标排名最高的县域是瑞丽市，该指标为 774 人；腾冲市紧随其后，其每万人中普通中学在校学生数也达到 662 人；排在第三至第十位的分别是东兴市（650人）、富宁县（597 人）、泸水市（581 人）、盈江县（565 人）、龙陵县（535 人）、陇川县（533 人）、镇康县（522 人）和勐腊县（511 人），排名前十的县域之间差距不大。勐海县是每万人中普通中学在校学生数最少的县域，其每万人中普通中学在校学生数仅为 309 人，约为排在榜首的腾冲市的 39.92%。从经济发展和人民生活来看，勐海县均处于中上水平，但其在教育发展上落后于其他县域，勐海县的普通中学在校学生数与瑞丽市差不多，但因勐海县的总人口约为瑞丽市的 2.5 倍，故平均值有所下降，表明勐海县仍需要加大力度发展教育事业。排在倒数第二至第十位的县域分别是福贡县、龙州县、贡山县、澜沧县、大新县、宁明县、耿马县、那坡县和凭祥市，其每万人中普通中学在校学生数分别为 310 人、337 人、344 人、357 人、360 人、376 人、410 人、419 人和 425 人。

每千人约拥有卫生技术人员数情况，瑞丽市是 32 个边境县域中该指标排名最高的县域，为 9.93 人；芒市和勐腊县分列第二、第三位，其每千人约拥有卫生技术人员数为 8.37 人和 6.98 人；排在第四至第十位的依次为河口县、东兴市、凭祥市、泸水市、勐海县、那坡县和陇川县，其各自每千人约拥有卫生技术人员数为 6.80 人、6.68 人、6.48 人、6.43 人和 6.39 人。每千人约拥有卫生技术人员数最少的县域是景洪市，仅为 1.37 人，其次是富宁县，为 1.66 人。排在倒数第三至第八位的县域依次为大新县（1.80 人）、绿春县（1.82 人）、龙陵县（1.94 人）、澜沧县（1.99 人）、盈江县（2.11 人）和福贡县（2.23 人）。通过计算可知，2016 年 32 个边境县域该指标的平均水平为 4.21 人，而其中有 15 个县域高于平均水平，占到总体的 46.88%。

四 城乡统筹发展维度

城镇建设是城乡发展的重要方面，城镇化发展状况直接影响城乡统筹和城镇化建设的进程，为了衡量城乡统筹发展水平，鉴于数据的可得性，我们选取 2016 年的城镇化率及农业总产值两个指标的相关数据用于城镇建设、乡村经济建设水平的评价，具体情况如表 5 - 7 所示。

表 5-7　2016 年我国西南边境 32 个县域城乡统筹发展情况

单位：%，万元

县域名称	城镇化率		农业总产值	
	数值	排名	数值	排名
瑞丽市	64.78	1	41661	24
景洪市	54.16	2	126248	10
东兴市	52.16	3	25068	29
孟连县	48.08	4	56048	21
芒市	46.45	5	130842	8
河口县	46.43	6	67888	17
勐腊县	43.61	7	183700	4
马关县	43.20	8	109279	12
腾冲市	42.50	9	128371	9
江城县	42.08	10	56598	20
耿马县	41.69	11	192722	2
泸水市	38.39	12	29084	28
勐海县	38.37	13	186811	3
富宁县	36.96	14	94079	15
盈江县	36.56	15	171417	7
麻栗坡县	36.19	16	57266	19
陇川县	35.66	17	100969	14
沧源县	34.94	18	58486	18
凭祥市	33.18	19	29530	27
西盟县	31.26	20	14301	30
镇康县	31.20	21	55751	22
龙陵县	28.60	22	85414	16
澜沧县	28.12	23	109975	11
龙州县	25.08	24	193957	1
贡山县	24.52	25	9572	32
靖西市	21.82	26	103072	13
福贡县	21.63	27	12200	31
大新县	20.58	28	174595	6
那坡县	19.81	29	38659	25
宁明县	17.67	30	180091	5
绿春县	17.61	31	30200	26
金平县	13.25	32	48867	23

资料来源：根据 2017 年《中国县域统计年鉴》及各县域年鉴数据整理而得。

由表 5-7 可知，就乡村经济建设方面，农业总产值可以很好地反映乡村经济建设情况。2016 年，农业总产值方面，龙州县以 193957 万元排名第一。排在第二至第十位的县域分别为耿马县、勐海县、勐腊县、宁明县、大新县、盈江县、芒市、腾冲市和景洪市，其农业生产总值分别为 192722 万元、186811 万元、183700 万元、180091 万元、174595 万元、171417 万元、130842 万元、128371 万元和 126248 万元。在 32 个县域中，2016 年该指标排名最低的是贡山县，仅有 9572 万元。排在倒数第二至第十位的县域分别为福贡县 (12200 万元)、西盟县 (14301 万元)、东兴市 (25068 万元)、泸水市 (29084 万元)、凭祥市 (29530 万元)、绿春县 (30200 万元)、那坡县 (38659 万元)、瑞丽市 (41661 万元) 和金平县 (48867 万元)。

城镇化率是评价边境县域城镇化建设水平的客观指标，2016 年 32 个县域中，该指标排名最高的是瑞丽市，为 64.78%。排在第二至第十位的依次是景洪市 (54.16%)、东兴市 (52.16%)、孟连县 (48.08%)、芒市 (46.45%)、河口县 (46.43%)、勐腊县 (43.61%)、马关县 (43.20%)、腾冲市 (42.50%) 和江城县 (42.08%)。排名最低的县域是金平县，为 13.25%，仅为榜首腾冲市的 20.45%，排在倒数第二至第十位的县域依次为绿春县、宁明县、那坡县、大新县、福贡县、靖西市、贡山县、龙州县和澜沧县，其值分别为 17.61%、17.67%、19.81%、20.58%、21.63%、21.82%、24.52%、25.08% 和 28.12%。观察整体数据可知，在排名前 10 的县域中，广西仅有一个，在倒数 10 位中却占到了 5 位，从整体水平来看，西南边境县域的城镇化建设水平，云南比广西表现得好。

五　对外开放与安全功能维度

对外开放不仅是我国的一项基本国策，更是提升我国国际形象、促进友好睦邻的重要举措。边疆地区的对外开放、稳定与安全发展功能是其特有的功能，也是极其重要的功能，基于数据的易获取性及较强的可代表性，本书中将采用进出口贸易总额和每万人刑事案件起数两个指标来评价边境县域对外开放与安全功能情况，具体如表5-8所示。

表5-8　2016年我国西南边境32个县域对外开放与安全功能情况

单位：万元，起

县域名称	进出口贸易总额		每万人刑事案件起数	
	金额	排名	数量	排名
凭祥市	7552129.1	1	-9.45	4
瑞丽市	3045200.0	2	-8.31	7
龙州县	2912800.0	3	-3.74	15
东兴市	2045255.6	4	-9.33	5
勐腊县	1602702.0	5	-7.56	9
宁明县	1367030.0	6	-3.30	18
河口县	1063400.0	7	-10.44	3
靖西市	967600.0	8	-3.14	19
麻栗坡县	616479.0	9	-1.52	30
孟连县	582665.9	10	-8.31	8
耿马县	340872.4	11	-4.55	12
大新县	301097.5	12	-2.76	22
那坡县	300548.0	13	-2.95	21
芒市	285825.1	14	-3.51	17
陇川县	224381.0	15	-14.89	1
腾冲市	125435.8	16	-4.06	14
马关县	107214.0	17	-2.42	25
勐海县	100491.6	18	-8.94	6
富宁县	83500.0	19	-1.80	28
景洪市	78476.0	20	-13.62	2
沧源县	61545.0	21	-2.35	26
镇康县	44742.6	22	-1.50	31
福贡县	38800.0	23	-1.67	29
江城县	35887.0	24	-4.75	10
盈江县	34702.0	25	-4.63	11
绿春县	29400.0	26	-2.25	27
澜沧县	27042.7	27	-2.43	24

县域名称	进出口贸易总额		每万人刑事案件起数	
	金额	排名	数量	排名
西盟县	13034.9	28	-4.11	13
泸水市	10227.9	29	-3.67	16
金平县	4941.4	30	-0.95	32
龙陵县	2138.3	31	-3.13	20
贡山县	979.4	32	-2.75	23

注：因每万人刑事案件起数指标是一个负向指标，此处所呈现的数据是经过趋同化处理之后的数据，因此指标作用方向与其他指标相同，指数所代的数值越大，表明该区域在该方面的表现更佳。

资料来源：据2017年各边境县域年鉴数据整理而得。

在实现对外开放经济建设方面，2016年进出口贸易总额最高的县域是凭祥市，以7552129.1万元高居榜首。凭祥市是中国通往越南及东南亚其他国家最大和最便捷的陆路通道，因此在进出口贸易中相比与其他边境县域具有绝对优势。排在第二位的县域是瑞丽市，其进出口贸易总额为3045200.0万元，在绝对量上约为凭祥市的40.32%。排在第三至十位的县域依次为龙州县（2912800.0万元）、东兴市（2045255.6万元）、勐腊县（1602702.0万元）、宁明县（1367030.0万元）、河口县（1063400.0万元）、靖西市（967600.0万元）、麻栗坡县（616479.0万元）和孟连县（582665.9万元）。在32个边境县域中，排名最后的是贡山县（979.4万元），仅占倒数第二名龙陵县（2138.3万元）的45.8%。排在倒数第三至第八位的县域依次为金平县、泸水市、西盟县、澜沧县、绿春县和盈江县，其进出口贸易总额分别为4941.4万元、10227.9万元、13034.9万元、27042.7万元、29400.0万元、34702.0万元。

总体来看，各县域之间对外开放经济发展差距较大且不平衡，应侧重加强部分县域的对外开放经济建设，例如口岸及边民互市、当地特色商品产业的发掘。在32个县域中，有11个县域的进出口贸易总额在5亿元以下，14个县域的进出口贸易总额在10亿元以下，但在100亿元以上的有 7 个县域，其中广西的边境县域有 4 个。

　　社会稳定与安全情况，在 32 个边境县域中，2016 年社会稳定与安全情况表现最好的是金平县，其每万人刑事案件起数指标为 -0.95 起，镇康县以每万人刑事案件起数（-1.5 起）居于第二；排在第三至第十位的县域依次是麻栗坡县、福贡县、富宁县、绿春县、沧源县、马关县、澜沧县和贡山县，其每万人刑事案件起数分别为 -1.52 起、-1.67 起、-1.80 起、-2.25 起、-2.35 起、-2.42 起、-2.43 起和 -2.75 起。在 32 个县域中，陇川县的每万人刑事案件起数为 -14.89 起，是发生起数最高的县域。景洪市每万人刑事案件起数为 -13.62 起，居于第二位，约为金平县的 14 倍。社会不稳定状况较高县域的第三至第十位依次是河口县（-10.44 起）、凭祥市（-9.45 起）、东兴市（-9.33 起）、勐海县（-8.94 起）、瑞丽市（-8.31 起）、孟连县（-8.31 起）、勐腊县（-7.56 起）和江城县（-4.75 起）。经计算比较可知，在 9 个低于平均水平（-4.96 起）的县域中，有 7 个是云南边疆区域，说明在社会安全与稳定方面，云南边疆区域还需加强建设。

第四节　边境县域城镇化指数评价结果与比较分析

一　数据处理与模型过程

　　运用 SPSS22.0 软件，求各个指标的特征向量、特征值和方差贡献率。由累计贡献率可知，前 7 个主成分的累计贡献率为 85%，达到了标准值，所以确定主成分个数为 7。另外设定特征值 >1，所以选取前 7 位，用 F_1、F_2、F_3、F_4、F_5、F_6、F_7 表示。并在研究中采用 7 个主成分对主体进行评价。

表 5 - 9　各主成分特征值、贡献率和累计贡献率

序号	特征值	贡献率（%）	累计贡献率（%）
1	10	34	34
2	5	19	52
3	3	10	63
4	2	9	71
5	2	6	77
6	1	4	81
7	1	4	85

表 5 - 10　主成分初始因子载荷矩阵

指标	主成分 1	主成分 2	主成分 3	主成分 4	主成分 5	主成分 6	主成分 7
GDP	0.63	0.74	- 0.02	0.16	- 0.07	0.01	0.04
GDP 增长率	0.09	- 0.05	0.64	0.51	- 0.25	0.02	- 0.23
地方公共财政预算收入	0.73	0.52	0.20	0.08	0.06	- 0.09	- 0.23
地方公共财政预算支出	0.32	0.82	- 0.07	0.29	0.20	- 0.12	- 0.15
非农产值比重	0.45	0.00	0.69	0.31	0.12	0.16	0.18
规模以上工业生产总值	0.37	0.68	0.45	0.04	- 0.04	- 0.14	- 0.18
经济密度	0.81	- 0.13	0.41	- 0.28	0.06	- 0.07	- 0.05
人均 GDP	0.80	- 0.07	0.32	- 0.26	- 0.29	0.07	0.14
人均居民储蓄余额	0.88	- 0.40	0.03	0.05	0.03	0.03	- 0.02
人均社会消费品零售额	0.86	- 0.35	0.01	0.07	0.01	0.17	0.07
城镇居民人均可支配收入	0.78	0.08	0.28	- 0.27	0.23	- 0.15	0.17
农村居民人均可支配收入	0.78	0.25	- 0.11	- 0.37	0.04	- 0.12	0.19
人均年末金融机构各项贷款余额	0.82	- 0.39	- 0.09	0.28	0.09	0.05	0.03
固定电话用户数	0.73	0.21	- 0.30	0.39	- 0.19	0.06	0.06
总人口	0.09	0.89	0.05	0.23	0.16	- 0.18	- 0.09
每万人中小学在校学生数	0.68	- 0.41	- 0.19	0.00	0.36	0.07	- 0.19

指标	主成分 1	主成分 2	主成分 3	主成分 4	主成分 5	主成分 6	主成分 7
每万人中普通中学在校学生数	0.52	− 0.19	− 0.18	0.07	0.68	0.08	− 0.23
每千人约拥有医疗卫生机构病床数	0.47	− 0.23	− 0.46	0.48	− 0.05	− 0.01	0.41
每千人约拥有卫生技术人员数	0.51	− 0.50	− 0.02	0.19	− 0.28	− 0.20	− 0.04
新型农村合作医疗保险参保率	0.14	0.36	0.06	− 0.57	− 0.04	0.36	0.15
电视覆盖率	0.12	0.26	− 0.31	− 0.59	0.24	0.33	− 0.15
城镇化率	0.69	− 0.29	− 0.45	0.13	0.11	− 0.14	0.08
固定资产投资(不含农户)	0.68	0.55	− 0.10	0.03	0.00	0.34	0.17
农业机械总动力	0.09	0.64	− 0.38	0.02	− 0.12	0.01	0.02
农业总产值	0.14	0.67	− 0.37	− 0.13	− 0.37	− 0.10	0.14
森林覆盖率	0.07	0.00	− 0.31	0.34	− 0.32	0.66	− 0.39
进出口贸易总额	0.55	− 0.25	0.46	− 0.31	− 0.33	0.18	− 0.06
每万人涉枪、涉毒案件起数	− 0.53	0.18	0.29	0.37	0.25	0.32	0.46
每万人刑事案件起数	− 0.62	0.24	0.37	0.17	0.36	0.21	0.13

表 5 - 11　旋转后的因子负荷矩阵

指标	主成分 1	主成分 2	主成分 3	主成分 4	主成分 5	主成分 6	主成分 7
GDP	0.2	0.32	− 0.01	0.1	− 0.05	0.01	0.04
GDP 增长率	0.03	− 0.02	0.37	0.32	− 0.2	0.01	− 0.22
地方公共财政预算收入	0.23	0.22	0.11	0.05	0.05	− 0.08	− 0.22
地方公共财政预算支出	0.1	0.35	− 0.04	0.19	0.15	− 0.11	− 0.15
非农产值比重	0.14	0	0.4	0.2	0.09	0.15	0.18
规模以上工业生产总值	0.12	0.29	0.26	0.02	− 0.03	− 0.12	− 0.18
经济密度	0.26	− 0.06	0.24	− 0.18	0.05	− 0.06	− 0.04

续表

指标	主成分1	主成分2	主成分3	主成分4	主成分5	主成分6	主成分7
人均 GDP	0.25	-0.03	0.18	-0.17	-0.22	0.06	0.14
人均居民储蓄余额	0.28	-0.17	0.02	0.03	0.02	0.03	-0.02
人均社会消费品零售额	0.27	-0.15	0	0.04	0.01	0.16	0.07
城镇居民人均可支配收入	0.25	0.03	0.16	-0.17	0.18	-0.13	0.17
农村居民人均可支配收入	0.25	0.11	-0.06	-0.24	0.03	-0.11	0.19
人均年末金融机构各项贷款余额	0.26	-0.17	-0.05	0.17	0.07	0.04	0.03
固定电话用户数	0.23	0.09	-0.17	0.25	-0.15	0.05	0.06
总人口	0.03	0.38	0.03	0.15	0.12	-0.16	-0.09
每万人中小学在校学生数	0.22	-0.18	-0.11	0	0.28	0.06	-0.18
每万人中普通中学在校学生数	0.16	-0.08	-0.1	0.04	0.53	0.07	-0.23
每千人约拥有医疗卫生机构病床数	0.15	-0.1	-0.27	0.3	-0.04	-0.01	0.4
每千人约拥有卫生技术人员数	0.16	-0.22	-0.01	0.12	-0.22	-0.18	-0.04
新型农村合作医疗保险参保率	0.04	0.15	0.03	-0.36	-0.03	0.32	0.15
电视覆盖率	0.04	0.11	-0.18	-0.37	0.19	0.29	-0.14
城镇化率	0.22	-0.12	-0.26	0.08	0.09	-0.13	0.08
固定资产投资(不含农户)	0.22	0.24	-0.06	0.02	0	0.31	0.16
农业机械总动力	0.03	0.28	-0.22	0.01	-0.09	0.01	0.02
农业总产值	0.04	0.29	-0.22	-0.08	-0.29	-0.09	0.14
森林覆盖率	0.02	0	-0.13	0.22	-0.25	0.6	-0.38
进出口贸易总额	0.17	-0.11	0.27	-0.2	-0.26	0.17	-0.06
每万人涉枪、涉毒案件起数	-0.17	0.08	0.17	0.24	0.19	0.29	0.45
每万人刑事案件起数	-0.2	0.1	0.22	0.11	0.28	0.19	0.13

通过表 5 – 10 初始因子载荷及初始特征值，通过计算变量得到表 5 – 11 旋转后的因子负荷矩阵，将旋转后的负荷因子与原始数据的标准变量相乘，由此得出主成分的得分（计算表达式见附录 1）。

在得到主成分的得分之后计算综合得分，将标准化数据带入以上方程组，可得各评价对象的主成分得分。然后在此基础上，以方差贡献率为权数按照以下公式，计算综合得分。

$$Z = \left(\frac{\lambda_i}{\sum\limits_{i=1}^{m} \lambda_i} \right) Z_m, (i = 1, 2, \cdots, n)$$

二　综合评价结果分析

（一）综合评价结果得分及排名整体分析

依照西南边境城镇化评估指标体系，搜集并核查了 2016 年度中国西南边境 32 个边境县域的相关数据，运用主成分分析法，测算了各县域的综合评价值，按其评价分值高低进行了排序对比，具体结果如表 5 – 12 所示。

从 32 个边境县域 2016 年的综合评价值得分的总体排名来看，景洪市综合得分最高，为 99.1，居于榜首；第二名是东兴市，其综合得分为 95.41 分，仅低于景洪市 3.69 分。究其原因，景洪市与东兴市都位于经济较发达的区域，具有相同的区位和政策优势，特别是东兴市位于防城港市，具有港口条件，发挥中心城市的集聚效应，借助国家对于边疆城市的政策扶持，在口岸建设、空港和国际公路等对外通道和基础设施建设上较为完备。而作为西双版纳傣族自治州首府的景洪市行政区域较广，森林、动植物资源极为丰富，且与缅甸为邻。对外，开展与缅甸、泰国、老挝的友好合作，拉动对外贸易发展；对内，发展资源型经济产业（例如旅游业），加大对资源的保护力度，并在此基础上探索创新、环保的资源开发方式，打造高层次、高品质的旅游体验产业。作为与东南亚来往的中转点，景洪市应利用好对外开放的门户优势，与其他边境县域相比，区位优势和资源禀赋等条件构成了景洪市经济发展的特有优势。

综合得分排名最低的为福贡县，受历史、自然地理等因素影响，福贡县域内多为山峦坡沟，可耕作用地面积少，经济产业更为单一，财政收入多为财政转移拨款且财政支出稳增不减。福贡县是经济发展较为落后的一个县域。

表 5 - 12　2016 年西南 32 个边境县域城镇化水平综合得分及排名

单位：分

县域名称	所属州市	综合得分	排名
景洪市	西双版纳傣族自治州	99.10	1
东兴市	防城港市	95.41	2
瑞丽市	德宏傣族景颇族自治州	90.48	3
腾冲市	保山市	83.80	4
靖西市	百色市	83.27	5
凭祥市	崇左市	68.67	6
芒市	德宏傣族景颇族自治州	60.40	7
大新县	崇左市	54.95	8
龙州县	崇左市	54.25	9
宁明县	崇左市	53.54	10
勐腊县	西双版纳傣族自治州	45.45	11
马关县	文山壮族苗族自治州	44.57	12
河口县	红河哈尼族彝族自治州	43.87	13
富宁县	文山壮族苗族自治州	43.52	14
盈江县	德宏傣族景颇族自治州	43.17	15
勐海县	西双版纳傣族自治州	41.76	16
耿马县	临沧市	40.70	17
龙陵县	保山市	40.35	18
泸水市	怒江傈僳族自治州	38.24	19
澜沧县	普洱市	37.19	20
镇康县	临沧市	35.60	21
沧源县	临沧市	34.37	22
麻栗坡县	文山壮族苗族自治州	33.85	23

县域名称	所属州市	综合得分	排名
金平县	红河哈尼族彝族自治州	31.21	24
绿春县	红河哈尼族彝族自治州	27.16	25
陇川县	德宏傣族景颇族自治州	24.00	26
江城县	普洱市	20.30	27
那坡县	百色市	19.95	28
孟连县	普洱市	19.07	29
西盟县	普洱市	16.43	30
贡山县	怒江傈僳族自治州	13.62	31
福贡县	怒江傈僳族自治州	10.10	32

（二）综合评价结果聚类特征分析

在综合评价得分和排序的基础上，我们对西南32个边境县域的城镇化水平评价结果进行了聚类分析。方差分析检验显示 F = 106.6，dig. = 0.000，说明聚类效果好。通过聚类分析，可将云南边境县域按照其新型城镇化发展水平分为四个类别——领先区、相对领先区、相对落后区、落后区，具体如表5-13所示。

表5-13　西南32个边境县域城镇化水平区域分类

类别	边境县域名称
Ⅰ类区域 （领先区）	景洪市、东兴市、瑞丽市
Ⅱ类区域 （相对领先区）	腾冲市、靖西市、凭祥市、芒市
Ⅲ类区域 （相对落后区）	大新县、龙州县、宁明县、勐腊县、马关县、河口县、富宁县、盈江县、勐海县、耿马县、龙陵县、泸水市、澜沧县、镇康县、沧源县、麻栗坡县、金平县
Ⅳ类区域 （落后区）	绿春县、陇川县、江城县、那坡县、孟连县、西盟县、贡山县、福贡县

根据聚类分析，我们得到如下几点认识。

从桂滇两省边境县域整体城镇化发展水平来看，云南边境县域城镇化发展水平的分布已经呈现两头小中间大的橄榄形结构，这符合经济社会发展的一般规律，而广西所辖的边境县域更加趋于两极分布。

西南边疆发展较为落后的县域仍然主要为交通条件不利、发展基础较弱的区域。这些区域经济社会发展水平一直较低，长期没有太大改观，亟须探索新的发展动力，突破发展瓶颈。

三　各发展维度评价结果分析

从表5–14各维度排序及其相互关系中，我们能够得出如下几点总结。

（一）综合评价排序与各维度排序之间、各维度排序彼此之间都存在某种程度背离

综合评价排名前三的景洪市、东兴市和瑞丽市，并不是在各发展维度排名中都位于前列。景洪市仅在城乡统筹发展维度排名第一，其他维度或位于前列或排名靠后；东兴市除城乡统筹发展维度、对外开放与安全功能维度表现不佳之外，其他维度均排在第二位；而瑞丽市除对外开放与安全功能维度排名倒数之外，其他维度均排在前列，其中民生发展及社会发展维度更是排名第一，这表明各维度的表现在一定程度上影响了各县域综合评价的水平。

（二）综合评价和对外开放与安全功能维度呈负相关性

在综合评价中排名前五的边境县域，其对外开放与安全功能维度排序有3个都位于排名后10位。靖西市在社会发展维度排名中更是处于第29位，几乎垫底；而综合评价排在末位的福贡县在对外开放与安全功能维度排名中排第二，金平县在该维度排名第一。这一方面是由于更活跃的经济活动、更频繁的贸易交流以及不断推进的城镇化进程可能产生更多的社会冲突和安全问题。另一方面也说明，我们必须重视并着手解决在快速城镇化过程中凸显的各种社会和安全问题。

表5－14　2016年西南32个边疆县域各维度评价得分及排名

县域名称	综合评价		经济发展维度		民生发展维度		社会发展维度		城乡统筹发展维度		对外开放与安全功能维度	
	得分	排名	得分	排名	得分	排名	得分	排名	得分	排名	得分	排名
景洪市	99.1	1	57.7	6	76.3	3	53.0	5	99.1	1	44.0	29
东兴市	95.4	2	71.0	2	91.6	2	81.3	2	42.8	11	33.6	30
瑞丽市	90.5	3	59.4	4	99.1	1	99.1	1	56.9	6	45.2	28
腾冲市	83.8	4	65.6	3	39.4	9	49.6	10	74.3	2	76.6	21
靖西市	83.3	5	99.1	1	31.6	13	20.3	29	36.3	14	80.8	16
凭祥市	68.7	6	57.8	5	69.3	4	43.0	13	34.9	17	10.1	32
芒市	60.4	7	42.8	8	46.2	6	44.6	12	55.5	7	80.3	18
大新县	55.0	8	42.3	10	39.4	10	14.8	30	49.5	9	89.0	11
龙州县	54.3	9	46.5	7	39.7	8	22.7	27	39.0	13	70.9	22
宁明县	53.5	10	42.3	9	30.8	15	24.1	26	41.8	12	80.3	19
勐腊县	45.5	11	20.7	25	40.2	7	61.3	3	68.4	3	59.0	25
马关县	44.6	12	36.6	11	31.0	14	34.4	23	33.1	18	89.7	9
河口县	43.9	13	29.3	15	48.8	5	45.8	11	26.2	25	60.0	24
富宁县	43.5	14	24.2	20	29.0	18	50.3	8	30.3	23	94.7	4
盈江县	43.2	15	21.1	24	35.3	12	50.6	7	52.3	8	68.7	23

185

续表

县域名称	综合评价		经济发展维度		民生发展维度		社会发展维度		城乡统筹发展维度		对外开放与安全功能维度	
	得分	排名	得分	排名	得分	排名	得分	排名	得分	排名	得分	排名
勐海县	41.8	16	27.8	17	38.6	11	27.9	25	44.2	10	50.1	26
耿马县	40.7	17	22.4	21	30.4	16	41.8	14	63.0	4	80.3	17
龙陵县	40.4	18	31.3	14	28.2	20	36.5	21	35.5	15	82.3	14
泸水市	38.2	19	32.7	13	29.7	17	53.6	4	29.3	24	89.4	10
澜沧县	37.2	20	33.7	12	21.7	26	11.1	31	31.3	21	86.2	12
镇康县	35.6	21	25.6	19	27.0	21	51.7	6	35.3	16	95.9	3
沧源县	34.4	22	22.0	22	24.0	25	39.9	15	57.1	5	94.4	5
麻栗坡县	33.9	23	26.9	18	25.0	24	32.0	24	13.7	30	93.2	7
金平县	31.2	24	28.2	16	18.6	29	37.9	17	10.1	32	99.1	1
绿春县	27.2	25	21.6	23	19.1	28	37.0	18	16.2	27	92.2	8
陇川县	24.0	26	13.4	30	26.5	22	50.1	9	30.9	22	13.1	31
江城县	20.3	27	10.4	31	26.4	23	36.8	19	31.3	20	78.6	20
那坡县	20.0	28	15.8	29	17.6	30	36.8	20	17.4	26	82.6	13
孟连县	19.1	29	10.1	32	28.8	19	39.2	16	31.9	19	45.5	27
西盟县	16.4	30	18.8	28	16.7	31	35.8	22	15.7	28	81.6	15
贡山县	13.6	31	19.6	26	20.0	27	21.1	28	14.5	29	93.4	6
福贡县	10.1	32	19.2	27	10.1	32	10.1	32	12.1	31	97.9	2

第五节　西南边境县域城镇化发展中存在的问题与政策应对

一　西南边境县域城镇化发展中存在的主要问题

（一）产业发展层次不科学，发展结构有待优化和调整，农业生产方式有待优化，农产品附加值有待深挖

边境县域的产业结构在 2011～2016 年一直有所优化，主要表现为第一产业比重都呈现下降趋势，而第二、第三产业比重则呈相应的增长趋势。但截至 2016 年，部分边境县域的第一产业比重较全国平均水平而言仍然较高。其中，云南省有 6 个边境县域的第一产业比重超过 30%，而 32 个边境县域中凭祥市的第一产业比重最低，为 8.12%，大部分县域第一产业比重为 20%～30%。同时我们需要注意的是，32 个边境县域中有 8 个县域的第三产业比重超过同期国家平均水平（51.8%），县域中第三产业比重最高的达 66.64%，最低的仅为 20.7%。综合数据整体表现可以看出，降低第一产业比重，促进第三产业发展，针对县域进行第二、第三产业协同发展符合县域经济的产业调整方向。

边境县域大多数表现出第一产业比重过大，且轻重工业比重不合理，第三产业发展落后的特征。西南边境县域由于地处边远且交通不便，投资效益差，工业发展落后。而农产品的资源依赖性太强，现有农业的商品率较低和发展方式过于粗放，导致农业品附加值较低。在特色农业产业化、标准化、信息化发展及特色农产品的研发、加工、销售基地建设等方面也相对落后。而三产之间缺乏协调，产业链及价值链中分工的深化、细化和融合度较差，研究、开发、营销、品牌培育等关联产业的孵化和培育工作缺失。

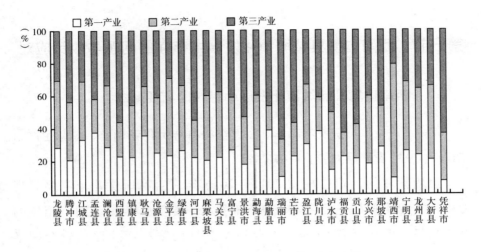

图 5 - 4　2016 年西南 32 个边境县域三产占比情况

（二）边境县域之间发展差距大，缺乏内生动力及发展资金，城镇建设及发展依赖性较强，扶贫任务繁重且工作艰巨

2016 年 32 个边境县域的公共财政预算总收入为 159.73 亿元，而地方公共财政预算总支出达 776.66 亿元，自给率仅为 20.57%。其中，西盟县的财政自给率最低，仅为 5.43%；福贡县、贡山县、富宁县和绿春县等县的财政自给率分别为 5.61%、7.13%、9.47% 和 9.7%，均不到 10%。32 个边境县域中没有实现财政盈余的县域，有 19 个县域的财政自给率低于 20%。边境县域经济发展多为资源导向型，经济欠发达是普遍现象。经济增长缺乏主导产业，缺乏动力，自我积累、自我发展的能力不强，财政发展能力和自我供给能力都比较弱。

2011 ~ 2016 年，边境县域在经济社会建设上取得了明显成绩，从经济发展维度、民生发展维度的相关指标来看，各县域的生产总值保持快速增长态势，但是人均 GDP、城乡居民可支配收入与全国同期水平相比仍具有较大差距，且排在前几位的县域与排在后几位的县域的差距较大。各县域所处的地理位置、资源禀赋和原有发展基础的不同是一个客观存在的因素，但是与全国、所属州市相比，经济发展水平和质量仍有较大差距。从经济总量上看，2016年，32个县域中地区生产总值排在前10位的县域地区生产总值和为1211.82亿元，是倒数后10位边境县域生产总值总和的4.67倍；地方财政收入前10位的县域收入总计为941121万元，是倒数后10位县域总和的5.43倍。从城乡居民收入来看，在32个边境县域中，城镇居民人均可支配收入和农村居民人均可支配收入最高的是东兴市，其城镇居民可支配收入为34993元，是排名最后的贡山县（19734元）的1.77倍；其农村居民人均可支配收入为14960元，比排名最后的福贡县（5092元）多9868元。综上所述，32个边境县域发展状况不一，区域差距明显，有的城镇化发展处于中上水平，有的还在脱贫攻坚、建设阶段。

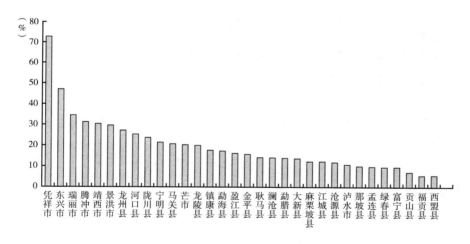

图5-5　2016年西南32个边境县域财政自给率排名情况

（三）城镇建设理念束缚，社会事业发展不彰，生态资源及文化资源发掘不到位

从图5-6可以看出，32个边境县域的医疗条件水平普遍较低，每千人约拥有病床数仅有6个县域超过全国同期水平（5.37张）。在这一指标排名中，广西所辖的边境县域的表现不如云南边境县域，云南省的边境

县域集中在前 10 位，分别为景洪市（10.33 张）、瑞丽市（8.96 张）、芒市（8.19 张）、河口县（8.17 张）、泸水市（6.34 张）、陇川县（5.64 张）、勐腊县（5.34 张）、勐海县（5.24 张）、富宁县（5.08 张）和沧源县（4.81 张）；而广西的边境县域则集中在后 10 位，倒数第二至第八位依次是龙陵县、凭祥市、宁明县、澜沧县、福贡县、大新县和西盟县，其指标值分别为 2.45 张、2.55 张、2.61 张、2.71 张、2.71 张、2.96 张和 3.21 张。

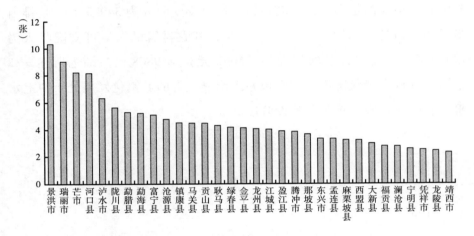

图 5-6 2016 年西南 32 个边境县域每千人约拥有病床数排名情况

另外根据相关政策文件，西南 32 个边境县域中有 16 个是重点扶贫县，这些县域多位于山区，地理环境复杂，基础设施建设困难，建设成本较高，导致基础设施总体水平不高。而观察 32 个边境县域各自所处区域可知，排在前 10 位的县域具有较多相同的特点，例如，良好的地理区位优势即大多数设有口岸，且与南亚、东南亚国家接壤或通行条件较为便利，主要有西双版纳的景洪市、防城港的东兴市和德宏的瑞丽市等。而发展相对落后的县域，则集中位于云南中部的普洱市、通行条件及自然条件不利于发展经济的怒江傈僳族自治州等区域。

推进城镇化建设，不能只关注城镇规模和经济方面的发展，城镇化建设的本质是以人为本，以发扬当地人文资源为内涵。目前的城镇化建设过程，过于追求"城大地广"，西南边境县域独特的本地民族文化资源及生态资源未能被加以利用。

（四）受社会治理体制和法制观念制约，对外开放理念落后，法制意识淡薄

由于每万人涉枪、涉毒案件起数这一指标是一个负向指标，因此该指标数的数值越大，表明其社会稳定安全水平越低。从图 5－7 可以看出，西南边境 32 个县域中每万人涉枪、涉毒案件起数排名靠前的为福贡县（0 起），2016 年内福贡县未发生一起涉枪、涉毒的判决案件；而排名最后的是陇川县，其每万人涉枪、涉毒案件起数为 6.95 起。每万人涉枪、涉毒案件起数排第二至第十位的县域分别为金平县（0.18 起）、沧源县（0.24 起）、贡山县（0.25 起）、麻栗坡县（0.38 起）、镇康县（0.39 起）、富宁县（0.40 起）、泸水市（0.44 起）、绿春县（0.63 起）和大新县（0.68 起）。社会稳定安全水平相对较低县域是东兴市、孟连县、凭祥市、勐海县、盈江县、瑞丽市、景洪市、勐腊县和腾冲市，其每万人涉枪、涉毒案件起数分别为 5.00 起、4.69 起、4.55 起、4.06 起、3.20 起、2.92 起、2.86 起、2.20 起和 2.17 起。

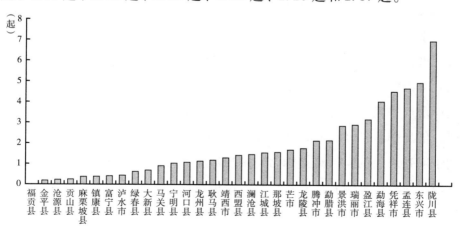

图 5－7　2016 年西南 32 个边境县域每万人涉枪、涉毒案件起数排名情况

社会稳定安全与社会经济发展相互作用、相互影响，经济发展必然对社会的稳定、和谐程度有一定的要求，而经济发展程度又同样影响社会稳定和安全状况。文化冲突和社会突发事件时有发生，对外开放在促进区域经济发展的同时，也带来外来冲击和安全挑战。西南 32 个边境县域中仅有那坡县、大新县、福贡县、贡山县、龙陵县、澜沧县、西盟县、金平县、绿春县和马关县共 10 个县域没有设立口岸或口岸尚未建成。瑞丽口岸、景洪口岸、猴桥口岸、河口口岸等是边境交通与贸易一体化且具有国际标准的一类口岸；天蓬口岸、打洛口岸等，更多的是起到检审一般进出境人员及方便边民过境作用，未尽发挥其地理区位优势。

二 推进西南边境县域城镇化发展的政策应对

（一）降低第一产业比重，创新农业生产方式，深挖农产品附加值；优化和升级产业结构，推进"四化"协调发展，增强经济自主增长能力，促进城镇经济发展

在推进城镇化建设过程中，农业经济是基础，农业现代化建设也是必经之路。优化产业结构，在侧重第二产业、第三产业的同时，推进农业现代化对于实现城乡统筹建设、解决"三农"问题以及城镇化建设有着重要意义。西南 32 个边境县域大多数位于山区，自然地理条件恶劣，极大限制了其区域经济发展。推进农业现代化和特色农产品产业化，可以极大改变农业产业结构单一、农村劳动力过剩、农业基础设施建设落后等现状。通过各类职业技能教育提升农村劳动力素质、劳动技能，依靠创新带动农业特色产业发展，吸引高素质劳动力返乡创业，有利于增强农民的自由流动能力、市场适应能力和自我管理能力等。边境县域农民应因地制宜，立足于当地民族特色，从事特色农业、精品农产品的生产，通过文化工艺品制作、农业旅游等非农产业增加收入。政府应提供积极的就业引导和就业能力培训，帮助农民树立就业多元化观念，增强农民实际开展多元化经营、特色经营的能力，促进农村就业形

式多元化，增强农民的多样化谋生能力。这对于增强农业经济发展的自主性，实现城乡统筹，缩小城乡差距，推进工业化、信息化、城镇化和农业现代化同步协调发展，打造健康科学的城镇体系，促进城镇化科学健康发展有着积极作用。

（二）加大教育投入，加强基础设施建设，坚持完善社会保障事业，落实扶贫攻坚工作，提升公共服务能力，缩小边境县域之间差距

在西南 32 个边境县域中，仍有 19 个县域财政自给率低于 20%，经济自主增长能力较弱。教育为区域发展提供人力支持，基础设施建设可以改善区域经济社会发展基础条件，加大边疆不发达县域的教育投入，加强基础设施建设是必要之举。城镇化建设的本质是以人为本，社会医疗卫生事业的发展是保障社会经济体制运作正常的基石，可以稳定经济发展，促进社会平衡发展。

坚持完善社会保障事业，不断进行制度创新，转变政府绩效的考核方式，不把 GDP 及其增长率作为唯一的考核标准，将重心转移到社会、民生、城乡统筹发展等维度上来，不光看当地的经济发展水平，更重要的是看当地的社会、民生、城乡统筹发展情况。公平和正义才是政府管理的价值准则。只有提升政府公共服务的能力，缩小城乡差距，实现政府公共服务均等化，缩小不同边境县域之间人民生活水平和社会保障水平的差距，实现教育资源的均等化，扩大医疗卫生教育资源的覆盖面，实现社会和谐、全面发展和经济稳定发展，才有利于促进新型城镇化建设。

（三）以生态城镇化建设为导向，立足于当地特色民族文化资源，走差异化的新型城镇化道路，促进城镇化建设质量的提高

观察西南边境县域的自然环境和少数民族聚居特征可知，其大多数具有较好的生态环境和少数民族特色文化资源。加强生态环境保护是实现城镇化可持续发展的重要前提，也是推进城镇化过程中不可忽视的问题。以往以牺牲环境为代价、同质化的发展模式是不可取的，在城镇化

建设中既要保护已有的自然资源，也要改善自然环境，实现人与自然的协调性。

32个边境县域中有9个是少数民族自治县，多民族文化交融是特色，因此边境县域具有极为丰富可供开发利用的民族特色文化资源。尊重当地的历史、文化及习俗传统，重点培育特色文化旅游产业，走差异化的新型城镇化道路，对于提高边境县域城镇化发展水平和质量，促进高质量发展的边境城镇数量的增加是必不可少的条件。

边境县域具有历史悠久的文化沉积，也是文化多样性保持最好的地区之一，可将自然生态环境和人文精神进行有机结合，在城镇化建设规划中树立体现地方特色和民族特色的观念，对具有代表性的民族建筑、民族节日和非物质文化遗产等进行重点保护和培育；以文化资源为基础，充分挖掘文化资源的产业优势；结合互联网时代信息传播特点，利用大数据实现市场的推广和需求引导；以政策支持、财政资源为支撑，推进特色农产品开发、精品工艺品的制作，发展文化产业及高端定制旅游体验产业，促进城镇发展。在推进边境城镇建设的同时，也要实现少数民族文化资源的保护与传承。

（四）加大对外开放力度，强化社会稳定与安全，增强民众法治意识，创新社会治理理念，实现内部社会稳定发展

地理区位及自然资源禀赋对于边境县域的城镇化建设至关重要，毗邻南亚、东南亚的边境县域具有对外开放的有利条件。建设边境县域城镇，是提高其对外开放服务水平，发挥其面向南亚、东南亚的门户及辐射功能是重要途径。坚持对外开放应树立全局观念，联动西南边境各县域形成新的产业布局结构、对外开放格局，促进资源优化配置、产业结构优化升级。

创新社会治理理念，在推进边境县域法治基层政府完善的同时，增强民众法治意识，实现边境县域公共治理方式转变。加大基础设施建设力度，改变边境县域边远山区信息闭塞、交通条件差的现状。建立法律

教育、宣传机制，创新到家入户、广播电视等法律意识宣传方式，加强法制观念的培养，突破经济落后、教育滞后、人口素质低带来的法治意识缺失困境。建立联系群众、深入群众联系机制，实施重点区域防范机制，落实扫黑除恶法治工作，树立政府权威，把法治作为实现社会长治久安的有效途径和根本方法。在进行社会治理的过程中，要考虑到边境县域多民族聚居的特征，尊重各民族特有的历史文化、传统习俗。要利用民族精英资源，重视调解机制，增强群众自治能力，发挥社会治理的作用，合理有效化解基层矛盾，实现社会矛盾、不稳定因素的最小化处理，展现事了、人和、安定的社会面貌。

第六章　西南地区沿边城镇发展典型案例

　　边境城镇化发展首先应当实现经济社会发展功能。一方面，增加当地居民的人均收入和当地的财政收入，发展与边境贸易有关的物流、加工、转运等关联产业；另一方面，调整经济结构，促进产业结构优化，形成产业集聚。因为边境城镇相对于内陆城镇来说，利用国际市场和国际资源的机会多得多。其次实现边境城镇本身的发展。边境贸易不断发展，从而带来更多的人口和产业，导致城镇规模不断扩大，城市空间不断扩张，边境城镇化进程不断加快。

　　在我国，边疆城市的开放，也意味着民族地区的开放，因为我国少数民族多居住在边疆[①]。西南边境城镇的开放给民族地区经济发展带来了活力。面对着国内市场和国际市场，使其成为商品的流通中心或者转运经济中心，给民族地区经济注入新鲜的血液，刺激民族地区经济的发展。同时，边境城镇的开放让自身成为中外文化交流的窗口。由于其特殊的地理位置，可能不同文化在国界附近同时存在，边境城镇就有了多重文化的特点，它还可能会吸收和传播边境内外双方的文化。

　　部分边境城镇最初的功能就是防御，因为它位于国界线上，一般处于军事要冲的位置。只有边界没有冲突、领土不被侵犯、主权不被干涉，边境地区各族人民才能安全、心安，社会才能和谐进步。和平与发

---

　　① 李甫春：《论扶贫开发与边疆开放》，《广西农村金融研究》1992 年第 7 期。

展是当今世界发展的主题，以往边境城镇浓厚的军事意义被抹去不少，但是边境城镇在捍卫国家安全和国家主权方面的功能不可取代。

第一节　实现经济发展功能的典型个案

边疆地区的稳定与发展，关系着所属地区甚至国家的长治久安。在国家各种政策背景条件下，边疆地区发生了翻天覆地的变化，已不再是闭塞边陲，不再是坚壁清野的烽火前沿。虽然，现在的边境地区仍然发挥着防御的功能，但一条崭新的城市带悄然崛起，边疆地区的经济得到稳定、长足的发展。本节以西南边疆地区在经济发展方面富有代表性的腾冲、景洪、东兴3市为例，主要从经济发展状况以及经济发展的主要成绩与经验两个部分对其实现西南边疆经济发展功能予以论证。

一　云南腾冲市

（一）经济发展状况

2015 年，腾冲市国民经济保持稳定健康发展的态势，全市各行业朝着健康有序的方向发展。腾冲市形成以旅游业为主导产业，以林业、茶叶产业等传统产业为支撑，以特色产业和农副产品加工业为补充的经济发展体系。

经济结构趋向合理，农业经济稳定发展，农业经济形势良好，农业生产能力和农村经济效益都有不错的提升。腾冲坚持工业富市的战略，加快工业园区建设，坚持工业与行业协调发展，工业经济总量不断增长，工业质量稳步提升，工业结构逐步优化，中小企业在腾冲市的扶持之下，健康稳定地发展。以服务业为主要发展潜力的第三产业蓬勃发展，成为当地财政收入的重要来源，在全市经济总量中所占比重也是逐渐增加。以旅游业为例，腾冲旅游资源丰富，最近几年，旅游行业一直持续健康发展，入境旅游的人数不断增加，旅游综合收入也在不断地增长，而且旅游的消费结构逐步趋向合理。作为腾冲的主导产业，旅游业的这一地位在接下来的很长时间内是不会发生改变的。

腾冲市委、市政府因地制宜选择发展产业，充分发挥绿水青山的经济效益，不断在生态建设的道路上进行探索，努力做到经济效益、社会效益和生态效益的有机统一。充分利用特色资源，例如，发展红花油茶、美国山核桃等特色经济林产业，深化林业经济改革，激发林业行业的活力，不断推动林业的发展，增加林业农民的收入。腾冲茶产业发展水平在云南省处于领先地位，茶产业是腾冲的特色主导产业之一①。腾冲有得天独厚的气候优势，适宜很多中药材生长，有"云药之乡"的美称，且中药材种植历史悠久，其中银杏、黄精、红豆杉等品种比较出名。

腾冲市利用其优良的区位优势发展边境贸易，面对具备较大潜力的南亚市场，加大对外开放的力度，进出口总额逐年增加，各种口岸设施也逐渐完善，为边境居民的贸易提供了良好的条件。同时腾冲市不断引导投资金融市场向着健康的方向发展，逐步优化金融投资环境，为腾冲的发展注入新的活力。

腾冲围绕成为经济强市、争做云南辐射中心排头兵的目标，按照农业是经济发展的基础、工业是经济发展的主要动力、服务业是经济发展的后续保障这一发展思路，大力培养农林业、特色产业，使全市经济进入快速发展的轨道。

（二）经济发展的主要成绩与经验

近年来，在腾冲市委、市政府的正确领导和各部门的关心支持下，腾冲全力做好稳增长、促改革、调结构、惠民生、防风险等各项工作，开创了经济社会乘势而上、蓬勃发展的良好局面，极力打造"世界健

---

① 何茂选、番仁典：《茶旅融合助推腾冲茶业发展》，《云南农业》2019 年第 3 期。

康生活目的地"①。从 2016 年腾冲市人民政府工作报告中了解到，2015
年全市地区生产总值 145.9 亿元，比 2014 年增长 10%，在全省县域经
济综合考核中连续两年位列第六。农业基础设施不断完善，农业产量质
量不断提高，粮食产量从 32.5 万吨增加到 43.1 万吨。2002～2015 年，
粮食产量实现 13 年的连续增长，腾冲获得国家粮食生产基地和全省首
批高原特色农业示范县等荣誉称号。腾冲的通关便利水平稳步提升，
2011～2015 年，入境流量 324.9 万人次，一些知名的企业和著名品牌落
户在此，累计签约项目 84 个。腾冲知名度不断提高，被评为中国最佳
文化生态旅游目的地、2014 年中国最具旅游价值城市。2015 年，全市
共接待游客 750.02 万人次，实现旅游总收入 66.01 亿元，比 2014 年分
别增长 15.4% 和 26.8%，其中景区接待人数不断增加，景区收入也逐
年提高。

　　腾冲市取得了如此大的成绩，与腾冲市委、市政府所做出的正确决
策是分不开的，其主要做法如下。

　　首先，增加发展活力，加大开放力度。腾冲市积极进行经济体制改
革，大力扶持中小企业发展，增加税收来源。腾冲是中国通向南亚的交
通要塞，其利用独特的区位优势，不断与周围国家和地区进行交流与合
作。因为我国在资源、技术、资金等方面比与云南接壤的那些地区更具
有优势，所以，腾冲市在边境贸易、生物资源开发、转口贸易等方面更
具有优势。

　　其次，合理有效地开发特色产业。腾冲的特色产业具有很大的发展
潜力，其一直坚持可持续和生态保护的态度发展特色产业，把自然优势
转为经济优势，例如对特色经济林的重点培育、推进基础设施建设等。
腾冲目前已经形成公路、铁路、航空立体交通网络，破除了腾冲多年以
来的交通瓶颈，同时腾冲市不断完善水利和电力基础设施。基础设施的

---

　　① 辛均庆等：《重点领域立法为改革发展护航》，《南方日报》2017 年 4 月 11 日。

不断完善成为腾冲市快速发展的基础动力。

最后，调整旅游产业结构，推动旅游产业全面升级。目前人们的消费结构在发生变化，腾冲市抓住这一契机，使腾冲旅游业进入"二次创业"的攻坚阶段。腾冲不断完善旅游基础设施，加快旅游产业的发展，提升旅游景点品质，打造一批响彻国内外的旅游品牌，加速旅游业的全面发展。同时，在加大旅游宣传的同时，腾冲匹配越来越优质的服务体系，让腾冲成为具有适合人类居住、旅游等多种功能的城市。

二 云南景洪市

（一）经济发展状况

2015年，景洪市委、市政府面对复杂的宏观局势和繁重的发展任务，积极规划、夯实基础，平稳有序地推动景洪市经济健康向前发展，使全市经济保持稳中有进、进中有好的态势。景洪市已经形成了以旅游业为主导产业，以橡胶、茶叶等四大传统产业为支撑，以矿产资源开发和农副产品加工业为工业经济新增长点的经济发展体系。

景洪市具备优越的农业发展先天条件，其农林牧副渔都得到了充足的发展。目前，景洪市致力于调整农业产业结构，且取得了不错的成绩。景洪市的工业以轻工业为主，兼顾发展建筑、矿产资源开发以及加工制造业，其工业对地方经济发展的贡献率也慢慢提高。景洪市委、市政府积极发展非公有制经济，非公有制经济在其境内快速发展。

景洪市委、市政府以打造特色产业为出发点，加大科技投入力度，大力发展特色产业。例如，大力开发休闲水产品，努力建设生态养殖中心；在景洪市的多个乡镇养殖罗非鱼、丝尾鳠等品种；发展橡胶产业，维持现有的橡胶种植面积，提高橡胶产量和效益，发展橡胶的延伸产业。景洪属于亚热带地区，纬度低、热量充足，适宜橡胶的生长，也适应咖啡的生长。现在的咖啡业规模较小、品牌知名度不够、产业链条短，景洪市充分认识到咖啡业在特色农业经济中的作用，针对现有的问题，重点扶持部分咖啡企业，打造精品品牌。

景洪利用其得天独厚的区位优势，发展外向型特色产业。自1987年到现在，边境贸易企业的数量逐渐增加，质量也逐步提高。景洪市对外贸易以一般贸易和小额贸易为主，以边境居民贸易为辅。除了边境贸易还有特色产业的开发。景洪市所从事的边境特色资源开发主要为种植玉米、橡胶等农作物代替罂粟的种植，这对禁种区农民收入的增加和抑制毒品进入我国边境有重大意义。

景洪坚持打基础、调结构、重发展的方针，并把其作为指导经济发展的基本思想，在这一观念的指导下，全市经济得到持续、健康发展，景洪市逐渐探索出经济跨越式发展的成功之路。

（二）经济发展的主要成绩及经验

景洪市委、市政府坚持以提高经济发展质量与效益为中心，树立创新、协调、绿色、开放、共享的发展理念，主动适应经济发展的新常态，国民经济保持稳定健康发展的态势。据统计，2015年全市实现生产总值192.5亿元，比2014年增长11.4%，产业结构更加优化，三次产业协调发展。基础设施大幅度改善，玉磨铁路、景打高速等国家、省重点项目相继开工，机场路扩建、京哈大桥等项目全面推进，澜沧江—湄公河前期整治工作正式启动，水陆空立体交通网络系统更加优化。改革的程度不断加深，景洪市已经全面取消非行政审批，"放管服"改革进一步深入，"双随机、一公开"的监管机制已经实现全面覆盖。财政体制改革不断深化，"营改增"已经全面完成，中小企业的融资渠道逐渐拓宽。景洪旅游业发展势头强劲，2015年全年接待国内外游客1370.91万人次，比2014年增长16.8%，全市旅游收入222.52亿元，比2014年增长27.3%，全域实施旅游发展战略，全省旅游产业大会在景洪顺利召开，以告庄西双景为代表的一批旅游城市综合体成为新热点。中林集团、重庆国投、上海复星等一批实力企业落户景洪，雅德秘侬旅游度假区、热带雨林回归示范园等项目取得实质性进展。

目前,景洪市经济社会处于一个上升的阶段,其主要做法如下。

一是把思想和行动统一起来,做到两者同步。首先,各个部门集中落实 2009 年市委、市政府提出的"三个不动摇"和"四条原则",积极寻求大的项目,发挥市场的作用,到市场上寻找资本。其次,发展以神秘边境、民族风情、热带风光为特色的旅游经济。景洪市依托"走出去"战略,与边境国家旅游营销中心合作,形成国内外客源地交流合作、互惠互利的发展格局。最后,景洪还利用春节、五一、十一等节假日,向进入景洪境内的游客发放景洪景点的宣传手册,在火车站、机场等交通中转地设置旅游咨询点,重要的是成立旅游资讯网,充分利用网络渠道,提升景洪的知名度。

二是景洪充分利用其特殊的地理位置带来的机遇,加速景洪城镇化和工业化的进程。首先,景洪与周边国家是水陆相连的,航空也是对接的,所以交通是十分便利的,因此景洪成为云南对南亚、东南亚国家进行出口贸易的中转站,成为对外贸易的一条必经之路。

三是景洪市积极调整产业结构,转变发展方式。景洪市加速现有产能扩张、技术升级和工业园区建设,特别是发挥水电路和行政管理效率高等优势,在互利基础上大力开拓东南亚北部,特别是老挝和缅甸市场,把原材料输入和深加工产品输出的文章做好,使此方面外贸的比重随着自由贸易区的日渐成熟而不断提高,并变成地方产业发展中重要而稳定的支柱[1]。

三 广西东兴市

(一)经济发展状况

2015 年,东兴市积极适应新常态,主动落实新作为,充分发挥独

---

[1] 陈文兴、游启道:《景洪市经济社会发展问题研究》,《中共云南省委党校学报》2010 年第 4 期。

特的区位优势，以东兴国家重点开发开放试验区、中国东兴—越南芒街跨境经济合作区、沿边金融综合改革试验区等"三区"建设为重点，坚持以跨境贸易、旅游、金融、物流、文体等方面为主导，加快建立以服务经济为主体的现代产业体系，大力发展第三产业，不断增强对周边地区的辐射能力，促进全市经济社会实现跨越发展①。

东兴市利用自身优势，大力发展休闲农业，现在已经具有一定的规模，形成了数十个休闲农业点。发展农家乐、林家乐等，竹山村被评为中国最美乡村，特色农业产值也在不断增加。东兴市渔业资源丰富，保持长期稳定的发展。东兴市工业在经济发展中的地位越来越重要，全市工业以较快的速度向前发展，工业经济总量不断增大，工业经济结构不断优化，对东兴市的发展起着越来越重要的作用。同时，东兴市积极融入国家"一带一路"建设，加快中越北仑河二桥项目建设，推动东兴口岸改造升级，以便更好地对外开放。

东兴市具备发展边境产业的天生优势，其可以利用国内外两种资源和国内外两个市场。首先，近几年东兴市的边境贸易蓬勃发展，由原先单纯的进出口方式转变为边境两边的居民发展贸易的方式。而且东兴市不断完善口岸的基础设施，拓宽双方贸易的通道。其次，在政府的支持和优惠政策条件下，现在东兴市的跨境旅游和跨境加工产业处于良好的发展态势，越来越多的旅游投资企业和加工制造企业进入东兴市境内，促进了东兴经济的全面发展。

东兴市利用北热带季风气候海洋风盛行、日照充足、太阳辐射强、雨量充沛的特点，进行特色经济作物——金花茶等的种植。东兴市拥有中国大陆唯一京族的聚集地，京族民俗文化底蕴深厚，形式多种多样，因此东兴市对其积淀深厚的民俗文化进行开发和利用，形成了具有地方

---

① 黄翠丽：《东兴市发挥"两沿三区"优势提速发展现代服务业》，《广西经济》2015 年第3 期。

特色的文化产业。东兴市政府因地制宜，选择适合当地经济发展的模式，积极创新发展思路，把握发展机遇，推动东兴市又好又快发展。

（二）经济发展的主要成绩及经验

自1978年改革开放以后，东兴市以对国内外开放为战略，牢牢抓住发展的机会，由一个落后封闭的边境小镇成为今天具有一定发展规模和影响力的边境口岸城市。东兴不断总结其发展经验，与时俱进，探索沿边开放新模式。根据统计数据，2015年全市实现生产总值85.44亿元，比2014年增长8.6%。近几年来，东兴市改革开放取得了显著的成果，先后两次被纳入国家发展战略。2013年，东兴市成为沿边金融综合改革试验区先行区，中国东盟货币服务平台"东兴模式"在全自治区乃至全国推广。民生事业也得到了明显的改善，首先，教育事业实现质的飞跃，东兴市不断加强与名校团队合作，提高教学质量，高考本科上线率不断提高。其次，卫生事业蓬勃发展，2015年末全市共有卫生机构128个，其中等级医院1个、妇幼保健院1个、疾控预防中心1个、乡镇卫生院3个；共有卫生技术人员1002人，其中执业（助理）医师406人、注册护士361人。最后，民生保障持续改善，完成农村危房改造3373户，建设保障性住房1077套，发放城乡低保金7641万元，新增城镇就业3.1万人，转移农村劳动力就业1.9万人。

东兴市从边境小镇发展到现在具有一定规模的现代化的城市，其经验是值得我们借鉴和思考的。

首先，边境旅游。东兴市以成功"创特"为契机，打造国际旅游名城，利用优惠政策吸引国内外游客，推动赴越跨境游等旅游方式的多样化。不断完善旅游产业的配套设施，提供更为优质的旅游服务，加大旅游宣传力度，争取多在国家级、省级主流媒体宣传推介，不断提升东兴旅游知名度和影响力。

其次，发挥地理优势，推动产业升级，形成地区经济增长极。东兴市充分发挥其沿海的地理优势，积极承接国内和国外的产业转移，不断调整优化本地的产业结构，创新发展模式。东兴市不断加速园区和企业的建设，完善其布局和功能的分配，打造区域性的主导产业，形成地区的经济增长中心，辐射带动周围地区的经济发展，从而推动整个东兴经济的协调发展，增强城市的发展活力。

最后，加大对外开放的力度，积极融入国际市场。东兴利用对外开放的政策优势，加深本地对外开放的程度，利用沿边金融综合改革试验区平台，在边境贸易、边境投资、金融服务等领域积极争取国家的优惠政策，推动边境地区更好地合作交流，打造面向东盟的地区性国际金融综合服务中心。东兴市积极融入区域经济一体化，边境地区与国外的经贸关系也由单一的边境贸易向区域合作转变①。

第二节 实现对外开放与辐射功能的典型个案

习近平总书记在 2014 年召开的中央民族工作会议上强调：要着眼欧亚大舞台、世界大棋局，加强边疆建设；要深入实施西部大开发战略，加快边疆开发开放步伐，拓展支撑国家发展的新空间。本节以南边疆地区在对外开放与辐射方面富有代表性的瑞丽、凭祥与吉隆 2 市 1 县为例，主要从试验区（或口岸）建设与发展概况，以及辐射开放的区位优势与战略定位这两个部分对其实现西南边疆开放与辐射功能予以分析。

一 云南瑞丽市

（一）试验区建设与发展概况

瑞丽自 2012 年起，成为国家重点开发与开放的试验区。国务院办公厅印发的《关于同意广西东兴、云南瑞丽、内蒙古满洲里重点开发开放试验区建设实施方案的函》，确定了瑞丽市在我国规划中的重要位

---

① 曾珊：《广西东兴沿边开发开放试验区战略研究》，中央民族大学硕士学位论文，2012。

置。因为瑞丽的这一特殊地位，建设和发展瑞丽成为德宏州委、州政府的一号工程，也是云南省建设辐射中心的重点工程。从城市布局的角度讲，瑞丽试验区是"一核两翼"的格局，要把瑞丽试验区建成沿边统筹城乡发展先行区、旅游黄金口岸区、睦邻安邻富邻示范区、中缅边境贸易的中心以及我国对外开放的示范窗口之一。

基础设施正在积极建设与不断完善中，主要包括打造便捷的交通，提高物流效率。建设龙陵到瑞丽高速公路，这是国家高速公路中杭瑞高速的最后一段路；并与缅甸展开全方位的水路与陆路"两路一港"建设；瑞丽—八莫和章凤—八莫的公路正在快速建设中。在航空建设方面，瑞丽航空公司的服务不断提升，具有较为良好的口碑，同时芒市机场已开启跑道改造工程，瑞丽直升机机场也已完成。

在充分利用瑞丽本地资源的情况下，瑞丽试验区的特殊优势产业与传统产业并存。除了具有特殊优势的与生态旅游相关的第三产业、珠宝玉石深加工产业等传统产业之外，积极引进多种先进加工技术产业，加快进出口贸易发展，全面推动产业结构升级。坚持技术创新，发展新兴产业，改造提升传统产业，走新型工业化发展道路，确立工业在全市经济中的主导地位，加快旅游服务、出口加工、跨境旅游等现代服务业的发展，寻找一条独具特色的产业发展道路。[1] 具体到个别项目上，如瑞丽试验区积极修建旅游度假区，并结合历史事件与民族风情，建设遗址公园和民族公园以及一系列休闲娱乐带。在未来 20 年内，瑞丽旅游业将出现快速发展的势头。

瑞丽试验区在发展本区经济的同时，也加强了与缅甸的边境贸易。与 2012 年相比，2016 年，德宏州全州对外贸易总额由 23.10 亿美元增加到 49.75 亿美元，增长 115.37%。无论是产业、贸易、各项基础设施

---

① 邢静、杨子生：《我国西南沿边重点开发开放实验区发展战略初探——以云南瑞丽为例》，《市场论坛》2012 年第 2 期。

建设，还是政策的出台与营商环境的打造，瑞丽试验区都正从规划中的"概念"变成现实中贸易逆势增长、产业不断繁荣、路网不断延伸、项目建设热火朝天的"热区"，成为推动全州乃至全省沿边开发开放的重要引擎。[①] 随着瑞丽与缅甸对应口岸木姐的合作越来越紧密，通过出口瑞丽当地的特色产品、降低行政费用、减少通关时间和审查、加大能源产品与资源的进口，促进出口产品从低附加值向高附加值转变并实现瑞丽试验区对外贸易结构的不断优化。

（二）辐射开放的区位优势与战略定位

2010年6月，国务院发布的《关于深入实施西部大开发战略的若干意见》明确提出"积极建设广西东兴、云南瑞丽、内蒙古满洲里等重点开发开放试验区"，瑞丽开发开放重点试验区的建设工作上升到国家发展战略层面。

为破解马六甲海峡的困境，我国开通经缅甸直到云南的输油管道，确保石油资源供应的安全。缅甸对于我国的能源国际通道具有重要的意义，瑞丽作为我国与缅甸接壤的重要地区，其对外开放的重要地位不言而喻。2013年6月，中国与缅甸两国交通部就中缅孟公路瑞丽至皎漂段项目合作签署了备忘录。"一带一路"倡议是新时期中国融入全球化进程、不断扩大对外开放的重要表现，中国的大门不会封闭，开放的道路只会越走越宽广。瑞丽作为丝绸之路经济带以及沿边经济带上的重要节点，在利用其区位优势及国家政策、外部环境等方面的基础上，将以云南边境地区核心城市的定位开展对外交流与合作。我国瑞丽口岸与缅甸的木姐特殊经济贸易区相呼应，木姐地区作为缅甸较为稳定的地区，长期由稳定的政权控制，有利于营造安全良好的经贸外部环境。瑞丽与木姐的对接工程已建设多年，包括地区间对接以及项目之间的对接工作。对于中非经贸往来，瑞丽口岸的作用也凸显出来。中非交流往来已

---

① 芮鸿程：《瑞丽试验区：云南沿边开发开放的重要引擎》，《德宏团结报》2017年3月29日。

久，非洲国家以为中国提供能源居多，中国以出口工业产品为主，中非之间的"避免双重征税协定"使两国贸易便利化程度提升，瑞丽将成为中非贸易合作的物流集散中心。

总之，瑞丽是云南边境地区对外开放的城市，云南又是我国"一带一路"节点上的西南辐射中心，其辐射与开放功能越来越显著。

二　广西凭祥市

（一）试验区建设与发展概况

2016 年 8 月 12 日，国务院出台并批准凭祥市建设重点开发开放试验区（简称凭祥试验区）的文件，凭祥市由此得到越来越多的关注。凭祥市位于广西西部，与越南毗邻，因其优越的地理位置，凭祥试验区成为我国对越南及东盟开放协作的重要前沿地带。凭祥市随之成为我国第七个国家级重点开发开放试验区，同时也是广西第二个重点开发开放试验区。

凭祥市全境 650.32 平方公里皆属于凭祥试验区，五个主体功能区将凭祥市划分开来，即出口加工区、旅游商贸区、国际物流区、特色产业区、生态农业保护区。为发展以边境贸易、跨境金融和旅游、会展服务为中心的产业集群，凭祥试验区整合了凭祥市内以及边境地区已开始建设和即将建设的边境自由贸易示范区、中越凭祥—同登跨境经济合作区、凭祥综合保税区等开放模式，纳入重点开发开放试验区内进行协同发展。特色产业聚集区由凭祥边境经济合作区、凭祥南山红木文化城和友谊关工业园组成，特色产业中重点发展红木原木生产加工产业、制糖循环经济产业、生态农业。同时由休闲旅游观光与现代农业结合的新型农村经济发展模式也将建立。

为进一步加快凭祥对外开放大通道的建设，凭祥试验区在建设框架下大力推进"三大行动"，即旅游休闲、跨境物流、基础设施建设。同时，凭祥市积极推进"2234"工作部署和"533221"工程，进一步完善凭祥市经济空间优化组合和主体功能区布局。不断推进弄怀边境贸易货物监管中心和凭祥边境贸易货物监管中心两大边贸监管中心，平河大桥和国道 322 线夏石—凭祥公路改扩建工程两大交通项目，凭祥沿边开发开放试验区、友谊关工业园红木加工区、浦寨—弄怀边境贸易区三大功能区，板小生态旅游区、浦寨休闲旅游区、友谊关大连城景区三大景区等工作建设。全力推进凭祥试验区与中越凭祥—同登跨境经济合作区建设，优化凭祥综合保税区服务工作。

（二）辐射开放的区位优势与战略定位

凭祥拥有对外开放的必然性，自凭祥被确定为开放城市之后，完成了从"兵家必争之地"到"商贾云集之地"的转变。加之历史上凭祥人民进行边境贸易的传统，凭祥的对外开放以及与越南之间的经贸往来合作更加密切。凭祥具有悠久的边贸历史，中国和越南的边民自古以来交流频繁，语言互通，互有通婚，风俗习惯也相近。自宋代起，中越边境贸易就已经开始，清朝雍正七年（1729）实行"大开洋禁"政策，凭祥成为中越的重要连接点，凭祥的镇南关也因此成为我国南方"丝绸之路"的咽喉要道。

凭祥市被作为沿边开放城市建设之后，边境贸易日益繁荣。据海关统计，2013 年，凭祥进出口外贸总额较 2012 年增长 28.4%，为 62 亿美元，外贸方式以小额边境贸易为主，占外贸总额的 94.4%。凭祥市经济发展的主心骨在于民营企业与私营经济部分，贸易总额 59.6 亿美元，同比增长 28.2%。凭祥通过整合资源优势、加强基础设施建设，强力推进双边贸易投资与发展，抓住与国际交流合作的机会加强与国际接轨的能力。凭祥在发展本地经济的同时，增强辐射带动作用，不断凸显其对外开放重要门户的优势。

因具有独特的区位优势以及丰富的自然资源，凭祥积极发展边境旅游，取得了良好的成效。2007 年，凭祥市成为为数不多的获得"中国优秀旅游城市"称号的县级城市之一。友谊关景区作为国家 4A 级景区，起到了引领全市的作用，重点推进浦寨不夜城、大连城、南山红木城与夏石板小旅游项目建设，努力打造边境旅游品牌和精品，开发满足各级游客需求的旅游新产品，升级旅游服务。凭祥迅速发展的旅游业有望成为其服务型经济的增长极。

综合保税区运行。凭祥综合保税区继全国四大保税区——苏州工业园综合保税区、天津滨海新区综合保税区、北京天竺综合保税区、海口综合保税区之后，于 2008 年 12 月 19 日经国务院正式批准设立。凭祥综合保税区是一个跨国保税区。凭祥综合保税区具有对外开放口岸，保税物流，保税出口加工，国际贸易，国际中转，国际配送，国内外采购、分销和配送等功能。凭祥市地处中越边境，拥有通往越南乃至东盟各国最便捷的陆路通道，是连接珠江—西江经济带与东盟的桥梁，凭祥综合保税区建成，标志着沿边对外开放门户的形成①。

三 西藏吉隆县

（一）口岸建设与发展概况

吉隆素有"珠穆朗玛峰后花园""西藏最后的秘境"等美好称呼，处于珠峰自然保护区核心区，人文历史悠久且自然资源丰富。吉隆不仅具有河流温泉、雪山冰川、峡谷瀑布、湖泊森林等自然景观，更有与大昭寺同期建造的帕巴寺、强真寺等藏传佛教寺庙，还有历史上抗击外敌入侵的古战场遗址、清军墓等众多文物古迹。"同加啦"、达曼人等独特的人文风俗也是吉隆特有的民族特色文化资源。近年来，随着吉隆口岸的扩大开放和旅游业的不断发展，吉隆县经济发展取得了很大成效②。尼泊尔的热索瓦和吉隆相接壤，吉隆—热索瓦口岸，在历史上更

---

① 李贵彪：《凭祥市在珠江—西江经济带开放门户区建设中的特殊地位》，《市场论坛》2015年第 2 期。

② 贾翠霞：《西藏边境口岸县经济发展潜力研究——以吉隆县为例》，《现代商贸工业》2019年第 19 期。

是通往南亚的要道，有"官道"、"商道"和"战道"之称。虽然历史上就有了贸易往来，但很长一段时间，吉隆口岸的边境贸易主要以边民互市的方式开展，也有少量的尼泊尔民间商人来中国西藏从事边贸活动。运输货物的方式由于道路等交通条件的限制，往往是人背畜驮，因此边境贸易的交易量还十分有限。①

早在 1961 年国家已经批准吉隆开放。国务院 1972 年批准吉隆为国家二类陆路口岸。1987 年，国家一类陆路口岸名单中增添吉隆。近些年，国家和西藏自治区为减小樟木口岸压力，进一步推动西藏对外贸易事业，拟订开发和利用吉隆口岸。吉隆口岸热索桥是在我国政府财政大力支持下修建而成的，除此之外还有我国与尼泊尔之间的边境公路。2014 年西藏对吉隆口岸进行政策扶持，支持其继续扩大开放。

在"一带一路"倡议下，在国家的大力支持下，西藏紧紧抓住《中华人民共和国政府与尼泊尔政府关于"一带一路"倡议下开展合作的谅解备忘录》签署的战略机遇期，通过与尼泊尔合作的不断深入和发展，在经济、文化、旅游等领域实现合作共赢。西藏地区口岸建设也随之加快步伐，尤其是吉隆口岸的建设不断加快，发展规模不断扩大，口岸经济交流日益活跃，成为我国面向南亚地区的重要通道。2017 年，国家进一步支持吉隆口岸发挥开放功能，批准其成为国际性的对外开放口岸，提升吉隆口岸在国家对外开放中的战略地位。

（二）辐射开放的区位优势与战略定位

吉隆口岸开通后，促进了吉隆旅游业的进一步发展。据不完全统计，吉隆县于 2010 年共接待游客 9472 人次，旅游业带来的经济收入达 73 万元。经吉隆由南亚进入中国西藏，往西是香客无比向往的冈仁波齐，往东有着世界最高峰珠穆朗玛峰，吉隆口岸串起的是世界级旅游目

---

① 赵娟、毛阳海：《一带一路背景下西藏吉隆口岸面临的新机遇》，《西藏发展论坛》2016 年第 4 期。

的地。越来越多的出入境游客将随着拉萨至日喀则铁路（青藏铁路支线）的开通，以吉隆口岸为出入口，畅游西藏。吉隆口岸的不断扩大开放，必然对吉隆县经济起到辐射作用。随着吉隆口岸的发展，吉隆县的第三产业以较快的速度发展起来，增加了对劳动力的需求，从而很好地解决了当地的劳动力问题，并且能够有效带动当地的产业转型，更多的务农人员转而从事现代服务业，增加劳动收入。此外，繁荣的口岸经济将会促进新的产业的发展，吸引更多的外来投资，从而带动当地经济的发展。①

开放吉隆口岸将对西藏当地对外贸易起到推动作用，不但能促进吉隆对外贸易活动，更能推动西藏区内乃至全国的对外贸易增长。随着几十年来口岸的建设发展，吉隆口岸边境贸易规模不断扩大，呈现一片良好的发展势头。② 中尼公路对西藏的发展有极大的促进作用，尼泊尔地区自古以来就与西藏来往频繁，二者之间的贸易往来也有悠久的历史，宗教、风俗等极其相近，这些历史因素和有利的条件对加强西藏与尼泊尔的贸易交流有着很大的借鉴作用。③ 中尼之间的贸易来往呈增长趋势，尼泊尔的进口依赖度较高，而中国是尼泊尔第三大贸易伙伴。尼方一直以来高度重视与中国的贸易合作，1956 年以来陆续签订了支付、民航、客运、质检和经济技术合作等协定。同时尼泊尔还在边境地区设立工业园区、经济特区和出口加工区等特殊经济区域来促进边境贸易的发展。在出口货物中，啤酒、矿泉水、青稞酒等西藏自产产品倍受欢迎。新的吉隆口岸基础设施良好，通关程序规范有效，将是西藏境内企业更宽广的进出口通道，一批生产规模大、技术装备先进、利用开发资

---

① 贾翠霞：《西藏边境口岸县经济发展潜力研究——以吉隆县为例》，《现代商贸工业》2019 年第 19 期。
② 赵娟、毛阳海：《一带一路背景下西藏吉隆口岸面临的新机遇》，《西藏发展论坛》2016 年第 4 期。
③ 刘中奇：《"一带一路"背景下中尼公路与西藏发展》，《企业导报》2016 年第 19 期。

源能力强的外贸企业将会是出口的主力。

吉隆口岸的发展促进了当地就业率的提高。吉隆口岸的窗口作用很多。没有到过中国内地的人，可以通过吉隆口岸了解中国政府和人民对于改革的决心。现代化的吉隆口岸，对于展示新吉隆、新西藏和新中国的对外开放形象起到至关重要的作用。现代化的吉隆口岸的重新开通，以及与之相配套的边贸市场的建成，必然发挥对吉隆县当地、西藏全区乃至整个中国经济的点辐射功能。[①]

第三节　实现安全治理功能的典型个案

相较我国其他区域的城镇和城镇化，西南边疆地区城镇化承担着更为复杂的边疆安全功能。西南边境城镇呈链形分布，所占行政区域较广且长，面向的南亚及东南亚国家数量较多，而西南边境地区自身经济社会发展相对滞后，城镇化发展相对不足。当前，边疆安全问题已从传统安全更多向非传统安全转变，边疆安全问题更加多样，应对更有难度。在本节中，我们在广西、云南和西藏三省区中各选取了一个在实现边疆安全功能方面富有代表性的城镇：那坡县、孟连傣族拉祜族佤族自治县与山南市隆子县玉麦乡。我们将从影响边疆安全的问题与事件、对内外发挥边疆安全功能的路径这两个部分予以介绍和分析。

一　广西那坡县

（一）影响边疆安全的问题

拥有广西边境县域最长边境线的那坡县，拥有极佳的对外开放地理区位优势，同时，扩大对外开放、发展经济所需要的建设更加稳定，安

---

① 何爱云：《吉隆口岸的点辐射功能解析》，《经济研究导刊》2014 年第 15 期。

全的社会环境这一要求也变得更加具有挑战性。在影响边疆安全、那坡县社会稳定的不利因素中，非法进行枪支、毒品运输交易及"三非人员"等问题最为突出。

非法进行枪支、毒品的运输和贩卖，不仅对我国边民的生命财产安全造成威胁，对那坡县地区的社会稳定及经济发展安全也形成重大威胁。随着对外开放的推进，中越两国之间的经济贸易往来日渐增多。据那坡县公安机关相关报道，2008年查处越南边民非法入境共有15批，人数达147人，其中男性125人，女性22人。而年龄主要为15～30岁，文化程度均不高。而据那坡县公安局出入境管理部门统计，2008年该县居民与越南人非法通婚的共有184对。

结合不法分子进行枪支、毒品的运输方式以及较高水平的"三非人员"数来看，其深层次原因主要有以下几方面。在全球化背景下，中国经济发展较快，且综合实力不断提高，而越南的发展较为缓慢，由此形成了国家间的发展差距；由于越南国情的影响，越南边境地区的边民教育文化水平更低，人民生活水平更低。2013年11月，习近平主席首次提出"精准扶贫"理念，在此之前，边远地区的经济和对外开放建设力度也远不如现阶段，因此边境地区与内地发达区域的经济发展水平存在极大差距，那坡边境的中国边民也选择前往劳动力密集型产业集中的经济更加发达的东部沿海区域就业和生活。而这一时期，有着更高的劳动报酬的就业机会则吸引了文化知识水平较低而从事农业生产的越南边民越境非法工作，越南女性边民也更加趋向通过婚嫁长期居留中国以改善自己的生活。边境地区较差的交通条件，以及遣返外籍人员行政成本较高、执行手段的信息技术支持滞后、相关法律法规的缺乏等，决定了"三非人员"这一现象难以从根本上消除。

（二）对外发挥边疆安全功能的路径

进一步发展边境经济是实现边境地区社会稳定及安全的重要物质保

障，是造福边境人民，使其安居乐业的必由之路。从境外来看，中越边境区域经济发展水平差距大、边境居民文化知识水平低是导致边民法治意识淡薄、不法之徒利用边民进行违法犯罪活动以及"三非人员"较多的深层次原因。

对外开放和友好交往、经济合作和互帮互助是实现共赢的途径，这不仅符合世界和平与发展的主题，更是实实在在实现世界人民美好幸福生活的途径，不同国家之间的发展差距也将逐渐缩小。2013 年 9～10月习近平总书记在对哈萨克斯坦、印度尼西亚访问时分别提出了建设"丝绸之路经济带"和"21 世纪海上丝绸之路"的重大倡议。落实"一带一路"伟大倡议，坚持对外开放让世界各国共享中国改革开放的成果，促进"一带一路"倡议的共建共享和共同发展，也是缩小中越边境区域社会经济发展差距的根本举措。

从境内来看，充分发挥政府的主导作用，改革边境"三非人员"的管理条例及审批制度、加大财政支持力度和完善规范处罚收留非法入境人员的相关法规条例，以切实有效地减少"三非人员"。加强民众爱国主义及法治意识的培养，通过法治知识讲座、法制节目的播放等各类宣传方式提高民众的法治意识和识别安全威胁的能力。提高边防维护、管理等工作人员的综合素质，推进边疆安全管控体系的现代信息化建设，通过创新治理理念以及先进的科技手段进一步对边境的不安全活动进行即时发现、即时处理，夯实边境稳控工作根基，为边境地区安全稳定提供强有力保障。由于那坡县边境线较长，且与越南境内军事冲突较多的区域毗邻，边境领土安全及争端等问题时有发生。为了维护国家利益、领土完整及安全，需要加强基础设施建设及敌情监控设备的配置，加强边防军队驻扎点对边境线上的巡逻等。加强对无人区、边贸互市点及口岸的毒品、枪支监控力度，利用先进的科技设备排查违法物品，将可能发生的违法犯罪案件扼杀在摇篮里。

二　云南孟连县

（一）发生影响边疆安全的事件

根据 2019 年 5 月 7 日云南省人民政府办公厅发布的《云南省人民政府关于批准东川区等 33 个县（市、区）退出贫困县的通知》，孟连县在此之前属于云南省贫困县之一。另外根据 2016 年孟连县的社会经济工作报告，县域内民族众多，全县年末总人口中少数民族人口数占到 86.23%。孟连县经济发展要求迫切，各民族团结和共同发展目标的实现具有一定必要性。而在 2008 年 7 月 19 日，孟连发生了震惊全国的"孟连事件"，"孟连事件"对社会稳定、边疆安全以及民众对政府的信任都产生了极大的破坏性。

当时的省委副书记李纪恒在普洱市召开的全市党员干部大会上指出：这次的冲突，表面上是警民冲突，而实际上是胶农与企业的经济利益纠纷，不是敌我矛盾，要深刻反思、重树理念、改变作风、认真做好善后处理工作，以温暖赢得民心，把利益作为事件处置的关键，全力推进事件的处理。普洱市委在省委领导下，总结经验教训，转思想，改作风，深入群众之中去了解人民群众心中最关切且尚未解决的事情，真正将权力的作用发挥到实际处，为人民排忧解难。通过一系列落到实处的工作及方法、措施，党员干部急民众之所急、忧民众之所忧，切实保障人民的合理合法权益，重新获得人民群众对政府的信任，重新建设警民一家亲的和谐局面。

（二）对内发挥边疆安全功能的路径

从"孟连事件"的爆发到妥善处置的过程中，仍然有一些我们需要观察到的细节，这确实需要深刻反思和总结教训，不置可否的是造成冲突事件爆发的原因也绝不止一个。孟连是一个典型的少数民族自治县，具有多民族大杂居、小聚居的居住分布形态，而这也是大多数西南边境区域的居住分布状况。

建立长效监督、自纠自查机制，紧抓作风建设，创新工作方法，运用行政、法律、经济等综合手段，及时了解群众需求，提前预防冲突事件的产生。对政府工作人员建立相应的群众满意度考核机制，对社会建立风险管控机制，对风险较高、突发事件较为集中的区域进行重点关注和风险排查。正确引导地方精英在区域经济发展、社会稳定中发挥积极、正向作用，对边境居民进行法律法制知识教育，教育引导群众维护法律权威、遵守法律的义务，引导他们合理表达自身诉求，完善问题反映渠道，确保群众有问题可以合理及时反映、及时得到解决，减轻事态的恶化程度。

三　西藏隆子县玉麦乡

玉麦乡从一个历史上的边陲小乡村逐渐变成如今初具雏形的边境小康城镇，拥有学校及医疗和驻边边防等功能，拥有较为完善的基础设施。边境城镇建设推进经济发展，为实现边疆安全与稳定提供强大的物质支持。第二轮西部大开发、沿边对外开放建设及扶贫开发工作等，都是政府整合相关资源和部门将政策资源向边疆地区倾斜的举措，也切实将边民脱贫致富和守边固边相联系。边疆安全涉及的内容多样，非传统形式的安全挑战也不容忽视，其中有民族分裂及极端主义的网络化渗透、生态安全破坏等。信息科技的进步除带来便利通信手段之外，也为境外企图破坏我国民族团结、侵蚀我国领土的不法之徒提供了机会，信息安全防护变得极其重要。发展边境地区教育事业，积极丰富边民精神文化生活，为边疆提供更多的高科技人才，提高边疆抵御不良信息的防范能力，防患于未然，坚决维护边境安全。创新完善边境地区社会治理，引入新的生态保护理念、新的生态治理理念，形成跨界合作治理模式，确保边疆巩固、边境安全、领土完整和生态安全。

第七章　西南地区城镇化发展展望

　　西南边境城镇化是西南地区现代化的必由之路，在有效推动西南边境地区经济又好又快发展的同时，实现城乡区域协调发展。在城镇化步伐不断加快的同时，西南边境地区还有很大的进步空间，所以本章将对此内容进行展望。无论是中央还是各地方，都对西南边境城镇化发展的基本路径、发展目标、战略任务、相应举措和制度创新等方面做出了总体部署。通过对国家层面以及各省内部城镇化相关的政策文本进行分析，了解边境地区城镇化的未来发展趋势，这就是本章的主要内容。

　　伴随着经济增长方式的巨大变革，从全国城镇化到新型城镇化目标的不断升级，国家层面出台了相应的规划，以实现健康城镇化的目标，促进经济的可持续发展。"依托陆桥通道上的城市群和节点城市，构建丝绸之路经济带，推动形成与中亚乃至整个欧亚大陆的区域大合作。"《国家新型城镇化规划（2014～2020年）》从宏观上指出："构建以陆桥通道、沿长江通道为两条横轴，以沿海、京哈京广、包昆通道为三条纵轴，以轴线上城市群和节点城市为依托、其他城镇化地区为重要组成部分，大中小城市和小城镇协调发展的'两横三纵'城镇化战略格局。"从微观上指出："要培育发展中西部地区城市群，提升中心城市辐射带动能力，在严格保护生态环境的基础上，确保流域生态安全和粮食生产安全。加大对内对外开放力度，有序承接国际及沿海地区产业转移，依托优势资源发展特色产业，加快新型工业化进程，壮大现代产业体系，完善基础设施网络，健全功能完备、布局合理的城镇体系，强化城市分工合作，形成经济充满活力、生活品质优良、生态环境优美的新型城市群。"同时也提及口岸建设，如西南地区面向东南亚的瑞丽、磨憨、畹町、河口等口岸。

《全国主体功能区规划》中具体描述了"两横三纵"格局中的重要片区：位于全国"两横三纵"城镇化战略格局中沿海通道纵轴南端的北部湾地区、位于包昆通道纵轴南端的滇中地区以及包括西藏自治区中南部以拉萨为中心的藏中南地区。北部湾地区是我国面向东盟国家对外开放的重要门户；滇中地区是我国连接东南亚、南亚国家的陆路交通枢纽，面向东南亚、南亚对外开放的重要门户；藏中南地区是全国重要的农林畜产品生产加工、藏药产业、旅游、文化和矿产资源基地，水电后备基地。

同时提出要优化形成"两横三纵"城镇化战略格局的政策文件还有《中华人民共和国国民经济和社会发展第十三个五年规划纲要》，对于城镇化的发展提出如下目标：首先，建立健全城市群发展协调机制，加快城市群建设发展；其次，增强中心城市辐射带动功能；再次，因地制宜发展特色鲜明、产城融合、充满魅力的小城镇，提升边境口岸城镇功能，发展中小城市和特色镇；最后，加大对革命老区、民族地区、边疆地区和困难地区的支持力度，实施边远贫困地区、边疆民族地区和革命老区人才支持计划，扶持特殊类型地区发展。

在体系建设方面，《全国城镇体系规划纲要（2005~2020年）》指出："西南地区形成点、轴、面式的城镇体系结构，规划形成大中小城镇完整的城镇体系。"目的是通过促进西南区域协调发展，实现城镇化过程中提高效率、兼顾公平的基本目标。纲要中提出具体的建议，如加强和完善区域和省域中心城市功能，采用"多中心"的城镇空间结构，培育具有国家空间发展战略意义的五个核心地区和三个门户城市，构建加强区域协作的沿海城镇带和六条城镇发展轴，形成大中小城市协调发展，网络状、开放型的城镇空间结构。此外还强调了要依托西南地区云贵交界处的能源、矿产资源；同时提及加快口岸城市和通道建设，加大对外开放的力度。发挥欧亚大陆桥的作用，密切与东南亚地区的联系，提高我国的多边合作能力。推行生态环境保护优先的集中式城镇化发展战略。顺应时代潮流，还应重点扶持革命老区和少数民族地区城镇的发展，重点加强基础设施和社会服务设施的建设，促进地方特色经济发展。党的十八大提出要深入推进以人为核心的新型城镇化战略，在重视经济发展的同时也要关注人民群众的生活环境，保护生态发展，实现社会经济的全面协调发展。

以下针对西南边疆云南、广西、西藏三省区，通过分析各区域的城镇化相关政策，对城镇化发展进行展望。

第一节　云南城镇化发展展望

通过有关云南边境城镇化政策的相关文件，了解现有的云南省城镇化发展状况，进而立足当下，对云南省城镇化政策文本内容进行计量分析，展望未来发展的趋势和方向。

一　云南边境城镇化政策规划体系

（一）云南整体规划

为实现云南建设绿色经济强省、民族文化强省和中国面向西南开放的重要辐射中心的目标，《云南省城镇体系规划（2012～2030年）》在城市空间布局与发展、资源保护与利用、城乡发展支撑体系、山地城镇规划建设的基本要求、空间管制等方面，均有战略性的规划。政策文本将总体政策框架与各部分细则相联系，规划指引与相应的可落实的行动计划相配合，共同协调推进云南省的城镇化进程。上述政策文本内容从云南省整体出发，落实到省内各个次区域，尤其是滇中城市群与沿边开放地带。

《云南省新型城镇化规划（2014～2020年）》中将新型城镇化定义为一条"更加注重集约节约，重视城乡统筹，重视生态环境保护，重视地方优秀民族文化、历史文化的保护与传承，注重体制机制创新的具有云南特色的新型城镇化道路"。政策文本主要涉及以下内容：优化城镇化布局和形态，尤其是创新口岸型城镇发展模式，深入推进农业转移人口市民化，强化城镇建设空间管控，积极推进产城融合发展，提高城镇规划建设与治理水平，强化特色城镇建设（包括沿边和少数民族城镇村寨），推动城乡发展一体化，改革完善体制机制保障规划实施等。与目前存在的问题相互对应，提出了较为可行的发展方案。其中，产城融合、产镇融合的规划，打破传统城镇规划的发展模式，坚持产业和城镇良性互动，是非常具有创新性的城镇规划指引。

（二）滇中城市群

"滇中城市群是云南省最重要、最具发展活力的区域，也是我国面向南亚、东南亚增长最快，竞争力影响力较强的地区之一。"这是《滇中城市群规划（2009～2030年）》政策文本中对滇中城市群的定位。除此之外，政策文本中还涉及对滇中城市群的发展目标与规模的规划、发展战略，详细包含各种基础设施在滇中城市群的发展布局规划以及在次区域和重点空间的规划等。目前，以烟草、有色金属冶炼、装备制造业等产业为主的滇中经济发展日新月异、充满活力。上述规划指出滇中城市群的发展定位："滇中城市群是带动云南省发展的增长区域，是中国西部特色鲜明、竞争力较强的门户城市群，是中国面向西南开放辐射中心的核心区域。"但滇中城市群在经济总量、发展速度、创新能力、对外开放程度、基础设施水平、人民生活水平等方面都有待进一步提升。只有充分了解和掌握滇中城市群的各个方面，借助云南特殊的地缘优势，通过制定滇中城市群空间发展目标和发展战略，构建合理的空间布局和支撑体系，明确滇中城市群在这一发展过程中的职能，落实科学发展观，创造良好的发展环境，促进滇中区域经济可持续发展，在全面提升滇中区域经济的综合实力的同时，协调各区域城市之间的合作，才能高效提升云南省的总体竞争力。

（三）云南沿边地区

沿边地区不仅肩负着国家安全的重任，而且还发挥对外开放与交流的功能。《云南省沿边地区开发开放规划（2016～2020 年）》相关政策文本主要对沿边地区的空间布局、优势产业、基础设施建设、口岸建设、新型城镇化建设、对外人文交流等方面进行相关的规划。上述规划指出，探索沿边地区的新的开发模式，能够"切实推动沿边地区经济社会协调发展，改善民生及保护生态环境，深化与周边国家睦邻友好合作，以开放带动开发，以开发促进开放，形成沿边开放新高地和全方位开放新格局"。考虑到历史基础等因素的影响，沿边地区虽然还存在一些经济上的困难、非传统安全的困扰，规划的最后一部分提出了相应的措施保障，将在政策上更加扶持沿边地区。

云南省沿边开放经济带规划范围包括 8 个边境州市的 25 个边境县，不仅与越南、老挝、缅甸接壤，稳边固边任务繁重，还是面向南亚、东南亚开放合作和全省区域协调发展中的重要区域。为推动沿边经济开放带的快速发展，《云南省沿边开放经济带发展规划（2016～2020 年）》对云南省发展壮大沿边特色产业、边境特色多元城镇体系和合作平台建设与综合功能完善、民生改善与辐射周边的社会基础、生态建设与环境治理、支持政策与保障措施等内容做出了发展规划。目标是增强云南对周边国家毗邻地区的影响带动力，不断提高生态环境质量，不断巩固生态屏障，进一步维护民族团结进步、边疆和谐稳定的良好局面。将更具活力的沿边开放经济带全面建成为我国面向南亚、东南亚辐射中心的重要支撑带。

《云南省深入实施兴边富民工程改善沿边群众生产生活条件三年行动计划（2018～2020 年）》以沿边乡镇为范围，以沿边城镇化为重点，行动计划实施范围包括 110 个沿边乡镇、878 个行政村（社区）和 19 个沿边农场。计划的主要任务和重点工程在于支持沿边集镇建设、加强基础设施建设、培育特色优势产业、完善基本公共服务、提升开放水平、加强稳边固边建设等方面。三年行动计划是实现长期规划的重要部分，制定此计划既是云南省沿边地区发展实际需要，也是云南主动服务和融入国家发展战略的表现。重点目标将放在城镇建设和村寨建设上面。

二 云南边境城镇化政策规划愿景透视

目前，本节介绍的有关云南边境城镇化政策的文本有《云南省城镇体系规划（2012～2030 年）》《云南省新型城镇化规划（2014～2020 年）》《滇中城市群规划修改（2009～2030 年）》《云南省沿边地区开发开放规划（2016～2020 年）》《云南省沿边开放经济带发展规划（2016～2020 年）》《云南省深入实施兴边富民工程改善沿边群众生产生活条件三年行动计划（2018～2020 年）》。

统计上述政策文本中集中词对或名词短语的共现情况，根据关键词之间的关联强度，反映云南省边境城镇化政策领域的研究热点、组成与规划，横向和纵向分析云南省边境城镇化政策领域的发展过程和结构演化。该方法的前提假设是词对在文本内容中出现的次数越多，则代表这两个主题的关系越紧密。由此，统计云南省边境城镇化政策相关主题词出现的频率，便可形成一个由这些词对关联所组成的共词网络，网络内节点之间的远近便可反映主题内容的亲疏关系。共词分析是由

M. Callon、J. Law、A. Rip[①] 于 1986 年提出的。现在，共词分析在各个学科领域都有广泛的应用。本部分进行共词分析的步骤如下：首先，构造共词矩阵；其次，将该矩阵转化为相似系数矩阵；最后，基于 UCINET 对已有数据进行凝聚子群分析（较强、紧密、经常以及积极等关系）。通过对上述政策文本数据进行分析，可得云南边境城镇化政策文本共词矩阵（见附录 2）。

了解成员之间的相互联系可以使用网络密度来进行测度，通过网络中实际存在的相关数据，能够看出云南边境城镇化政策文本中关键词之间联系的紧密度，关键词之间的联系越多，该网络的密度越大。整体网的密度越大，该网络对其中关键词产生的影响可能越大。在具体分析之前，需要将云南边境城镇化政策文本共词矩阵中的数据进行二值化处理，我们这里进行二值化，将上述的频次转换成只有 0、1 的数据，权值为 0 和 1（即是否有关联）依据的公式如下。

$$H_{ij} = \left\{ \begin{array}{c} 1, f(x_i) \in N_k(x_j) \ or \ x_j \in N_k(x_i) \\ 0, Otherwise \end{array} \right\}$$

其中，$N_k(x_i)$ 表示数据集中距离 x_i 最近的 k 个邻居的集合。

对云南边境城镇化政策文本共词矩阵的行和列重新排序，可以使在云南省政策文本中的关键词相互连接，进而容易把握云南省政策文本矩阵的整体结构。经过二值化转换后的数据，关键词之间有关联的数值为 1，关键词之间无关联的数值为 0，得出云南边境城镇化政策文本共词矩阵的二值化数据。

由于云南省政策文本共词矩阵本身具有对称性，利用互惠关系将二值化数据进行对称化处理，只有满足 $x_{ij} = x_{ji} = 1(i < j)$ 的矩阵元素才令

---

① Callon M., Law J., Rip A., Mapping the Dynamics of Science and Technology. Mapping the dynamics of science and technology: The Macmillan Press, 1986: 815.

它为1，否则都为0，处理得到新的矩阵，表明每一对关键词是否一致①。

进行可视化分析可得图7-1。

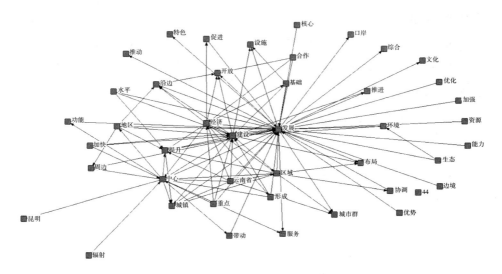

图7-1　云南边境城镇化政策关键词可视化分析

从图7-1可清晰看出不同关键词之间的相关程度，箭头越密集，相关程度越高。云南省边境城镇化政策聚焦于"建设""发展"，符合总体目标是促进云南省城镇化发展的预期。

首先，在促进经济发展方面，由"昆明""中心""辐射""城镇"等词可以看出，发挥大城市的辐射带动作用以促进城镇化的发展，"提升""地区""经济"水平，促进城乡"区域"之间的"协调"发展，此外，城镇化的道路还是一条绿色的道路，在发展的过程中，注重"生态"问题，保护"生态"，实现城市的可持续发展。

其次，在对外开放方面，云南省内的很多口岸是我国直接面对东南亚的连接点，其中"沿边""开放""经济"三个关键词形成一个三角形区域，表明沿边地区在不断进行对外交流与开放的同时，也不断通过

———————————

① 本章对于广西、西藏的分析统一采用此法，下文不再赘述。

"特色"开放等方式促进了经济发展。云南省的城市规划"布局"中，边境地区的发展是以中心城市为"核心"的，通过对外合作，最终实现发展目标。

最后，在边境安全方面，掌握着西南开放门户的云南，也是我国的少数民族聚集的地方，保护民族地区安全与稳定，维护"周边"安全，也是义不容辞的使命。

进行派系分析，得到如下 23 个派系（见图 7 - 2）。

1:	发展	建设	区域	经济	中心	云南省	提升
2:	发展	建设	经济	中心	重点		
3:	发展	建设	经济	中心	形成		
4:	发展	建设	经济	开放	沿边		
5:	发展	建设	经济	基础			
6:	发展	建设	城镇	区域	中心	云南省	提升
7:	发展	建设	中心	地区	提升		
8:	发展	建设	地区	沿边			
9:	发展	建设	设施	基础			
10:	发展	建设	环境				
11:	发展	建设	推进				
12:	发展	建设	中心	加快			
13:	发展	建设	提升	水平			
14:	发展	建设	区域	布局			
15:	发展	经济	开放	合作			
16:	发展	区域	云南省	城市群			
17:	发展	中心	服务				
18:	发展	环境	生态				
19:	发展	中心	功能				
20:	发展	经济	促进				
21:	发展	区域	协调				
22:	发展	中心	带动				
23:	发展	中心	地区	周边			

图 7 - 2　云南边境城镇化政策数据派系分析结果

由此结果可见，数据中包含规模为 3 的派系共有 8 个，规模为 4 的派系共有 9 个，规模为 5 的派系共有 4 个，规模为 7 的派系共有 2 个。派系的成员之间可以重叠。例如，第 10 派系的成员为"发展""建设""环境"，第 11 派系的成员为"发展""建设""推进"。

由这个结果可见，第 17 行第 9 列的值是 1，这说明 17 号关键词

	1 发展	2 建设	3 城镇	4 区域	5 经济	6 中心	7 口岸	8 开放	9 地区	10 云南省	11 合作	12 沿边	13 设施	14 城市群	15 边境	16 环境	17 提升	18 基础	19 重点	20 服务	21 推进	22 昆明	23 生态
1 发展	23	14	1	5	7	10	0	2	3	3	1	2	2	0	2	4	2	1	1	1	0	1	1
2 建设	14	14	1	3	5	6	0	1	2	2	0	2	2	0	1	4	2	0	1	0	0	1	0
3 城镇	1	1	1	1	1	0	0	0	1	1	0	0	0	0	1	0	0	0	0	0	0	0	0
4 区域	5	3	1	5	1	2	0	2	3	1	2	1	3	0	0	0	1	0	0	0	0	0	0
5 经济	7	5	1	1	5	1	0	2	0	0	0	0	0	0	1	0	0	0	0	0	0	0	0
6 中心	10	6	0	2	1	10	0	0	1	1	1	0	0	0	3	1	1	1	0	0	0	0	0
7 口岸	0	0	0	0	0	0	2	0	0	0	1	1	0	0	0	0	0	0	0	0	0	0	0
8 开放	2	1	0	2	2	0	0	2	0	0	1	1	0	0	1	0	0	0	0	0	0	0	0
9 地区	3	2	1	3	0	1	0	0	3	1	0	0	0	0	0	0	1	0	0	0	0	0	0
10 云南省	3	2	1	1	0	1	0	0	1	3	1	0	0	0	0	0	1	0	0	0	0	0	0
11 合作	1	0	0	2	0	1	1	1	0	1	2	0	0	0	1	0	0	0	0	0	0	0	0
12 沿边	2	2	0	1	0	0	1	1	0	0	0	2	0	0	0	0	0	0	0	0	0	0	0
13 设施	2	2	0	1	0	0	0	0	0	0	0	0	2	0	0	0	1	0	0	0	0	0	0
14 城市群	0	0	0	0	0	0	0	0	0	0	0	0	0	1	0	0	0	0	0	0	0	0	0
15 边境	2	1	1	0	1	3	0	1	0	0	1	0	0	0	3	0	0	1	0	0	0	0	0
16 环境	2	1	0	0	0	1	0	0	0	0	0	0	0	0	0	1	0	0	0	0	0	0	0
17 提升	4	4	1	2	1	3	0	0	3	1	0	0	1	0	0	0	4	1	0	0	0	0	0
18 基础	2	2	0	0	0	1	0	0	0	0	0	0	0	0	1	0	1	2	0	0	0	0	0
19 重点	1	1	0	0	0	0	0	0	0	0	0	0	0	0	0	0	0	0	1	0	0	0	0
20 服务	1	0	0	0	0	0	0	0	0	0	0	0	0	0	0	0	0	0	0	1	0	0	0
21 推进	1	1	0	0	0	0	0	0	0	0	0	0	0	0	0	0	0	0	0	0	1	0	0
22 昆明	0	1	0	0	0	0	0	0	0	0	0	0	0	0	0	0	0	0	0	0	0	1	0
23 生态	1	0	0	0	0	0	0	0	0	0	0	0	0	0	0	0	0	0	0	0	0	0	1

图 7-3 云南边境城镇化政策关键词—关键词共享派系矩阵

"提升"与第9号关键词"地区"隶属于一个派系,由图7-2可以看出,它们隶属第7个派系。第5行第8列的值是2,这说明5号关键词"经济"与第8号关键词"开放"隶属于两个派系,由图7-2可以看出,它们隶属第4个、第15个派系。对角线上的值表示的是关键词隶属的派系数。例如,第23行第23列的值是1,这说明该关键词"生态"参与了1个派系的活动。

图7-4结果给出了23个派系共同拥有的关键词的情况,对角线上的值表示不同派系所拥有共同成员的情况,第一行第18列的值为1,表明这两个派系共享的关键词有1个,由图7-2可以看出共享的关键词是"发展"。

该结果给出了23个派系共享的关键词的聚类分析(见图7-5),可以看出,派系1和派系6共享6个关键词,且从中可以看出关键词中没有孤立存在的。分析产生包含如下成员关键词的大群体和小群体等,共享群体聚类分析与这种分析的结果是一致的,但是新提供了关于大网络结构的洞见,大网络可分为几种子网络,对照云南边境城镇化政策数据派系分析结果图看出,关键词"发展""建设"在网络中居于重要地位。

```
     1  2  3  4  5  6  7  8  9  10 11 12 13 14 15 16 17 18 19 20 21 22 23
1    7  4  4  3  3  6  4  2  2  2  2  3  3  3  2  3  2  1  2  2  2  2  2
2    4  5  4  3  3  3  3  2  2  2  2  3  2  2  1  2  1  2  2  1  2  2
3    4  4  5  3  3  3  3  2  2  2  2  3  2  2  1  2  1  2  1  2  1  1
4    3  3  3  5  3  2  2  3  2  2  2  2  2  3  1  1  1  1  2  1  1  1
5    3  3  3  3  4  2  2  2  2  3  2  2  2  2  1  1  1  1  2  1  1  1
6    6  3  3  2  2  7  4  2  2  2  2  3  3  3  1  3  2  1  2  1  2  2  2
7    4  3  3  2  2  4  5  3  2  2  2  3  2  2  1  2  1  2  1  1  2  3
8    2  2  2  3  2  2  3  4  2  2  2  2  2  2  1  1  1  1  1  1  1  2
9    2  2  2  2  3  2  2  4  2  2  2  2  2  1  1  1  1  1  1  1  1
10   2  2  2  2  2  2  2  2  3  2  2  2  1  1  1  2  1  1  1  1
11   2  2  2  2  2  2  2  2  3  2  2  2  1  1  1  1  1  1  1
12   3  3  3  2  2  3  3  2  2  2  2  4  2  2  1  2  1  2  1  2  2
13   3  2  2  2  2  3  2  2  2  2  2  4  2  1  1  1  1  1  1  1  1
14   3  2  2  2  2  3  2  2  2  2  2  2  2  1  1  1  2  1  1  1  1
15   2  2  2  3  2  1  1  1  1  1  1  1  1  1  4  1  1  1  2  1  1  1
16   3  1  1  1  3  1  1  1  1  1  1  1  1  4  1  1  1  2  1  1  1
17   2  2  1  1  1  2  1  1  1  1  1  1  1  1  3  1  1  1  2  2
18   1  1  1  1  1  1  1  1  1  1  1  1  1  3  1  1  1  1  1
19   2  2  2  2  2  1  1  1  1  1  1  1  1  2  1  1  3  1  2  1
20   2  2  2  2  1  1  1  1  1  1  1  2  1  1  2  1  1  1  3  1  1
21   2  1  1  1  1  1  1  1  1  1  1  1  2  1  1  1  1  1  3  1  1
22   2  2  2  1  1  2  2  1  1  1  1  2  1  1  2  1  2  1  2  1  3  2
23   2  2  2  1  1  2  3  1  1  1  1  2  1  1  2  1  2  1  2  1  2  4
```

图 7 - 4　云南边境城镇化政策派系—派系共享关键词矩阵

```
Level          18 16 21 15 20 10 11  4  5  8  9  2  3  1  6  7 12 13 14 17 19 22 23
6.000          .  .  .  .  .  .  .  .  .  .  .  .  .  X  X  X
4.000          .  .  .  .  .  .  .  .  .  .  .  X  X  X  X  X  X  X
3.333          .  .  .  .  .  .  .  .  .  .  .  X  X  X  X  X  X  X  X
3.000          .  .  .  .  .  .  .  X  X  X  .  X  X  X  X  X  X  X  X  X  X
2.500          .  .  .  .  .  .  .  X  X  X  X  X  X  X  X  X  X  X  X  X  X
2.333          .  .  .  .  .  .  .  X  X  X  X  X  X  X  X  X  X  X  X  X  X
2.286          .  .  .  .  .  .  .  X  X  X  X  X  X  X  X  X  X  X  X  X  X  X
2.219          .  .  .  .  .  .  .  X  X  X  X  X  X  X  X  X  X  X  X  X  X
2.000          .  X  X  X  X  X  X  X  X  X  X  X  X  X  X  X  X  X  X  X  X  X  X
1.464          .  X  X  X  X  X  X  X  X  X  X  X  X  X  X  X  X  X  X  X  X  X  X
1.306          .  X  X  X  X  X  X  X  X  X  X  X  X  X  X  X  X  X  X  X  X  X  X
1.200          X  X  X  X  X  X  X  X  X  X  X  X  X  X  X  X  X  X  X  X  X  X  X
1.045          X  X  X  X  X  X  X  X  X  X  X  X  X  X  X  X  X  X  X  X  X  X  X
```

图 7 - 5　云南边境城镇化政策重叠矩阵等级聚类分析

第二节　广西城镇化发展展望

通过有关广西边境城镇化政策的相关文件，了解现有的广西城镇化发展状况，进而立足当下，对广西城镇化政策文本内容进行计量分析，展望未来发展的趋势和方向。

一 广西边境城镇化政策规划体系

（一）广西整体规划

2014 年，广西推出《广西壮族自治区新型城镇化规划（2014 ~ 2020 年）》，与《国家新型城镇化规划（2014 ~ 2020 年）》全面衔接，政策凸显广西特色，全文以"加快推动城镇化转型发展、全面提高城镇化质量"为主线，主要任务包括：有序推进农业转移人口市民化、促进各类城镇协调发展、培育发展城镇群、推动新型城镇建设、推动产城融合发展、统筹城乡发展、提升城镇化开放合作水平，旨在形成特色化、信息化的广西新型城镇化。

2015 年，为贯彻落实上述规划，广西壮族自治区人民政府办公厅印发《自治区财政支持新型城镇化发展若干政策的通知》，通过在财政方面上的大力支持，促进广西城镇化加快步伐。

为推动全区城镇化水平和质量持续提升，2016 年广西壮族自治区人民政府印发《深入推进新型城镇化建设实施方案》，在《广西壮族自治区新型城镇化规划（2014 ~ 2020 年）》的基础上，方案的主要任务又详细增加了以下内容：加快培育中小城市和特色小城镇、辐射带动新农村建设、完善土地利用机制、创新投融资机制、完善城镇住房制度、加快推进新型城镇化试点建设。在坚持走以人为本、集约高效、城乡一体、多元特色的广西新型城镇化道路上更进一步。

在实现城镇化的过程中，对城市的规划必不可少，中共广西壮族自治区委员会、广西壮族自治区人民政府出台了《关于加强城市规划建设管理工作的意见》，意见指出要在传承八桂特色的历史基础上，完善设施建设、培育新型建筑产业、创新城市治理，强力推进"多规合一"、海绵城市、街区制、宜居小区、智慧城市、建筑产业现代化六项试点，为提高该区域的综合竞争力、市民幸福感做出努力和贡献。

更细致到市县区域，广西壮族自治区发展改革委出台《关于推动"十三五"市县经济社会发展规划改革创新指导意见》，对市县区域进行经济社会发展规划改革创新工作，完善广西各级规划体系，有利于体现广西政府职能转变要求，充分发挥战略规划的引领作用；有利于推动经济社会发展规划、城乡规划、土地利用规划和生态环境保护规划等"多规合一"；有利于克服当前市县规划编制的种种弊端，加快实现西南中南地区开放发展新的战略支点"两个建成"目标。

从广西全区看，内部各区域也进行了协调。《广西西江经济带工业和信息化发展"十三五"规划》在重视发挥粤港澳大湾区对广西西江经济带的辐射引领作用的同时，将西江经济带区域与北部湾经济区、桂西资源富集区联动发展，进一步实现"双核驱动、三区统筹"总体战略布局。协调联动的经济区域将有助于提升全自治区的整体竞争力。

（二）北部湾经济区

广西北部湾经济区在建设发展的过程中，赶上了国家"一带一路"建设和自治区"双核驱动"战略的快车。在此历史条件下，为打造智慧北部湾，广西抓紧机遇，实施《广西北部湾经济区工业和信息化发展"十三五"规划》，政策文本内容除常规的重点产业及发展方向、空间布局和园区发展、支撑体系和保障措施等方面，特别突出了以信息技术应用为支撑的信息化建设，以及以培育鼓励龙头企业来壮大市场主体。政策旨在增强北部湾经济区经济实力、优化产业结构、不断提升经济区和企业实力、实现节能减排、增强技术创新能力，围绕供给侧结构性改革，强力推进北部湾经济区的升级。虽然还面临总体实力较为薄弱，生态建设压力、政策优势压力以及区域竞争的外在压力等挑战，但机遇与挑战并存，支撑体系建设与保障措施也日益完善。

（三）广西沿边地区

在总结了广西沿边地区"十二五"时期的主要成就之后，我们认为因其开放水平、口岸基础设施建设、生态治理与边境管控能力还有待提升，广西沿边地区对外经贸往来的稳定发展存在不确定性。《广西沿边地区开发开放"十三五"规划》又进一步分析了新时期广西沿边地区所面临的机遇与挑战。政策文本紧紧围绕"开放"两字：提升口岸发展水平、完善开放合作平台、构建沿边开放型特色产业体系、加快边境基础设施互联互通等以及相应的支持政策和保障措施。上述规划所指的沿边开发开放区域，包括广西边境地区百色、崇左、防城港 3 个沿边市的 8 个县（市、区）所涵盖的全部行政区域，与越南的河江、高平、谅山、广宁 4 个省 18 个县接壤。其对外交流的重要地位不言而喻，不断为沿边地区开发开放注入新动力，使沿边地区成为"一带一路"建设的枢纽与前沿，成为对东盟开放合作的前沿和国家沿边开放开发模式的示范。

广西壮族自治区对沿边地区新型城镇示范带建设做出了切实可行的决策。在《广西沿边新型城镇示范带建设实施方案》中，工作任务紧紧围绕"口岸城镇"展开，实施步骤从建立沿边新型城镇示范带建设项目库到建成项目再到投入使用和绩效评估，上述政策文本中都进行了详细描述，将有助于广西的 25 个口岸所在城镇和乡村提升辐射能力。口岸与城镇功能相互促进，实现广西边境地区经济社会持续健康发展。

二 广西边境城镇化政策规划愿景透视

目前，本章节介绍的有关广西边境城镇化政策的文本有《关于加强城市规划建设管理工作的意见》《广西壮族自治区新型城镇化规划（2014～2020 年）》《关于推动"十三五"市县经济社会发展规划改革创新指导意见》《广西西江经济带工业和信息化发展"十三五"规划》《深入推进新型城镇化建设实施方案的通知》《自治区财政支持新型城镇化发展若干政策的通知》《广西北部湾经济区工业和信息化发展"十

三五"规划》《广西沿边地区开发开放"十三五"规划》《广西沿边新
型城镇示范带建设实施方案》。

　　统计上述政策文本中集中词对或名词短语的共现情况，根据关键词
之间的关联强度，反映广西边境城镇化政策领域的研究热点、组成与规
划，横向和纵向分析广西边境城镇化政策领域的发展过程和结构演化。
通过对上述政策文本数据进行分析，可得广西边境城镇化政策文本共词
矩阵（见附录3）。

　　对这些政策文本共词矩阵进行可视化分析可得图7-6。

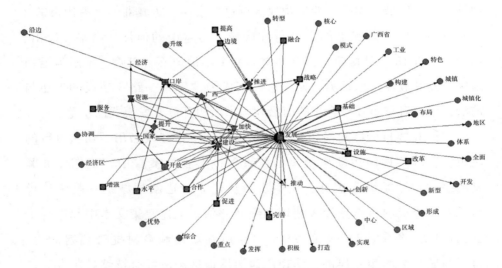

图7-6　广西边境城镇化政策关键词可视化分析

　　从图7-6可清晰看出不同关键词之间的相关程度，箭头越密集，
相关程度越高。广西围绕"发展"主题以完善"基础""设施""建
设"为中心促进城镇化发展，打造广西经济的升级版。

　　首先，在促进经济发展方面，"战略""核心""发展"等关键词形成
一个三角形区域，表明广西在全区战略发展规划中，坚持发挥核心地区的重
要作用，利用现有的资源条件，通过信息化产业等，全面促进广西经济发展。

　　其次，在对外开放方面，广西与越南相邻，作为"一带一路"海

上丝绸之路的重要节点，广西相关政策内容中"边境""口岸""提升""建设""加快""推进"紧紧围绕着"广西"，可以看出，加快口岸建设与发展、增强对外开放与交流是广西推进城镇化进程的重要体现。

最后，在边境安全方面，与云南省一同肩负着稳边固边的重任。

进行派系分析，得到如下 24 个派系。

1:	发展	口岸	建设	加快	国家
2:	发展	建设	加快	开放	国家
3:	发展	建设	加快	合作	国家
4:	发展	建设	广西	加快	开放
5:	发展	建设	推进	广西	加快
6:	发展	建设	加快	推动	
7:	发展	建设	加快	促进	
8:	发展	建设	推进	提升	
9:	发展	口岸	建设	提升	
10:	发展	建设	提升	服务	
11:	发展	建设	提升	水平	
12:	发展	建设	广西	资源	
13:	发展	建设	资源	国家	
14:	发展	建设	基础	设施	
15:	发展	建设	完善		
16:	发展	经济	广西	资源	
17:	发展	口岸	经济		
18:	发展	创新	推动		
19:	发展	创新	改革		
20:	发展	口岸	边境		
21:	发展	广西	加快	战略	
22:	发展	推进	提高		
23:	发展	推进	融合		
24:	发展	提升	增强		

图 7-7　广西边境城镇化政策数据派系分析结果

由此结果可见，数据中包含规模为 3 的派系共有 8 个，规模为 4 的派系共有 11 个，规模为 5 的派系共有 5 个。派系的成员之间可以重叠。例如第 10 派系的成员为"发展""建设""提升""服务"，第 11 派系的成员为"发展""建设""提升""水平"。

由图 7-8 结果可见，第 2 行第 21 列的值是 1，这说明 2 号关键词"口岸"与第 21 号关键词"边境"隶属于一个派系，由广西边境城镇化政策数据派系分析结果图可以看出，它们隶属第 20 个派系。第 4 行第 2 列的值是 2，这说明 4 号关键词"建设"与第 2 号关键词"口岸"

		1 发展	2 口岸	3 城镇化	4 建设	5 推进	6 城镇	7 工业	8 经济	9 广西	10 提升	11 创新	12 加快	13 推动	14 开放	15 沿边	16 合作	17 资源	18 国家	19 规划	20 服务	21 边境	22 战略	23 提高	24 贸易
1	发展	24	4	0	15	4	0	0	2	5	5	2	8	2	2	0	1	3	4	0	1	1	1	1	0
2	口岸	4	4	0	2	0	0	0	1	0	1	0	1	1	0	0	0	0	1	0	0	1	0	0	0
3	城镇化	0	0	0	0	0	0	0	0	0	0	0	0	0	0	0	0	0	0	0	0	0	0	0	0
4	建设	15	2	0	15	2	0	0	0	3	4	0	7	0	2	0	1	2	4	0	1	0	0	0	0
5	推进	4	0	0	2	4	0	0	2	1	1	0	1	0	0	0	0	0	1	0	0	0	1	0	0
6	城镇	0	0	1	0	0	0	0	0	0	0	0	0	0	0	0	0	0	0	0	0	0	0	0	0
7	工业	0	0	0	0	0	0	0	0	0	0	0	0	0	0	0	0	0	0	0	0	0	0	0	0
8	经济	2	1	0	0	0	0	0	2	5	0	0	0	0	0	0	0	1	0	0	0	0	0	0	0
9	广西	5	0	0	3	1	0	0	1	0	0	0	3	0	1	0	0	2	0	0	0	1	0	0	0
10	提升	5	1	0	4	1	0	0	0	5	0	0	0	0	0	0	0	0	0	0	0	0	0	0	0
11	创新	2	0	0	0	0	0	0	3	0	2	0	1	0	0	0	0	0	0	0	0	0	0	0	0
12	加快	8	1	0	7	1	0	0	0	0	0	8	1	2	0	0	0	3	0	0	0	1	0	0	0
13	推动	2	0	0	0	0	0	0	1	1	2	0	0	0	0	0	0	0	0	0	0	0	0	0	0
14	开放	2	0	0	2	0	0	0	0	0	0	0	2	0	2	0	0	0	0	0	0	0	0	0	0
15	沿边	0	0	0	0	0	0	0	0	0	0	0	0	0	0	0	0	0	0	0	0	0	0	0	0
16	合作	1	0	0	0	0	0	0	2	0	0	0	0	0	0	0	0	0	0	0	0	0	1	1	0
17	资源	3	0	0	0	0	0	0	0	0	0	0	0	0	0	0	3	0	0	0	0	0	0	0	0
18	国家	4	1	0	0	0	0	0	0	0	0	0	3	1	0	1	1	4	0	0	0	0	0	0	0
19	规划	0	0	0	4	0	0	0	0	0	0	0	0	0	0	0	0	0	0	0	0	0	0	0	0
20	服务	1	0	0	0	0	0	0	0	0	0	0	0	0	0	0	0	0	0	0	0	0	0	0	0
21	边境	1	1	0	0	0	0	0	0	0	0	0	0	0	0	0	0	0	0	0	0	0	0	0	0
22	战略	1	0	0	1	0	0	0	0	1	0	0	1	0	0	0	0	0	0	0	0	0	1	0	0
23	提高	1	0	0	0	0	0	0	0	0	0	0	0	0	0	0	0	0	0	0	0	0	0	1	0
24	贸易	0	0	0	0	0	0	0	0	0	0	0	0	0	0	0	1	0	0	0	0	0	0	0	1

图 7-8　广西边境城镇化政策关键词—关键词共享派系矩阵

	1	2	3	4	5	6	7	8	9	10	11	12	13	14	15	16	17	18	19	20	21	22	23	24
1	5	4	4	3	3	3	3	2	3	2	2	3	2	2	1	2	1	1	2	2	1	1	1	1
2	4	5	4	4	3	3	2	2	3	2	2	3	2	2	1	1	1	1	1	2	1	1	1	1
3	4	4	5	3	3	3	2	2	3	2	2	3	2	2	1	1	1	1	2	1	1	1	1	1
4	3	7	3	5	4	3	2	2	2	2	2	3	2	2	1	1	1	1	3	1	1	1	1	1
5	3	3	3	4	5	3	3	2	2	2	2	3	2	2	1	1	1	1	3	2	2	1	1	1
6	3	3	3	3	3	4	2	2	2	2	2	2	2	2	1	1	1	1	1	2	2	1	1	1
7	3	3	3	4	3	4	2	2	2	2	2	2	1	1	1	1	1	1	1	1	2	2	2	1
8	2	2	2	3	2	2	4	3	2	2	2	2	1	1	1	1	1	1	1	1	2	2	2	1
9	3	2	2	3	2	2	3	3	2	2	2	2	1	1	1	1	2	1	1	2	1	1	1	1
10	2	2	2	2	2	3	3	2	2	2	2	2	2	2	1	1	1	1	1	1	1	1	2	1
11	2	2	2	2	2	3	3	3	3	2	2	2	2	2	1	1	1	1	1	1	1	2	1	1
12	2	2	2	3	2	2	2	2	4	3	2	2	2	3	1	1	1	1	2	1	1	1	1	1
13	3	3	3	2	2	2	2	2	2	4	2	2	2	2	1	1	1	1	2	1	1	1	1	1
14	2	2	2	2	2	2	2	2	2	2	2	2	2	2	1	1	1	1	1	1	1	1	1	1
15	2	2	2	2	2	2	2	2	2	2	2	2	2	2	4	1	1	1	1	1	1	1	1	1
16	1	1	1	1	1	1	2	1	1	1	1	1	3	1	1	4	2	1	1	1	1	1	1	1
17	1	1	1	1	1	1	1	1	2	1	1	1	1	2	3	2	1	1	1	1	1	1	1	1
18	1	1	1	1	1	1	2	1	1	1	1	1	1	1	3	1	1	4	1	1	1	1	1	1
19	1	1	1	1	1	1	1	1	1	1	1	1	1	2	1	1	1	1	4	1	1	1	1	1
20	2	1	1	1	1	1	1	1	1	1	1	1	2	2	1	1	1	1	1	4	1	1	1	1
21	2	2	2	1	2	1	2	1	1	1	1	1	2	1	1	1	1	1	1	1	4	1	1	1
22	1	1	1	1	1	1	2	1	1	1	1	1	1	1	1	1	1	1	1	1	1	3	2	1
23	1	1	1	1	1	1	2	1	1	1	1	1	1	1	1	1	1	1	1	1	1	2	3	1
24	1	1	1	1	1	1	1	1	1	1	1	1	1	1	1	1	1	1	1	1	1	1	1	3

图 7-9　广西边境城镇化政策派系—派系共享关键词矩阵

隶属于两个派系，由广西边境城镇化政策数据派系分析结果图可以看出，它们隶属第 1 个、第 9 个派系。对角线上的值表示的是关键词隶属的派系数。例如，第 23 行第 23 列的值是 1，这说明该关键词"提高"参与了 1 个派系的活动。

图 7 - 9 结果给出了 24 个派系共同拥有的关键词的情况，对角线上的值表示不同派系所拥有共同成员的情况，第一行第 16 列的值为 1，表明这两个派系共享的关键词有 1 个，由广西边境城镇化政策数据派系分析结果图可以看出共享的关键词是"发展"。

```
Level      18 19 22 23 17 20  8  9 10 11 14 15 12 13 16  3  1  2  4  5  6  7 21 24
4.000       .  .  .  .  .  .  .  .  .  .  .  .  .  .  .  X X X X X  .  X X X
3.167       .  .  .  .  .  .  .  .  .  .  .  .  .  .  .  X X X X X X X X X
3.000       .  .  .  .  .  .  X X X X X X X  .  X X X  X X X X X X X X X X X
2.500       .  .  .  .  .  .  X X X X X X X  .  X X X X X X X X X X X X X X
2.286       .  .  .  .  .  .  X X X X X X  .  X X X X X X X X X X X X X X X
2.000      X X X  X X X  X X X X X X X X X X X X X X X X X X X X X X X X X
1.958      X X X  X X X  X X X X X X X X X X X X X X X X X X X X X X X X X
1.848      X X X  X X X  X X X X X X X X X X X X X X X X X X X X X X X X X
1.235      X X X  X X X  X X X X X X X X X X X X X X X X X X X X X X X X X X
1.139      X X X  X X X  X X X X X X X X X X X X X X X X X X X X X X X X X X
1.100      X X X  X X X  X X X X X X X X X X X X X X X X X X X X X X X X X X
1.023      X X X  X X X  X X X X X X X X X X X X X X X X X X X X X X X X X X
```

图 7 - 10　广西边境城镇化政策重叠矩阵等级聚类分析

图 7 - 10 结果给出了 24 个派系共享的关键词的聚类分析，可以看出，派系 1 和派系 2、派系 3 共享 4 个关键词，且从中可以看出关键词中没有孤立存在的。分析产生包含如下成员关键词的大群体和小群体等。共享群体聚类分析与这种分析的结果是一致的，但是新提供了关于大网络结构的洞见，大网络可分为几种子网络，对照广西边境城镇化政策数据派系分析结果图看出，关键词"发展""建设"在网络中居于重要地位。

第三节　西藏城镇化发展展望

通过有关西藏边境城镇化政策的相关文件，了解现有的西藏自治区城镇化发展状况，进而立足当下，对西藏自治区城镇化政策文本内容进行计量分析，展望未来发展的趋势和方向。

一 西藏边境城镇化政策规划体系

（一）西藏整体规划

《西藏自治区"十三五"时期国民经济和社会发展规划纲要》第六篇提出，通过统筹新型城镇化发展和新农村建设，拓宽城乡居民增收渠道，形成合理有序的收入分配格局，全面提升自治区内人民的生活水平，促进城乡协调、城区协调发展。

在分析现有的城镇化形势后，西藏自治区政府对区域内新型城镇化做出了明确的规划。《西藏自治区新型城镇化规划（2014～2020年）》的政策文本中包括的内容有：从总体到地区，优化布局，构建城镇发展空间新格局，稳步推进人口向城镇转移，提高城镇可持续发展能力，密切城乡联系纽带，营造良好的发展环境以及规划实施方案。到2020年时，形成有中国特色、西藏特点的新型城镇化道路，加快西藏现代化进程。

为促进"十三五"期间西藏自治区住房和城乡建设事业发展，西藏自治区住房和城乡建设厅推出了《西藏自治区"十三五"时期住房和城乡建设事业发展规划》。规划总结了"十二五"期间西藏自治区住房和城乡建设事业取得的成绩，分析了存在的主要问题以及未来五年发展形势，阐明了"十三五"期间推进全区住房和城乡建设工作的指导思想、发展目标和重点任务，为全面落实《西藏自治区新型城镇化规划（2014～2020年）》，构建"一圈两翼三点两线"的城镇化空间格局、统筹城乡一体化建设、推动自治区经济社会发展打下坚实的基础。

《西藏自治区"十三五"时期农村经济发展规划》中有关改善民生的政策部分中，提及推进城镇化的内容：统筹城乡发展规划，增强城镇综合承载和区域辐射带动能力；推进新型城镇化规划，发展趋势由点到面，拉萨市引领发展，六个中心城镇率先发展，重点县城和特色城镇加快发展；优化城乡产业链接；促进城乡要素自由流动，有助于加快西藏自治区城镇化步伐，实现城乡一体化发展。

（二）藏中南地区

《西藏自治区"十三五"时期国民经济和社会发展规划纲要》中指出藏中南地区包括拉萨市、日喀则市、山南市、林芝市，要发挥藏中南地区的引领带动作用，推进藏中南地区在改革创新、对外开放、统筹城乡、市场培育等方面走在西藏自治区前列，构建藏中南经济高地，打造对接"一带一路"倡议和全区扩大对外开放的中心城市、区内金融商贸物流中心。

习近平总书记曾说，"治国必治边、治边先稳藏"，西藏自治区在我国治国治边的战略中居于重要地位。拉萨、山南两市是西藏自治区经济社会发展的核心区域。拉萨、山南两市位于藏中南地区，拉萨是西藏经济发展的龙头，经济辐射带动能力强；山南位于藏中南核心经济区，有良好的资源和产业基础。西藏自治区通过充分利用国家各项惠藏政策，推出《推进拉萨山南经济一体化发展规划》，规划包括以下内容：展开空间布局优化工作、构建基础设施互联互通、开展区域产业分工协作、实现公共服务合作共进、对生态环境进行共建共治、改革创新驱动发展、加强规划实施管理。该规划有助于着力建设藏中南开发区，构建拉萨山南城镇圈，将西藏建设成为西部地区重要的增长极，带动西藏经济社会持续健康快速发展。

（三）西藏沿边地区

《西藏自治区"十三五"时期国民经济和社会发展规划纲要》中提出西藏应该培育以桑珠孜区、江孜、拉孜和重点口岸为主要支撑的雅鲁藏布江中上游经济带，日喀则强化历史文化名城建设，打造面向南亚开放的前沿和重要枢纽、农副产品主产区和民族手工业基地。

《西藏自治区新型城镇化规划（2014～2020年）》中部分内容是有关加强边境建设、巩固边境沿线城镇发展的。政策文本中积极规划重点口岸："充分发挥沿边地缘优势，提升开发开放水平。重点建设吉隆口岸，稳步提升樟木口岸，积极恢复亚东口岸，加快发展普兰和日屋口岸，推进口岸开放进程。"这有助于西藏自治区成为我国对外开放战略格局的重要支点和面向南亚开放的重要门户。

二 西藏边境城镇化政策规划愿景透视

目前，本章节介绍的有关西藏边境城镇化政策的文本有《西藏自治区"十三五"时期国民经济和社会发展规划纲要》《西藏自治区新型城镇化规划（2014~2020年）》《西藏自治区"十三五"时期住房和城乡建设事业发展规划》《西藏自治区"十三五"时期农村经济发展规划》《推进拉萨山南经济一体化发展规划》。

统计上述政策文本中集中词对或名词短语的共现情况，根据关键词之间的关联强度，反映西藏边境城镇化政策领域的研究热点、组成与规划，横向和纵向分析西藏边境城镇化政策领域的发展过程和结构演化。通过对上述政策文本数据进行分析，可得西藏边境城镇化政策文本共词矩阵（见附录4）。

对这些政策文本中共词矩阵进行可视化分析可得图7-11。

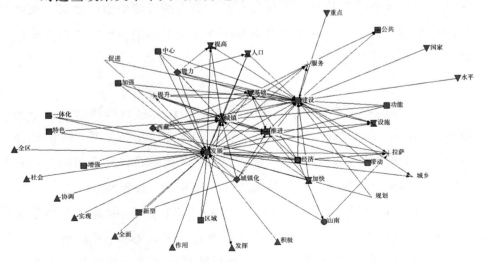

图7-11 西藏边境城镇化政策关键词可视化分析

从图 7-11 中可清晰看出不同关键词之间的相关程度，箭头越密集，相关程度越高。西藏边境城镇化政策聚焦于"建设""推进""发展""城镇""基础"，符合总体目标是促进西藏自治区城镇化发展的预期。

首先，在促进经济发展方面，"拉萨""山南""经济"三个关键词形成一个三角形区域，凸显两座城市是西藏自治区经济发展的藏中南地区的中心城市，在国家的扶持下，发挥此地区的带动作用。"基础""设施""建设"是西藏自治区推进新型城镇化发展的重点，通过完善基础设施，提升城市的公共服务能力，促进人民幸福感的提升。

其次，在对外开放方面，西藏地区城镇化发展突出"重点""建设"，在基础设施建设上，建造了与印度、尼泊尔等国家相连的国际公路。

最后，在边境安全方面，对外联系和民族团结同样重要。

进行派系分析，得到如下 25 个派系。

1:	发展	建设	城镇	城镇化	西藏	推进
2:	发展	建设	城镇	西藏	推进	基础
3:	发展	建设	城镇	推进	基础	提升
4:	发展	建设	城镇	推进	加快	
5:	发展	建设	城镇	能力	基础	
6:	发展	建设	城镇	能力	提高	
7:	发展	建设	城镇	能力	人口	
8:	发展	建设	城镇	中心		
9:	发展	建设	城镇	基础	服务	
10:	发展	建设	城镇	功能		
11:	发展	建设	城镇	带动		
12:	发展	建设	推进	经济	基础	
13:	发展	建设	推进	经济	拉萨	
14:	发展	建设	城乡			
15:	发展	建设	推进	加强		
16:	发展	建设	促进			
17:	发展	建设	推进	基础	设施	
18:	发展	建设	规划			
19:	发展	城镇	区域			
20:	发展	城镇	特色			
21:	发展	经济	拉萨	山南		
22:	发展	经济	一体化			
23:	发展	城镇	增强			
24:	发展	城镇化	新型			
25:	建设	服务	公共			

图 7-12　西藏边境城镇化政策数据派系分析结果

由图 7－12 结果可见，数据中包含规模为 3 的派系共有 9 个，规模为 4 的派系共有 5 个，规模为 5 的派系共有 8 个，规模为 6 的派系共有 3 个。派系的成员之间可以重叠。例如，第 10 派系的成员为"发展""建设""城镇""功能"，第 11 派系的成员为"发展""建设""城镇""带动"。

		1 发展	2 建设	3 城镇	4 城镇化	5 西藏	6 推进	7 经济	8 城乡	9 能力	10 中心	11 基础	12 加强	13 区域	14 水平	15 提升	16 提高	17 生态	18 拉萨	19 服务	20 特色	21 社会	22 加快	23 人口	24 促进	25 开放
1	发展	24	18	14	2	2	8	4	1	3	1	6	1	0	1	1	0	2	1	1	0	1	1	0	1	0
2	建设	18	19	14	1	2	8	2	1	3	1	6	1	0	1	1	0	1	2	0	0	1	1	0	1	0
3	城镇	14	14	14	1	2	4	0	0	3	1	4	0	1	0	1	1	0	1	1	1	0	1	1	0	0
4	城镇化	2	1	1	2	1	2	0	0	0	0	0	0	0	0	0	0	0	0	0	0	0	0	0	0	0
5	西藏	2	2	2	1	2	1	2	0	0	0	1	0	0	0	0	0	1	0	0	0	0	0	0	0	0
6	推进	8	8	4	1	2	8	2	0	0	0	4	0	0	0	1	0	1	0	1	0	0	0	0	0	0
7	经济	4	2	0	0	2	2	4	0	0	0	1	0	0	0	0	0	0	0	2	0	0	0	0	0	0
8	城乡	1	1	0	0	0	0	0	1	0	0	0	0	0	0	0	0	1	0	0	0	0	0	0	0	0
9	能力	3	3	3	0	0	0	0	0	3	0	0	0	0	0	0	0	0	0	0	0	0	0	0	0	0
10	中心	1	1	1	0	0	0	0	0	0	1	0	0	0	0	0	0	0	0	0	0	0	0	0	0	0
11	基础	6	6	4	0	1	4	1	0	0	0	6	0	0	0	0	0	0	0	1	0	0	0	0	0	0
12	加强	1	1	0	0	0	0	0	0	0	0	0	1	0	0	0	0	0	0	0	0	0	0	0	0	0
13	区域	0	0	1	0	0	0	0	0	0	0	0	0	1	0	0	0	0	0	0	0	0	0	0	0	0
14	水平	0	0	0	0	0	0	0	0	0	0	0	0	0	0	0	0	0	0	0	0	0	0	0	0	0
15	提升	1	1	1	0	0	1	0	0	0	0	0	0	0	0	1	0	0	0	0	0	0	0	0	0	0
16	提高	1	1	1	0	0	0	0	0	0	0	0	0	0	0	0	1	0	0	0	0	0	0	0	0	0
17	生态	0	0	0	0	0	0	0	0	0	0	0	0	0	0	0	0	0	0	0	0	0	0	0	0	0
18	拉萨	2	1	0	0	1	1	0	0	0	0	0	0	0	0	0	0	0	2	0	0	0	0	0	0	0
19	服务	1	2	1	0	0	0	2	0	0	0	1	0	0	0	0	0	0	0	2	0	0	0	0	0	0
20	特色	0	0	1	0	0	0	0	0	0	0	0	0	0	0	0	0	0	0	0	1	0	0	0	0	0
21	社会	0	0	0	0	0	0	0	0	0	0	0	0	0	0	0	0	0	0	0	0	0	0	0	0	0
22	加快	1	1	1	0	0	0	0	0	0	0	0	0	0	0	0	0	0	0	0	0	0	1	0	0	0
23	人口	1	1	1	0	0	0	0	0	0	0	0	0	0	0	0	0	0	0	0	0	0	0	1	0	0
24	促进	1	1	0	0	0	0	0	0	0	0	0	0	0	0	0	0	0	0	0	0	0	0	0	1	0
25	开放	0	0	0	0	0	0	0	0	0	0	0	0	0	0	0	0	0	0	0	0	0	0	0	0	0

图 7－13　西藏边境城镇化政策关键词—关键词共享派系矩阵

由图 7－13 结果可见，第 4 行第 5 列的值是 1，这说明 4 号关键词"城镇化"与第 5 号关键词"西藏"隶属于一个派系，由西藏边境城镇化政策数据派系分析结果图可以看出，它们隶属于第 1 个派系。第 7 行第 2 列的值是 2，这说明 7 号关键词"经济"与 2 号关键词"建设"隶属于两个派系，由西藏边境城镇化政策数据派系分析结果图可以看出，它们隶属第 12 个、第 13 个派系。对角线上的值表示的是关键词隶属的派系数。例如，第 24 行第 24 列的值是 1，这说明该关键词"促进"参与了 1 个派系的活动。

```
       1  2  3  4  5  6  7  8  9 10 11 12 13 14 15 16 17 18 19 20 21 22 23 24 25
 1     6  5  4  4  3  3  3  3  3  3  3  3  3  2  3  2  3  2  2  2  1  1  2  2  1
 2     5  6  5  4  4  3  3  4  4  3  3  4  3  2  3  2  4  2  2  2  1  1  2  1  1
 3     4  5  6  4  4  3  3  3  4  3  3  4  3  2  4  2  4  2  2  1  1  1  2  1  1
 4     4  4  4  5  3  3  3  3  3  3  3  3  3  2  3  2  3  2  2  1  1  2  1  1  1
 5     3  4  4  3  4  3  3  4  4  3  3  3  2  2  3  2  3  2  2  2  1  4  2  1  1
 6     3  3  3  3  3  4  5  4  3  3  3  2  2  2  2  2  2  2  2  2  1  1  2  1  1
 7     3  3  3  3  3  5  4  3  3  3  2  2  2  2  2  2  2  2  2  2  1  1  2  1  1
 8     3  3  3  3  3  4  3  4  3  4  3  2  2  2  2  2  2  2  2  2  1  1  2  1  1
 9     3  4  4  3  4  3  3  3  4  3  3  3  2  2  3  2  2  2  2  2  1  1  2  4  2
10     3  3  3  3  3  3  3  4  3  4  3  2  2  2  3  2  2  2  2  2  1  1  2  4  4
11     3  3  3  3  3  3  3  3  3  3  4  2  2  2  2  2  2  2  2  2  1  1  2  1  1
12     3  7  7  3  3  2  2  2  2  2  2  5  4  2  3  2  4  2  1  1  2  2  1  1  1
13     3  3  3  3  2  2  2  2  2  2  2  4  5  2  3  2  2  3  2  1  1  3  2  1  1
14     2  2  2  2  2  2  2  2  2  2  2  2  2  2  2  2  2  2  1  1  1  1  1  1  1
15     3  3  4  3  3  2  2  2  3  3  2  3  3  2  3  2  3  2  1  1  1  1  1  1  2
16     2  2  2  2  2  2  2  2  2  2  2  2  2  2  2  3  2  2  1  1  1  1  1  1  1
17     3  4  4  3  3  2  2  3  2  2  2  4  2  2  3  2  5  2  1  1  1  1  1  1  1
18     2  2  2  2  2  2  2  2  2  2  2  2  3  2  2  2  2  3  1  1  1  1  1  1  1
19     2  2  2  2  2  2  2  2  1  1  1  1  1  1  1  1  1  1  3  2  1  2  1  0
20     2  2  2  2  2  2  2  2  1  1  1  1  1  1  1  1  1  1  3  1  2  1  0
21     1  1  1  2  3  2  2  1  1  2  1  2  3  1  1  1  4  2  1  1  0
22     1  1  1  1  1  1  1  1  1  1  1  1  2  1  1  1  1  3  1  1  0
23     2  2  2  2  2  2  2  2  2  2  1  2  1  1  1  1  1  3  1  0
24     2  1  1  1  1  1  1  1  4  4  1  1  1  1  1  1  1  3  0
25     1  1  1  1  1  1  1  1  2  4  1  1  1  1  1  1  0  0  0  0  0  3
```

图 7 - 14　西藏边境城镇化政策派系—派系共享关键词矩阵

该结果给出了 25 个派系共同拥有的关键词的情况，对角线上的值表示不同派系所拥有共同成员的情况，第 1 行第 22 列的值为 1，表明这两个派系共享的关键词有 1 个，由西藏边境城镇化政策数据派系分析结果图可以看出共享的关键词是"发展"。

```
Level      21 22 14 16  8  5  6  7  1  2  3  4  9 10 11 15 12 13 17 18 19 20 23 24 25
------
5.000       .  .  .  .  .  .  .  .  X  X  X  .  .  .  .  .  .  .  .  .  .  .  .  .  .
4.500       .  .  .  .  .  .  .  .  X  X  X  X  X  .  .  .  .  .  .  .  .  .  .  .  .
4.000       .  .  .  .  X  X  X  X  X  X  X  X  X  X  X  X  .  X  X  X  .  .  .  .  .
3.500       .  .  .  .  X  X  X  X  X  X  X  X  X  X  X  X  .  X  X  X  X  X  .  .  .
3.200       .  .  .  .  X  X  X  X  X  X  X  X  X  X  X  X  X  X  X  X  X  .  .  .  .
3.000       .  .  .  X  X  X  X  X  X  X  X  X  X  X  X  X  X  X  X  X  X  X  .  .  .
2.545       .  .  .  X  X  X  X  X  X  X  X  X  X  X  X  X  X  X  X  X  X  X  X  .  .
2.000       X  X  X  X  X  X  X  X  X  X  X  X  X  X  X  X  X  X  X  X  X  X  X  X  X
1.611       X  X  X  X  X  X  X  X  X  X  X  X  X  X  X  X  X  X  X  X  X  X  X  X  X
1.119       X  X  X  X  X  X  X  X  X  X  X  X  X  X  X  X  X  X  X  X  X  X  X  X  X
1.043       X  X  X  X  X  X  X  X  X  X  X  X  X  X  X  X  X  X  X  X  X  X  X  X  X
0.792       X  X  X  X  X  X  X  X  X  X  X  X  X  X  X  X  X  X  X  X  X  X  X  X  X
```

图 7 - 15　西藏边境城镇化政策重叠矩阵等级聚类分析

图 7－15 结果给出了 25 个派系共享的关键词的聚类分析，可以看出，派系 1 和派系 2 共享 5 个关键词。且从中可以看出几乎关键词中没有孤立存在的。分析产生包含如下成员关键词的大群体和小群体等。共享群体聚类分析与这种分析的结果是一致的，但是新提供了关于大网络结构的洞见，大网络可分为几种子网络，对照西藏边境城镇化政策数据派系分析结果图可以看出，关键词"发展""建设"在网络中居于重要地位。

通过对以上边疆三省区的分析可以看出，云南省在城镇化发展的过程中，政策文件中还充分体现出生态保护方面，但云南省在维护边疆安全的内容上提及较少，广西壮族自治区和西藏自治区也是同样，在城镇化发展的过程中，对民族团结、社会稳定的重视程度还有待进一步加强。

第四节　西南地区城镇化发展愿景的特征

通过上述几节分析我们可知，在西南边境地区城镇化发展的过程中，由于其地理位置、经济发展水平等因素，云南、广西、西藏在城镇化发展的过程中都紧紧围绕"建设""发展"等这样的主旋律，同时又加入地方的特色，以下我们将从各地区发展愿景的共性与个性方面进行总结。

一　西南边境地区城镇化发展愿景的共性

（一）建设发展成为主要旋律

建设发展西南边疆地区是为了兴边富民，守土固边。通过提高公共服务能力，扩大覆盖范围，改善西南边境地区居民生产生活条件，保障收入持续增长，有利于稳固边境地区人口，筑牢国家安全屏障。西南边境地区的城镇化规划是基于当地基本情况持续推进的，云南、广西、西藏三省区坚持以人为本、开放共享的发展理念，三省区在不同程度上都实现了"城乡一体化"的发展模式。在城镇布局方面，以城镇群为主体形态，深入提高城镇综合承载力，实现集约高效的城镇群模式；在城市规划方面，基本公共服务不断向基层延伸，逐步缩小城乡差距，坚持协调发展理念，不断增强发展的整体性。其中特色小镇的建设和发展成为三省区城镇化进程中的一大亮点，通过特色小镇，进一步促进产城融合，将进一步推动三省区经济发展，促进经济的转型升级。虽然三省区在建设方面已取得较好的成绩，但整体发展水平滞后于全国平均水平，依旧还有进步的空间，因此建设与发展在今后较长一段时间内仍然是西南边境地区城镇化进程的主要旋律。

（二）辐射中心是重要推动力

具体到城市建设中，城市群将成为拉动各地区经济快速增长和参与区域经济合作与竞争的主要平台。西南边疆地区三省区都确定了各自的辐射中心与主要城市群：云南——滇中城市群、广西——北部湾经济区、西藏——藏中南地区。云南省充分发挥滇中城市群的龙头作用，提升对全省经济社会的辐射带动力，成为云南省新型城镇化进程中的核心城市群，形成"一核三极一环一轴"的空间结构；同时积极发展滇西和滇东南城镇群，培育构建滇西南、滇西北、滇东北城镇群。广西以北部湾经济区为中心的建设与发展将发挥规模效应和带动作用，推动中心城区功能向周边地区扩散，建设规模大、功能全、带动强、辐射广的现代化都市圈，成为推进城镇化发展的核心。西藏自治区坚持点、轴、面相结合的开发方式，以藏中南地区为中心，构建"一圈两翼三点两线"的城镇化空间格局，打造对接"一带一路"倡议和全区扩大对外开放的中心城市，继续强化拉萨在全区经济社会发展的引擎和增长极作用。虽然城市群带动作用已初步显现，但其辐射能力仍需强化，因此辐射中心的规划在今后较长一段时间内仍然是西南边境地区城镇化发展的重要推动力。

（三）沿边地区扩大对外开放

随着我国"一带一路"倡议的提出，西南边境地区在我国对外开放格局中地位日益凸显。在西南边境地区城镇化发展的进程中，进一步创新沿边地区口岸城镇发展模式，成为西南边境口岸城镇发展的必然趋势。西南边境口岸具有得天独厚的地缘优势，在充分利用国家赋予的特殊政策的基础上，将有利于促进边境口岸城镇经济社会全面快速发展。推动重点边境口岸城镇跨越发展，加强口岸型城镇与毗邻国家"经贸多元"的合作，建立区域性物流枢纽、区域旅游服务中心、跨境经济合作区以及边境经济合作区。云南边境口岸是面向南亚、东南亚开放合作和全省区域协调发展中的重要区域。广西边境口岸与越南等东盟国家建立跨国口岸合作机制，促进贸易物流无障碍通关、无缝隙对接。西藏边境口岸主动融入丝绸之路经济带和"孟中印缅经济走廊"，推进"环喜马拉雅经济合作带"建设，成为国家面向南亚开放的重要通道。虽然沿边地区的口岸优势得天独厚，但其活力与连接能力仍须强化，因此积极发展重点口岸城镇在今后较长一段时间内仍然是西南边疆地区的城镇化发展的主要方向。

二 西南边境地区城镇化发展愿景的个性

（一）云南——绿色生态持续的城镇化

云南地区在城镇化发展的同时，尤其注重生态文明建设。从优化生态格局（即构建以重点生态功能区为主体，以禁止开发区域为支撑的云南省"三屏两带"的生态安全战略格局）到构建与六大水系、对外对内开放经济走廊、沿边对外开放经济带相适应的生态廊道体系，构筑环境安全体系，深入推进"森林云南"建设，提升森林质量和生态服务功能，最后到优化城镇生态系统、加强天然湿地生态系统保护和恢复，加强生物多样性保护、加大"五采区"生态恢复建设力度，走出了一条可持续的城镇化发展道路。

（二）广西——信息技术发达的城镇化

广西在城镇化发展的过程中，使用发达的信息技术成为重要的方向，智慧城市成为城市设计的一大亮点。通过综合运用物联网、云计算、大数据等现代信息技术推进广西智慧城市发展，实现基本公共服务的均等化。利用不断发展的信息技术，不断实现工业化和信息化融合，为广西城镇化助力。在对外交流上，建设中国—东盟信息港南宁核心基地，形成我国与东盟国家信息产业合作和信息交流服务的区域中心，打造设施齐备的"智慧港"、信息共享的"联通港"、技术合作的"创新港"、经贸互利的"钻石港"。

（三）西藏——基础设施完善的城镇化

鉴于西藏地区边境一线乡镇的特殊情况，西藏地区在城镇化发展的过程中着重基础设施的建设和完善方面。不断加强西藏地区边境一线乡镇基础设施建设，推进边境横向通道建设，加强水、电、路、通信等保障能力建设，加大教育、卫生、文化等基本公共服务供给力度，推动地市、县基本公共服务网络向边境乡村延伸，提高社会保障水平并实现全边全民全覆盖；促进边贸发展，改善边民生产生活条件，鼓励到边境乡村定居兴业，稳固边境人口；加强国防设施建设，强化边境地区乡镇守土固边战略任务。

附 录

附录1
县域城镇化指数主成分计算表达式

$Z_1 = 0.2X_1 + 0.03X_2 + 0.23X_3 + 0.1X_4 + 0.14X_5 + 0.12X_6 + 0.26X_7 + 0.25X_8 + 0.28X_9 + 0.27X_{10} + 0.25X_{11} + 0.25X_{12} + 0.26X_{13} + 0.23X_{14} + 0.03X_{15} + 0.22X_{16} + 0.16X_{17} + 0.15X_{18} + 0.16X_{19} + 0.04X_{20} + 0.04X_{21} + 0.22X_{22} + 0.22X_{23} + 0.03X_{24} + 0.04X_{25} + 0.02X_{26} + 0.17X_{27} - 0.17X_{28} - 0.2X_{29}$

$Z_2 = 0.32X_1 - 0.02X_2 + 0.22X_3 + 0.35X_4 + 0X_5 + 0.29X_6 - 0.06X_7 - 0.03X_8 - 0.17X_9 - 0.15X_{10} + 0.03X_{11} + 0.11X_{12} - 0.17X_{13} + 0.09X_{14} + 0.38X_{15} - 0.18X_{16} - 0.08X_{17} - 0.1X_{18} - 0.22X_{19} + 0.15X_{20} + 0.11X_{21} - 0.12X_{22} + 0.24X_{23} + 0.28X_{24} + 0.29X_{25} + 0X_{26} - 0.11X_{27} + 0.08X_{28} + 0.1X_{29}$

$Z_3 = -0.01X_1 + 0.37X_2 + 0.11X_3 - 0.04X_4 + 0.4X_5 + 0.26X_6 + 0.24X_7 + 0.18X_8 + 0.02X_9 + 0X_{10} + 0.16X_{11} - 0.06X_{12} - 0.05X_{13} - 0.17X_{14} + 0.03X_{15} - 0.11X_{16} - 0.1X_{17} - 0.27X_{18} - 0.01X_{19} + 0.03X_{20} - 0.18X_{21} - 0.26X_{22} - 0.06X_{23} - 0.22X_{24} - 0.22X_{25} - 0.18X_{26} + 0.27X_{27} + 0.17X_{28} + 0.22X_{29}$

$Z_4 = 0.1X_1 + 0.32X_2 + 0.05X_3 + 0.19X_4 + 0.2X_5 + 0.02X_6 - 0.18X_7 - 0.17X_8 + 0.03X_9 + 0.04X_{10} - 0.17X_{11} - 0.24X_{12} + 0.17X_{13} + 0.25X_{14} + 0.15X_{15} + 0X_{16} + 0.04X_{17} + 0.3X_{18} + 0.12X_{19} - 0.36X_{20} - 0.37X_{21} + 0.08X_{22} + 0.02X_{23} + 0.01X_{24} - 0.08X_{25} + 0.22X_{26} - 0.2X_{27} + 0.24X_{28} + 0.11X_{29}$

$Z_5 = -0.05X_1 - 0.2X_2 + 0.05X_3 + 0.15X_4 + 0.09X_5 - 0.03X_6 +$

$0.05X_7 - 0.22X_8 + 0.02X_9 + 0.01X_{10} + 0.18X_{11} + 0.03X_{12} + 0.07X_{13} -$
$0.15X_{14} + 0.12X_{15} + 0.28X_{16} + 0.53X_{17} - 0.04X_{18} - 0.22X_{19} - 0.03X_{20} +$
$0.19X_{21} + 0.09X_{22} + 0X_{23} - 0.09X_{24} - 0.29X_{25} - 0.25X_{26} - 0.26X_{27} +$
$0.19X_{28} + 0.28X_{29}$

$Z_6 = 0.01X_1 + 0.01X_2 - 0.08X_3 - 0.11X_4 + 0.15_5 - 0.12X_6 - 0.06X_7 +$
$0.06X_8 + 0.03X_9 + 0.16X_{10} - 0.13X_{11} - 0.11X_{12} + 0.04X_{13} + 0.05X_{14} -$
$0.16X_{15} + 0.06X_{16} + 0.07X_{17} - 0.01X_{18} - 0.18X_{19} + 0.32X_{20} + 0.29X_{21} -$
$0.13X_{22} + 0.31X_{23} + 0.01X_{24} - 0.09X_{25} + 0.6X_{26} + 0.17X_{27} + 0.29X_{28} +$
$0.19X_{29}$

$Z_7 = 0.04X_1 - 0.22X_2 - 0.22X_3 - 0.15X_4 + 0.18X_5 - 0.18X_6 - 0.04X_7 +$
$0.14X_8 - 0.02X_9 + 0.07X_{10} + 0.17X_{11} + 0.19X_{12} + 0.03X_{13} + 0.06X_{14} -$
$0.09X_{15} - 0.18X_{16} - 0.23X_{17} + 0.4X_{18} - 0.04X_{19} + 0.15X_{20} - 0.14X_{21} +$
$0.08X_{22} + 0.16X_{23} + 0.02X_{24} + 0.14X_{25} - 0.38X_{26} - 0.06X_{27} + 0.45X_{28} +$
$0.13X_{29}$

其中，上式中的 X 为因子分析中的原始变量标准化后的变量，Z_i 为主成分。

附录2

附录 2　云南边疆城镇化政策文本共词矩阵

	发展	建设	城镇	区域	经济	中心	口岸	开放	地区	云南省	合作	沿边	设施	城市群	边境	环境	提升	基础	重点	服务	推进	昆明	生态	开发	特色	功能	形成	加快	促进	资源	能力	水平	文化	布局	核心	优化	协调	带动	周边国家	城镇化	优势
发展	0	41	38	43	39	38	17	24	33	42	20	21	24	28	20	26	33	29	29	22	21	0	19	0	18	19	28	23	26	24	25	22	17	24	19	22	26	24	22	0	17
建设	41	0	19	25	27	21	0	18	21	23	0	0	20	0	18	18	21	20	18	0	24	0	0	0	0	0	17	19	0	0	0	17	0	17	0	0	0	0	0	0	0
城镇	38	19	0	22	0	19	0	0	0	0	0	0	0	0	0	0	17	0	0	22	0	0	0	0	0	0	0	0	0	0	0	0	0	0	0	0	0	0	0	0	0
区域	43	25	22	0	22	19	0	0	0	21	0	0	0	0	0	0	0	0	0	0	0	0	0	0	0	0	0	0	0	0	0	0	0	0	0	0	0	0	0	0	0
经济	39	27	0	22	0	25	0	0	19	26	0	0	0	21	0	0	21	21	18	0	0	0	0	0	0	0	19	0	17	0	0	0	0	19	0	0	19	19	0	0	0
中心	38	21	19	19	25	0	20	19	0	0	21	18	21	0	0	0	18	0	0	19	0	18	18	0	0	17	20	17	0	0	0	0	0	0	0	0	0	0	19	0	0
口岸	17	0	0	0	0	20	0	0	17	18	0	0	0	0	0	0	21	0	17	0	0	0	0	0	0	0	0	0	0	0	0	0	0	0	0	0	0	0	0	0	0
开放	24	18	0	0	0	19	0	0	0	20	0	0	0	0	0	0	0	0	0	0	0	0	0	0	0	21	0	0	0	0	0	0	0	0	0	0	0	0	0	0	0
地区	33	21	0	0	19	0	17	0	0	0	0	21	0	0	0	0	0	0	0	0	0	0	0	0	0	0	0	0	0	0	0	0	0	0	0	0	0	0	18	0	0
云南省	42	23	0	21	0	17	0	0	0	0	17	0	0	20	0	0	0	0	0	0	0	0	0	0	0	0	0	0	0	0	0	0	0	0	0	0	0	0	0	0	0
合作	20	0	0	0	0	0	0	0	0	17	0	17	0	0	0	0	21	0	0	0	0	0	0	0	0	0	0	0	0	0	0	0	0	0	0	0	0	0	0	0	0
沿边	21	0	0	0	0	18	0	0	21	0	17	0	0	0	0	0	0	0	0	0	0	0	0	0	0	0	0	0	0	0	0	0	0	0	0	0	0	0	0	0	0
设施	24	20	0	0	0	21	0	0	0	0	0	0	0	0	0	0	0	0	0	0	0	0	0	0	0	0	0	0	0	0	0	0	0	0	0	0	0	0	0	0	0
城市群	28	0	0	0	21	0	0	0	0	20	0	0	0	0	0	0	0	23	0	0	0	0	0	0	0	0	0	0	0	0	0	0	0	0	0	0	0	0	0	0	0
边境	20	18	0	0	0	0	0	0	0	0	0	0	0	0	0	0	0	0	0	0	0	0	0	0	0	0	0	0	0	0	0	0	0	0	0	0	0	0	0	0	0
环境	26	18	0	0	0	0	0	0	0	0	0	0	0	0	0	0	0	0	0	0	0	0	20	0	0	0	0	0	0	0	0	19	19	0	0	0	0	0	0	0	0
提升	33	21	17	0	21	18	21	0	0	0	21	0	0	19	0	0	0	0	0	0	0	0	0	0	0	0	0	0	0	0	0	0	0	0	0	0	0	0	0	0	0
基础	29	20	0	0	21	0	0	0	0	0	0	0	0	23	0	0	0	0	0	0	0	0	0	0	0	0	0	0	0	0	0	0	0	0	0	0	0	0	0	0	0
重点	29	18	0	0	18	0	17	0	0	0	0	0	0	0	0	0	0	0	0	0	0	0	0	0	0	0	0	0	0	0	0	0	0	0	0	0	0	0	0	0	0
服务	22	0	22	0	19	19	0	0	0	0	0	0	0	0	0	0	0	0	0	0	0	0	0	0	0	0	0	0	0	0	0	0	0	0	0	0	0	0	0	0	0

续表

	发展	建设	城镇	区域	经济	中心	口岸	开放	地区	云南省	沿边	合作	设施	城市群	边境	环境	提升	基础	重点	服务	推进	昆明	生态	开发	特色	功能	形成	加快	促进	资源	能力	水平	文化	布局	核心	优化	协调	带动	国家	周边	城镇化	优势
推进	21	24	0	0	0	0	0	0	0	0	0	0	0	0	0	0	0	0	0	0	0	0	0	0	0	0	0	0	0	0	0	0	0	0	0	0	0	0	0	0	0	0
昆明	0	0	0	0	0	18	0	0	0	0	0	0	0	0	0	0	0	0	0	0	0	0	0	0	0	0	0	0	0	0	0	0	0	0	0	0	0	0	0	0	0	0
生态	19	0	0	0	0	0	0	0	0	0	0	0	0	0	0	20	0	0	0	0	0	0	0	0	0	0	0	0	0	0	0	0	0	0	0	0	0	0	0	0	0	0
开发	0	0	0	0	0	0	0	0	0	0	0	0	0	0	0	0	0	0	0	0	0	0	0	0	18	0	0	0	0	0	0	0	0	0	0	0	0	0	0	0	0	0
特色	18	0	0	0	0	0	0	0	0	0	0	0	0	0	0	0	0	0	0	0	0	0	0	0	0	0	0	0	0	0	0	0	0	0	0	0	0	0	0	0	0	0
功能	19	0	0	0	0	17	0	0	0	0	0	0	0	0	0	0	0	0	0	0	0	0	0	0	0	0	0	0	0	0	0	0	0	0	0	0	0	0	0	0	0	0
形成	28	17	0	0	19	20	0	0	0	0	0	0	0	0	0	0	0	0	0	0	0	0	0	0	0	0	0	0	0	0	0	0	0	0	0	0	0	0	0	0	0	0
加快	23	19	0	0	0	17	0	0	0	0	0	0	0	0	0	0	0	0	0	0	0	0	0	0	0	0	0	0	0	0	0	0	0	0	0	0	0	0	0	0	0	0
促进	26	0	0	0	17	0	0	0	0	0	0	0	0	0	0	0	19	0	0	0	0	0	0	0	0	0	0	0	0	0	0	0	0	0	0	0	0	0	0	0	0	0
资源	24	0	0	0	0	0	0	0	0	0	0	0	0	0	0	0	0	0	0	0	0	0	0	0	0	0	0	0	0	0	0	0	0	0	0	0	0	0	0	0	0	0
能力	25	0	0	0	0	0	0	0	0	0	0	0	0	0	0	0	0	0	0	0	0	0	0	0	0	0	0	0	0	0	0	0	0	0	0	0	0	0	0	0	0	0
水平	22	17	0	0	0	0	0	0	0	0	0	0	0	0	0	0	0	0	0	0	0	0	0	0	0	0	0	0	0	0	0	0	0	0	0	0	0	0	0	0	0	0
文化	17	0	0	0	0	0	0	0	0	0	0	0	0	0	0	0	0	0	0	0	0	0	0	0	0	0	0	0	0	0	0	0	0	0	0	0	0	0	0	0	0	0
布局	24	17	0	0	0	0	0	0	0	0	0	0	0	0	0	0	0	0	0	0	0	0	0	0	0	0	0	0	0	0	0	0	0	0	0	0	0	0	0	0	0	0
核心	19	0	0	19	0	0	0	0	0	0	0	0	0	0	0	0	0	0	0	0	0	0	0	0	0	0	0	0	0	0	0	0	0	0	0	0	0	0	0	0	0	0
优化	22	0	0	0	0	0	0	0	0	0	0	0	0	0	0	0	0	0	0	0	0	0	0	0	0	0	0	0	0	0	0	0	0	0	0	0	0	0	0	0	0	0
协调	26	0	0	19	0	0	0	0	0	0	0	0	0	0	0	0	0	0	0	0	0	0	0	0	0	0	0	0	0	0	0	0	0	0	0	0	0	0	0	0	0	0
带动	24	0	0	19	0	19	0	0	0	0	0	0	0	0	0	0	0	0	0	0	0	0	0	0	0	0	0	0	0	0	0	0	0	0	0	0	0	0	0	0	0	0
国家	0	0	0	0	0	0	0	0	18	0	0	0	0	0	0	0	0	0	0	0	0	0	0	0	0	0	0	0	0	0	0	0	0	0	0	0	0	0	0	0	0	0
周边	22	0	0	0	0	19	0	0	0	0	0	0	0	0	0	0	0	0	0	0	0	0	0	0	0	0	0	0	0	0	0	0	0	0	0	0	0	0	0	0	0	0
城镇化	0	0	0	0	0	0	0	0	0	0	0	0	0	0	0	0	0	0	0	0	0	0	0	0	0	0	0	0	0	0	0	0	0	0	0	0	0	0	0	0	0	0
优势	17	0	0	0	0	0	0	0	0	0	0	0	0	0	0	0	0	0	0	0	0	0	0	0	0	0	0	0	0	0	0	0	0	0	0	0	0	0	0	0	0	0

附录3

附录 3　广西边疆城镇化政策文本共词矩阵

	实现	升级	建成	增强	互市	促进	融合	重点	布局	优势	人口	综合	广西	水平	地区	特色	东盟	新型	贸易	提高	战略	边境	服务	规划	国家	资源	合作	沿边	开放	推动	加快	创新	提升	广西	经济	工业	城镇	推进	建设	城镇化	口岸	发展
发展	20	22	0	18	0	23	16	16	16	18	0	18	16	17	19	18	0	19	21	22	15	20	0	23	25	25	18	0	24	25	28	24	28	32	32	20	14	33	33	15	25	0
口岸	0	0	0	0	0	0	0	0	0	0	0	0	0	0	0	0	0	0	0	0	15	0	0	15	15	0	0	14	0	0	15	0	15	0	16	0	0	0	19	0	0	25
城镇化	0	0	0	0	0	0	0	0	0	0	0	0	0	0	0	0	0	0	0	0	0	0	0	0	0	0	0	0	0	0	0	0	0	0	0	0	0	0	0	0	0	15
建设	0	0	0	0	0	14	0	0	0	0	0	0	0	0	0	0	0	0	0	0	0	14	0	16	16	14	15	0	17	17	22	0	19	16	0	0	0	19	0	0	0	0
推进	0	0	0	0	0	0	15	0	0	0	0	0	0	15	0	0	0	0	0	0	0	0	0	0	0	0	0	0	0	0	16	0	16	16	0	0	0	0	19	0	0	33
城镇	0	0	0	0	0	0	0	0	0	0	0	0	0	0	0	0	0	0	0	0	0	0	0	0	0	0	0	0	0	0	0	0	0	0	0	0	0	0	0	0	0	33
工业	0	0	0	0	0	0	0	0	0	0	0	0	0	0	0	0	0	0	0	0	0	0	0	0	0	0	0	0	0	0	0	0	0	0	0	0	0	0	0	0	0	14
经济	0	0	0	0	0	0	0	0	0	0	0	0	0	0	0	0	0	0	0	16	0	0	0	0	0	0	0	0	0	0	0	0	0	0	0	0	0	0	0	0	0	20
广西	0	0	0	14	0	0	0	0	0	0	0	0	0	0	0	0	0	0	14	0	16	0	0	0	0	17	0	0	17	0	0	0	0	0	0	0	0	0	0	0	0	32
提升	0	0	0	0	0	15	0	0	0	0	0	0	0	0	0	0	0	0	0	0	0	17	0	0	0	0	0	0	0	0	0	0	0	0	17	0	0	0	19	0	0	32
创新	0	0	0	0	0	0	0	0	0	0	0	0	0	0	0	0	0	0	0	0	0	0	0	14	0	0	0	0	0	0	17	0	0	17	0	0	0	0	0	0	0	28
加快	0	0	0	0	0	0	0	0	0	0	0	0	0	15	0	0	0	0	0	0	0	0	0	0	0	16	0	0	0	0	0	0	0	0	0	0	0	0	0	0	0	24
推动	0	0	0	0	0	0	0	0	0	0	0	0	0	0	0	0	0	0	0	15	0	0	0	15	0	0	0	0	0	15	0	0	0	0	0	0	0	0	22	0	0	28
开放	0	0	0	0	0	0	0	0	0	0	0	0	0	0	0	0	0	0	0	0	15	0	0	0	0	0	15	0	0	0	0	0	0	0	0	0	0	0	17	0	0	25
沿边	0	0	0	0	0	0	0	0	0	0	0	0	0	0	0	0	0	0	0	0	0	0	0	14	0	0	0	0	16	14	0	15	0	0	0	0	0	0	17	0	0	24
合作	0	0	0	0	0	0	0	0	0	0	0	0	0	0	0	0	0	0	0	0	0	0	0	14	0	0	0	0	0	0	14	0	0	0	0	0	0	0	0	0	0	0
资源	0	0	0	0	0	0	0	0	0	0	0	0	0	0	0	0	0	0	0	0	0	0	0	0	0	14	14	0	0	0	16	0	0	0	0	0	0	0	0	0	0	0
国家	0	0	0	0	0	0	0	0	0	0	0	0	0	0	0	0	0	0	0	0	0	0	0	0	14	0	0	0	0	0	0	0	0	17	0	0	0	0	15	0	0	18
规划	0	0	0	0	0	0	0	0	0	0	0	0	0	0	0	0	0	0	0	0	0	0	0	0	0	0	0	15	0	0	0	0	0	0	0	0	0	0	0	0	0	25
服务	0	0	0	0	0	0	0	0	0	0	0	0	0	0	0	0	0	0	0	0	0	0	0	0	0	0	0	0	0	0	15	0	0	0	0	0	0	0	14	0	0	23
边境	0	0	0	0	0	0	0	0	0	0	0	0	0	0	0	0	0	0	0	0	0	0	0	0	0	0	0	0	0	0	0	0	17	0	0	0	0	0	16	0	0	0

续表

	实现	升级	建成	增强	互市	促进	融合	重点	布局	优势	人口	综合	广西	水平	地区	特色	东盟	新型	贸易	提高	战略	边境	服务	规划	国家	资源	合作	沿边	开放	推动	加快	创新	提升	广西	经济	工业	城镇	推进	建设	城镇化	口岸	发展
战略	0	0	0	0	0	0	0	0	0	0	0	0	0	0	0	0	0	0	0	0	0	0	0	0	0	0	0	0	0	0	15	0	0	16	0	0	0	0	0	0	0	22
提高	0	0	0	0	0	0	0	0	0	0	0	0	0	0	0	0	0	0	0	0	0	0	0	0	0	0	0	0	0	0	0	0	0	0	0	0	0	14	0	0	0	21
贸易	0	0	0	0	0	0	0	0	0	0	0	0	0	0	0	0	0	0	0	0	0	0	0	0	0	0	0	0	0	0	0	0	0	0	0	0	0	0	0	0	0	0
新型	0	0	0	0	0	0	0	0	0	0	0	0	0	0	0	0	0	0	0	0	0	0	0	0	0	0	0	0	0	0	0	0	0	0	0	0	0	0	0	0	0	19
东盟	0	0	0	0	0	0	0	0	0	0	0	0	0	0	0	0	0	0	0	0	0	0	0	0	0	0	0	0	0	0	0	0	0	0	0	0	0	0	0	0	0	0
特色	0	0	0	0	0	0	0	0	0	0	0	0	0	0	0	0	0	0	0	0	0	0	0	0	0	0	0	0	0	0	0	0	0	0	0	0	0	0	0	0	0	18
地区	0	0	0	0	0	0	0	0	0	0	0	0	0	0	0	0	0	0	0	0	0	0	0	0	0	0	0	0	0	0	0	0	0	0	0	0	0	0	0	0	0	19
水平	0	0	0	0	0	0	0	0	0	0	0	0	0	0	0	0	0	0	0	0	0	0	0	0	0	0	0	0	0	0	0	0	15	0	0	0	0	0	15	0	0	17
广西	0	0	0	0	0	0	0	0	0	0	0	0	0	0	0	0	0	0	0	0	0	0	0	0	0	0	0	0	0	0	0	0	0	0	0	0	0	0	0	0	0	16
综合	0	0	0	0	0	0	0	0	0	0	0	0	0	0	0	0	0	0	0	0	0	0	0	0	0	0	0	0	0	0	0	0	0	0	0	0	0	0	0	0	0	18
人口	0	0	0	0	0	0	0	0	0	0	0	0	0	0	0	0	0	0	0	0	0	0	0	0	0	0	0	0	0	0	0	0	0	0	0	0	0	0	0	0	0	0
优势	0	0	0	0	0	0	0	0	0	0	0	0	0	0	0	0	0	0	0	0	0	0	0	0	0	0	0	0	0	0	0	0	0	0	0	0	0	0	0	0	0	18
布局	0	0	0	0	0	0	0	0	0	0	0	0	0	0	0	0	0	0	0	0	0	0	0	0	0	0	0	0	0	0	0	0	0	0	0	0	0	0	0	0	0	16
重点	0	0	0	0	0	0	0	0	0	0	0	0	0	0	0	0	0	0	0	0	0	0	0	0	0	0	0	0	0	0	0	0	0	0	0	0	0	15	0	0	0	16
融合	0	0	0	0	0	0	0	0	0	0	0	0	0	0	0	0	0	0	0	0	0	0	0	0	0	0	0	0	0	0	15	0	0	0	0	0	0	0	0	0	0	23
促进	0	0	0	0	0	0	0	0	0	0	0	0	0	0	0	0	0	0	0	0	0	0	0	0	0	0	0	0	0	0	0	0	0	0	0	0	0	0	0	0	0	0
互市	0	0	0	0	0	0	0	0	0	0	0	0	0	0	0	0	0	0	0	0	0	0	0	0	0	0	0	0	0	0	0	0	0	0	0	0	0	0	0	0	0	0
增强	0	0	0	0	0	0	0	0	0	0	0	0	0	0	0	0	0	0	0	0	0	0	0	0	0	0	0	0	0	0	0	0	14	0	0	0	0	0	14	0	0	18
建成	0	0	0	0	0	0	0	0	0	0	0	0	0	0	0	0	0	0	0	0	0	0	0	0	0	0	0	0	0	0	0	0	0	0	0	0	0	0	0	0	0	0
升级	0	0	0	0	0	0	0	0	0	0	0	0	0	0	0	0	0	0	0	0	0	0	0	0	0	0	0	0	0	0	0	0	0	0	0	0	0	0	0	0	0	22
实现	0	0	0	0	0	0	0	0	0	0	0	0	0	0	0	0	0	0	0	0	0	0	0	0	0	0	0	0	0	0	0	0	0	0	0	0	0	0	0	0	0	20

附录4

附录 4　西藏边疆城镇化政策文本共词矩阵

	新型	带动	增强	积极	全区	一体化	公共	环境	文化	功能	国家	山南	作用	全面	规划	资源	设施	开放	促进	人口	加快	社会	特色	服务	拉萨	生态	提高	提升	水平	区域	加强	基础	中心	能力	城乡	经济	推进	西藏	城镇化	城镇	建设	发展
发展	24	28	20	19	19	22	0	0	0	21	0	25	24	20	19	0	25	0	30	21	27	24	23	24	28	24	24	31	0	26	26	37	22	29	26	38	41	39	37	44	58	0
建设	0	21	0	0	0	0	20	0	0	20	23	0	0	19	0	0	30	0	27	20	27	0	0	26	20	26	26	26	22	0	32	34	21	25	24	31	36	29	22	35	0	58
城镇	0	21	19	0	0	0	0	0	0	22	0	0	19	0	0	0	0	0	0	23	23	0	19	19	0	22	22	26	0	22	0	20	19	25	0	0	25	21	22	0	35	44
城镇化	24	0	0	0	0	0	0	0	0	0	0	0	0	0	0	0	0	0	0	0	0	0	0	0	0	0	0	0	0	0	0	0	0	25	0	22	25	21	0	22	22	37
西藏	0	0	0	0	0	0	0	0	0	0	0	0	0	0	0	0	0	0	0	0	0	0	0	0	0	0	0	0	0	0	0	0	0	0	0	21	21	0	21	21	29	39
推进	0	0	0	0	0	0	0	0	0	0	0	0	0	0	0	0	23	0	0	0	20	0	19	0	0	23	23	23	23	20	20	21	21	20	0	23	0	21	25	25	36	41
经济	0	0	0	0	0	21	0	0	0	0	0	20	0	0	0	0	0	0	0	0	0	0	0	0	0	0	0	0	0	0	0	0	0	0	23	0	23	21	22	0	31	38
城乡	0	0	0	0	0	0	0	0	0	0	0	0	0	0	0	0	0	0	0	0	0	0	0	0	0	0	0	0	0	0	0	0	0	0	0	0	0	0	0	0	24	26
能力	0	0	0	0	0	0	0	0	0	0	0	0	0	0	0	0	0	0	19	0	0	0	0	19	0	0	0	0	0	0	0	0	0	23	0	0	20	0	25	25	25	29
中心	0	0	0	0	0	0	0	0	0	0	0	0	0	0	0	0	30	0	0	19	0	0	0	0	0	0	0	0	0	0	0	0	0	0	0	0	21	0	0	19	21	22
基础	0	0	0	0	0	0	0	0	0	0	0	0	0	0	0	0	0	0	0	0	0	0	0	0	0	0	0	0	0	0	19	0	0	0	0	0	21	0	0	20	34	37
加强	0	0	0	0	0	0	0	0	0	0	0	0	0	0	0	0	0	0	0	0	0	0	0	0	0	0	0	20	0	23	0	19	0	0	0	0	20	0	0	0	32	26
区域	0	0	0	0	0	0	0	0	0	0	0	0	0	0	0	0	0	0	0	0	0	0	0	0	0	0	0	0	0	0	23	0	0	0	0	0	20	0	0	22	0	26
水平	0	0	0	0	0	0	0	0	0	0	0	0	0	0	0	0	0	0	0	0	0	0	0	0	0	0	0	0	0	0	0	0	0	0	0	0	23	0	0	0	22	0
提升	0	0	0	0	0	0	0	0	0	0	0	0	0	0	0	0	0	0	0	0	0	0	0	0	0	23	0	0	0	0	0	0	0	0	0	0	23	0	0	19	26	31
提高	0	0	0	0	0	0	0	0	0	0	0	0	0	0	0	0	0	0	0	0	0	0	0	0	0	23	0	23	0	0	0	0	0	0	0	0	23	0	0	20	26	24
生态	0	0	0	0	0	0	0	0	0	0	0	0	0	0	0	0	0	0	0	0	0	0	0	0	19	0	0	0	0	0	0	0	0	0	0	0	23	0	0	22	26	24
拉萨	0	0	0	0	0	0	0	0	0	0	0	21	0	0	0	0	0	0	0	0	0	0	0	0	0	0	0	0	0	0	0	0	0	0	0	0	0	0	0	0	20	28
服务	0	0	0	0	0	0	0	0	0	0	0	0	0	0	0	0	0	0	0	0	0	0	0	0	0	0	0	0	0	0	0	0	0	19	0	0	19	0	0	19	26	24
特色	0	0	0	0	0	0	22	0	0	0	0	0	0	0	0	0	0	0	0	0	0	0	0	0	0	0	0	0	0	0	0	0	0	0	0	0	0	0	0	19	0	23
社会	0	0	0	0	0	0	0	0	0	0	0	0	0	0	0	0	0	0	0	0	0	0	0	0	0	0	0	0	0	0	0	0	0	0	0	0	0	0	0	0	0	24

续表

	发展	建设	城镇	城镇化	西藏	推进	经济	城乡	能力	中心	基础	加强	区域	水平	提升	提高	生态	拉萨	服务	特色	社会	人口	加快	促进	开放	设施	资源	全面	规划	作用	山南	国家	功能	文化	环境	公共	一体化	全区	积极	增强	带动	新型
加快	27	27	0	0	0	20	0	0	0	0	0	0	0	0	0	0	0	0	0	0	0	0	0	0	0	0	0	0	0	0	0	0	0	0	0	0	0	0	0	0	0	0
人口	21	20	23	0	0	0	0	0	19	0	0	0	0	0	0	0	0	0	0	0	0	0	0	0	0	0	0	0	0	0	0	0	0	0	0	0	0	0	0	0	0	0
促进	30	27	23	0	0	0	0	0	0	0	0	0	0	0	0	0	0	0	0	0	0	0	0	0	0	0	0	0	0	0	0	0	0	0	0	0	0	0	0	0	0	0
开放	0	0	0	0	0	0	0	0	0	0	0	0	0	0	0	0	0	0	0	0	0	0	0	0	0	0	0	0	0	0	0	0	0	0	0	0	0	0	0	0	0	0
设施	25	30	0	0	0	23	0	0	0	0	30	0	0	0	0	0	0	0	0	0	0	0	0	0	0	0	0	0	0	0	0	0	0	0	0	0	0	0	0	0	0	0
资源	0	0	0	0	0	0	0	0	0	0	0	0	0	0	0	0	0	0	0	0	0	0	0	0	0	0	0	0	0	0	0	0	0	0	0	0	0	0	0	0	0	0
全面	19	0	0	0	0	0	0	0	0	0	0	0	0	0	0	0	0	0	0	0	0	0	0	0	0	0	0	0	0	0	0	0	0	0	0	0	0	0	0	0	0	0
规划	20	19	0	0	0	0	0	0	0	0	0	0	0	0	0	0	0	0	0	0	0	0	0	0	0	0	0	0	0	0	0	0	0	0	0	0	0	0	0	0	0	0
作用	24	0	0	0	0	0	20	0	0	0	0	0	0	0	0	0	0	0	0	0	0	0	0	0	0	0	0	0	0	0	0	0	0	0	0	0	0	0	0	0	0	0
山南	25	0	0	0	0	0	0	0	0	0	0	0	0	0	0	0	0	0	0	0	0	0	0	0	0	0	0	0	0	0	0	0	0	0	0	0	0	0	0	0	0	0
国家	0	23	0	0	0	0	0	0	0	0	0	0	0	0	0	0	0	0	0	0	0	0	0	0	0	0	0	0	0	0	0	0	0	0	0	0	0	0	0	0	0	0
功能	21	20	22	0	0	0	0	0	0	0	0	0	0	0	0	0	0	21	0	0	0	0	0	0	0	0	0	0	0	0	0	0	0	0	0	0	0	0	0	0	0	0
文化	0	0	0	0	0	0	0	0	0	0	0	0	0	0	0	0	0	0	0	0	0	0	0	0	0	0	0	0	0	0	0	0	0	0	0	0	0	0	0	0	0	0
环境	0	0	0	0	0	0	0	0	0	0	0	0	0	0	0	0	0	0	0	0	0	0	0	0	0	0	0	0	0	0	0	0	0	0	0	0	0	0	0	0	0	0
公共	0	20	0	0	0	0	0	0	0	0	0	0	0	0	0	0	0	0	22	0	0	0	0	0	0	0	0	0	0	0	0	0	0	0	0	0	0	0	0	0	0	0
一体化	22	0	0	0	0	0	0	0	0	0	0	0	0	0	0	0	0	0	0	0	0	0	0	0	0	0	0	0	0	0	0	0	0	0	0	0	0	21	0	0	0	0
全区	19	0	0	0	0	0	0	0	0	0	0	0	0	0	0	0	0	0	0	0	0	0	0	0	0	0	0	0	0	0	0	0	0	0	0	0	0	0	0	0	0	0
积极	19	0	0	0	0	0	0	0	0	0	0	0	0	0	0	0	0	0	0	0	0	0	0	0	0	0	0	0	0	0	0	0	0	0	0	0	0	0	0	0	0	0
增强	20	19	19	0	0	0	0	0	0	0	0	0	0	0	0	0	0	0	0	0	0	0	0	0	0	0	0	0	0	0	0	0	0	0	0	0	0	0	0	0	0	0
带动	28	21	21	0	0	0	0	0	0	0	0	0	0	0	0	0	0	0	0	0	0	0	0	0	0	0	0	0	0	0	0	0	0	0	0	0	0	0	0	0	0	0
新型	24	0	0	24	0	0	0	0	0	0	0	0	0	0	0	0	0	0	0	0	0	0	0	0	0	0	0	0	0	0	0	0	0	0	0	0	0	0	0	0	0	0

参考文献

白光润等:《中国边境城市》,商务印书馆,2000,第262~308页。

陈青:《广西边贸节点城市外贸竞争力比较研究——基于靖西市、凭祥市、防城港市的比较》,《现代商业》2019年第4期。

陈文兴、游启道:《景洪市经济社会发展问题研究》,《中共云南省委党校学报》2010年第4期。

城市中国计划著《国家新型城镇化指标体系及若干问题研究》,人民日报出版社,2016,第222页。

次仁罗布:《我区推进三大经济区协调发展》,《西藏日报》2015年11月23日,第1版。

次仁班觉:《亚东商埠史话》,《西藏研究》2007年第3期。

丁忠毅:《"一带一路"建设中的西部边疆安全治理:机遇、挑战及应对》,《探索》2015年第6期。

童中贤:《城市群整合论——基于中部城市群整合机制的实证分析》,格致出版社,上海人民出版社,2011,第7页。

范建华、黄丹:《关于加快推进成昆贵渝西"钻石五城"——中国第四大城市群建设的若干思考》,《山东大学学报》(哲学社会科学版)2018年第1期。

方创琳等:《2010中国城市群发展报告》,科学出版社,2011。

关嵩山：《西部生态化城镇建设道路研究》，知识产权出版社，2016，第 95 页。

广西壮族自治区人民政府：《关于加强城市规划建设管理工作的意见》，2016 年 7 月 25 日。

广西壮族自治区人民政府：《广西壮族自治区新型城镇化规划（2014～2020 年)》，2014 年 7 月。

广西壮族自治区人民政府：《深入推进新型城镇化建设实施方案》，2016 年 9 月。

广西壮族自治区人民政府办公厅：《广西沿边地区开发开放"十三五"规划》，2017 年 1 月 17 日。

广西壮族自治区人民政府办公厅：《广西沿边新型城镇示范带建设实施方案》，2016 年 12 月 23 日。

广西壮族自治区人民政府办公厅：《广西壮族自治区人民政府办公厅关于印发自治区财政支持新型城镇化发展若干政策的通知》，2015 年 1 月 14 日。

广西壮族自治区发展改革委：《关于推动"十三五"市县经济社会发展规划改革创新的指导意见》，2015 年 1 月。

广西壮族自治区发展和改革委员会、广西壮族自治区工业和信息化委员会：《广西西江经济带工业和信息化发展"十三五"规划》，2016 年 11 月。

广西壮族自治区工业和信息化委员会：《广西北部湾经济区工业和信息化发展"十三五"规划》，2016 年 11 月 28 日。

广西壮族自治区人民政府：《北部湾城市群发展规划广西实施方案》，2018。

国家发展和改革委员会：《西部大开发"十二五"规划》，2012 年 2 月。

国家民委民族问题研究中心：《中国民族自治地方发展评估报告》

民族出版社，2006。

国家民族事务委员会研究室：《"十一五"时期中国民族自治地方发展评估报告》，民族出版社，2012。

《国务院关于印发〈全国主体功能区规划〉的通知》，《中华人民共和国公报》2011年6月8日。

《中共中央、国务院关于深入实施西部大开发战略的若干意见》，2016年5月7日。

《国务院关于拉萨市城市总体规划的批复》，《城市规划通讯》2017年第16期。

国务院：《全国城镇体系规划纲要（2005～2020年）》，2007年2月。

国务院：《全国主体功能区规划》，2010年12月。

国务院：《云南省加快建设面向西南开放重要桥头堡总体规划（2012～2020年）》，2012。

国务院：《中华人民共和国国民经济和社会发展第十二个五年规划纲要》，2011。

国务院：《中华人民共和国国民经济和社会发展第十三个五年规划纲要》，2016。

《国务院办公厅关于同意广西东兴、云南瑞丽、内蒙古满洲里重点开发开放试验区建设实施方案的函》，2013年1月30日。

何爱云：《吉隆口岸的点辐射功能解析》，《经济研究导刊》2014年第15期。

何茂选、番仁典：《茶旅融合助推腾冲茶业发展》，《云南农业》2019年第3期。

黄翠丽：《东兴市发挥"两沿三区"优势提速发展现代服务业》，《广西经济》2015年第3期。

黄铮：《广西对外开放港口历史、现状、前景》，广西人民出版社，

1989，第 5～8 页。

霍巍、李永宪：《西藏吉隆县发现唐显庆三年〈大唐天竺使出铭〉》，《考古》1994 年第 7 期。

贾翠霞：《西藏边境口岸县经济发展潜力研究——以吉隆县为例》，《现代商贸工业》2019 年第 19 期。

蒋永清：《中国城镇化的世纪回顾与展望》，《求索》2001 年第 1 期。

金立群、林毅夫：《"一带一路"引领中国》，中国文史出版社，2015，第 9 页。

景洪市人民政府：《景洪市 2017 年政府工作报告》，2017。

李贵彪：《凭祥市在珠江—西江经济带开放门户区建设中的特殊地位》，《市场论坛》2015 年第 2 期。

李克强：《政府工作报告》，《人民日报》2014 年 3 月 15 日。

李甫春：《论扶贫开发与边疆开放》，《广西农村金融研究》1992 年第 7 期。

李松霞：《北部湾城市群空间关联性研究》，《技术经济与管理研究》2018 年第 2 期。

李晓晨等：《遥感技术在西藏吉隆输电线路中的应用》，《山东水利》2012 年第 12 期。

林丕：《论对外开放中的经济安全问题》，《红旗文稿》1998 年第 7 期。

林泽华、梁春香：《西南边境地区跨境毒品犯罪问题及其对策》，《广西警察学院学报》2018 年第 31（1）期。

刘家凯、黎基钦、胡德期：《新形势下广西的发展机遇与财政对策》，《中国财政学会 2010 年年会暨第十八次全国财政理论讨论会论文集》2010，第 211 页。

刘玉亭、王勇、吴丽娟：《城市群概念、形成机制及其未来研究方向评述》,《人文地理》2013 年第 1 期。

刘稚:《云南在中国周边安全与区域合作中的定位与发展》,中国东南亚研究会、云南大学《东南亚地区研究学术研讨会论文集》,2011,第 13 页。

刘中奇:《"一带一路"背景下中尼公路与西藏发展》,《企业导报》2016 年第 19 期。

龙云、卢汉修等:《新纂云南通志(卷143 商业考一)》,云南人民出版社点校本,2007,第 93 页。

罗开云等著《中国少数民族革命史》,中国社会科学出版社,2003,第 153 页。

罗跃:《对接规划的城镇群空间自组织发展稳定性研究》,重庆大学硕士学位论文,2010。

马玉英、马维胜:《青藏高原城市化模式研究》,北京大学出版社,2013,第 25 页。

牛迪等:《"一带一路"国际环境下西藏交通事业的发展对经济的影响——以吉隆口岸为例》,《中国战略新兴产业》2018 年第 44 期。

牛治富、刘星君:《西藏在南亚大通道建设中需要认识和处理好的若干关系》,《西藏民族大学学报》(哲学社会科学版)2018 年第 2 期。

钱开胜:《广西:凭祥口岸上半年进出口水果货量近130 万 t》,《中国果业信息》2019 年第 8 期。

覃丽丹、覃彩銮:《广西边疆开发史》,社会科学文献出版社,2015,第 134 页。

芮鸿程:《瑞丽试验区:云南沿边开发开放的重要引擎》,《德宏团结报》2017 年 3 月 29 日。

史云峰:《西藏新型城镇化:现状、特征与路径》,《西藏民族大学学报》(哲学社会科学版)2016 年第 4 期。

宋才发、黄伟、潘善斌:《民族地区城镇化建设及其法律保障研究》，中央民族大学出版社，2006，第 42～43 页。

孙宏年：《"一带一路"建设与治边稳藏方略在西南边疆的实施——以西藏自治区和云南藏区为中心》，载《"一带一路"战略与西南边疆的开放、稳定与发展——中国社会科学论坛（2015）暨第六届西南论坛论文集》，2015，第 230 页。

王海虹：《民营经济对新型城镇化影响研究》，云南财经大学硕士学位论文，2018。

王晶：《交通银行福建省分行对公业务发展策略改进研究》，湖南大学硕士学位论文，2018。

王克础：《深化双向开放 推动规划落地》，《广西日报》2017 年 3 月 21 日。

吴哲：《推进北部湾城市群 对接粤港澳大湾区》，《南方日报》2018 年 5 月 10 日。

《习近平：决胜全面建成小康社会 夺取新时代中国特色社会主义伟大胜利》，《人民日报》2017 年 10 月 28 日。

《习近平强调：贯彻新发展理念，建设现代化经济体系》，《新华网》2017 年第 1 期。

西藏自治区人民政府：《西藏自治区"十三五"时期国民经济和社会发展规划纲要》，《西藏日报》2016 年 4 月 24 日。

西藏自治区人民政府办公厅：《2016 年西藏自治区政府工作报告》2016。

西藏自治区发展和改革委员会：《推进拉萨山南经济一体化发展规划》，2018。

西藏自治区发展和改革委员会：《西藏自治区"十三五"时期农村经济发展规划》，2018。

西藏自治区发展和改革委员会：《西藏自治区"十三五"时期住房和城乡建设事业发展规划》，2018。

西藏自治区发展和改革委员会发展规划处：《西藏自治区新型城镇化规划（2014～2020年）》，2015。

夏格旺堆：《西藏下部阿里芒域孔塘王城及其重要建筑遗址的历史考察》，《西藏大学学报》2015年第3期。

肖扬：《瑞丽：口岸明珠 魅力边陲——繁荣的边境贸易》，《企业与市场：上半月》2006年第8期。

辛均庆等：《重点领域立法为改革发展护航》，《南方日报》2017年4月11日。

徐光远、朱旗主编《滇中城市群经济发展研究》，企业管理出版社，2017，第351页。

杨金东：《边疆民族地区群体性事件后的地方治理——以云南"孟连事件"为例》，《社会学评论》2014年第4期。

杨雯雯等：《强化造林过程管理提升森林质量的思考——以瑞丽市为例》，《绿色科技》2019年第13期。

杨欣：《广西北部湾经济区法制建设问题研究》，华东师范大学硕士学位论文，2011。

杨亚波：《西藏融入"一带一路"战略的现实需求和战略选择》，《西藏发展论坛》2015年第5期。

杨振山、蔡建明、温婷等：《以城镇化促进工业化发展——基于顺德的城市工业化道路反思与探析》，《地理科学进展》2013年第12期。

姚贱苟、施洁：《边境旅游发展中的政府作用分析——以凭祥市为例》，《贺州学院学报》2019年第2期。

《2011滇中城市群发力》，《昆明日报》2012年1月11日。

《推动滇中经济区跨越发展》，《云南日报》2012年9月7日。

《北部湾城市群规划聚焦基础设施》，《中国民族报》2017年2月21日，第1版。

《广西将构建以南宁为核心的北部湾城市群》，《南宁日报》2018

年 1 月 17 日。

原倩：《城市群重塑中国经济版图之路》，经济管理出版社，2018，第 14 页。

云南省发展和改革委员会：《云南省滇中城市经济圈区域协调发展规划（2009 年～2020 年）》，2009。

云南省景洪县地方志编纂委员会：《景洪县志》，云南人民出版社，2000，第 71～80 页。

云南省人民政府：《云南省城镇体系规划（2012～2030 年）》2010。

云南省人民政府：《云南省新型城镇化规划（2014～2020 年）》，2014。

云南省人民政府：《云南省沿边地区开发开放规划（2016～2020 年）》，2016。

云南省人民政府：《云南省沿边开放经济带发展规划（2016～2020 年）》，2016。

云南省人民政府办公厅：《云南省深入实施兴边富民工程改善沿边群众生产生活条件三年行动计划（2018～2020 年）》，2018。

云南省住房和城乡建设厅：《滇中城市群规划（2014～2049 年）公示稿》，2016。

云南省住房和城乡建设厅：《滇中城市群规划修改（2009～2030 年）（公示稿）》，2011。

曾珊：《广西东兴沿边开发开放试验区战略研究》，中央民族大学硕士学位论文，2012。

张军：《我国西南地区在"一带一路"开放战略中的优势及定位》，《经济纵横》2014 年第 11 期。

张雷声：《经济全球化条件下的对外开放与经济安全》，《首都师范大学学报》（社会科学版）2001 年第 4 期。

张莉红:《在闭塞中崛起》,电子科技大学出版社,1999,第284页。

张志恒、杨西平、尹雯:《西藏特色经济发展问题研究》,厦门大学出版社,2015。

赵娟、毛阳海:《一带一路背景下西藏吉隆口岸面临的新机遇》,《西藏发展论坛》2016年第4期。

中共中央、国务院:《国家新型城镇化规划(2014~2020年)》,2014。

《中国少数民族革命史》编写组:《中国少数民族革命史1840~1949》,广西民族出版社,2000。

中国指数研究院:《中国新型城镇化发展理论与实践》,经济管理出版社,2014,第6页。

周瑜斐:《广西北部湾城镇体系空间优化研究》,广西大学硕士学位论文,2015。

周志莹、李晓清:《推进对外开放的发展路径与举措研究——以拉萨市为例》,《生产力研究》2017年第12期。

住房和城乡建设部城乡规划司、中国城市规划设计研究院:《全国城镇体系规划(2006~2020年)》,2010。

朱金春:《以稳为本:西藏参与"一带一路"建设的问题挑战与路径探索》,《西藏民族大学学报》(哲学社会科学版)2019年第2期。

图书在版编目（CIP）数据

大国边城：西南地区城镇化的功能、现状与展望／
谭立力著. —— 北京：社会科学文献出版社，2020.5
ISBN 978 - 7 - 5201 - 6498 - 6

Ⅰ.①大… Ⅱ.①谭… Ⅲ.①城市化 - 研究 - 西南地
区 Ⅳ.①F299.27

中国版本图书馆 CIP 数据核字（2020）第 055455 号

大国边城
——西南地区城镇化的功能、现状与展望

著　　者／谭立力

出 版 人／谢寿光

责任编辑／王　展　宋　静

出　　版／社会科学文献出版社·皮书出版分社（010）59367127
　　　　　地址：北京市北三环中路甲 29 号院华龙大厦　邮编：100029
　　　　　网址：www.ssap.com.cn

发　　行／市场营销中心（010）59367081　59367083

印　　装／三河市尚艺印装有限公司

规　　格／开　本：787mm × 1092mm　1/16
　　　　　印　张：16.75　字　数：233 千字

版　　次／2020 年 5 月第 1 版　2020 年 5 月第 1 次印刷

书　　号／ISBN 978 - 7 - 5201 - 6498 - 6

定　　价／98.00 元